NAPOLEON
UND SEINE ZEIT

WALTER MARKOV

NAPOLEON
UND SEINE ZEIT

GESCHICHTE UND KULTUR
DES GRAND EMPIRE

EDITION LEIPZIG

Bildnachweis

Die geradestehenden Ziffern verweisen auf die Seitenzahlen,
die kursiven auf die Nummern im Bildteil.

Bibliothèque de la ville de Paris: 65; Bibliothèque Nationale, Paris:
113, 127/*21, 23*; Breitenborn, Dieter: 21, 24, 61 (2), 92, 123, 132, 156, 191/
25, 38, 47; Bulloz, Paris: *43*; Deutsche Fotothek, Dresden: 13, 16, 37,
40, 71 links, 107 (2), 133, 189/*13, 32, 34, 35*; Deutsche Staatsbibliothek
zu Berlin Preußischer Kulturbesitz: 93, 194/*4, 14, 15, 20, 33*; Deutsches
Historisches Museum, Zeughaus: 149; Documentation photographique
de la Réunion des musées nationaux, Paris: *17, 28, 29, 30, 31, 36*; E. A.
Seemann Verlag, Leipzig: *9*; Giraudon, Paris: *11, 37*; Henschel Verlag, Berlin:
27; Kunsthalle Hamburg: *24*; Kunstsammlungen Weimar: *44*; Musée
Marmottan, Paris: *10*; Museum der bildenden Künste, Leipzig: 42, 53/
2, 7, 12; Petri, Joachim, Leipzig: *3, 6, 18*; Staatliche Galerie Dessau: *48*; Staatliche Kunstsammlungen Dresden, Gemäldegalerie Neue Meister: *1*; Staatliche Museen zu Berlin Preußischer Kulturbesitz, Kupferstichkabinett und
Sammlung der Zeichnungen: 71 rechts, 98, 99, 117, 163/*16, 19, 22, 26*/Kunst-
gewerbemuseum: *39–42*; Staatliches Kupferstichkabinett und Sammlung
der Zeichnungen Greiz/Joachim Petri: 29/*8*; Stadtgeschichtliches Museum,
Leipzig/Joachim Petri: 170/*5*; Universitätsbibliothek Leipzig/Werner
Pinkert: 87; Verlagsarchiv: 139, 197/*45, 46*

Die Deutsche Bibliothek – CIP-Einheitsaufnahme
Markov, Walter:
Napoleon und seine Zeit : Geschichte und Kultur des Grand
Empire / Walter Markov. – 2., gekürzte und überarb. Aufl. –
Leipzig : Ed. Leipzig, 1996
ISBN 3-361-00450-0

ISBN 3-361-00450-0

Umschlaggestaltung: Morian & Bayer-Eynck, Coesfeld
Produktion: VerlagsService Dr. Helmut Neuberger
& Karl Schaumann GmbH, Heimstetten
Gesetzt aus der 11 Punkt Stempel Garamond
Druck und Bindung: Wiener Verlag, Himberg
Printed in Austria
Gedruckt auf alterungsbeständigem Papier
mit chlorfrei gebleichtem Zellstoff

Inhalt

Vorwort

Der bürgerlichen Weltordnung gelang es natürlich nicht, in einem einzigen Schwung dem Schoß einer tausendjährigen Feudalität zu entschlüpfen. Zahlreiche »Listen der Geschichte« mußten beispringen, um sie am Ende durchzusetzen. *Frankreich*, dem im Widerstreit der Formationen gewissermaßen die Besetzung der Hauptkampflinie oblag, erzielte in seiner Großen Revolution 1789 einen Durchbruch.

Jedoch erschien die gefällte Entscheidung noch umkehrbar, und die Kräfte des Beharrens sammelten sich zum weitausholenden Gegenschlag. Ihn zu parieren, fiel dem »guten Degen Bonaparte« zu.

Er läutete das 19. Jahrhundert ein. Zwar zeigte sein Kaisertum mehrere – und darunter überaus fragwürdige – Gesichter. Napoleon wurde nicht der Wahrer der Freiheit, sondern ihr Würger; nicht der Schutzengel der Republik, sondern ihr Konkursvollstrecker; nicht der Verteidiger des Mutterlandes der Revolution, sondern der große Landräuber Europas. Immerhin stieß er aber auf dem Kontinent Tore auf und trug dazu bei, dessen herrschende Gewalten zu entwurzeln für die junge Saat.

In Frankreich bildete sich eine Gesellschaft von unverkennbarer Sonderart: eine einmalige, unwiederholbare »Übergangsgesellschaft«, in der sich herkömmlich ererbte mit frisch aufbrechenden Widersprüchen kreuzten. Sie kräuselten nicht nur eine politische Oberfläche, sondern griffen tief in den Alltag des Volkes ein. Sitten und Unsitten unterlagen in Stadt und Land einem – teils allmählichen, teils aber auch abrupten – Wandel.

Neue Einrichtungen und ein neuer Stil, das *Empire*, wurden geboren. Manches davon ging bald wieder unter und fiel dem Vergessen anheim. Anderes behauptete sich – wenig modifiziert – bis auf den heutigen Tag.

Von einem *Zeitalter Napoleons* zu sprechen überzöge die Rolle einer einzelnen Persönlichkeit, wie vordergründig sie ihre Potenzen auch zur Schau gestellt haben mag. Etwas wie eine »Napoleonzeit« mit all ihren Licht- und Schattenseiten hat sich im Bewußtsein der meisten Miterlebenden aber wohl doch, obschon mit unterschiedlichen, ja gegensätzlichen Gefühlen, eingenistet. An sie zu erinnern mag nicht nur stellenweise von Nutzen, sondern da und dort sogar vergnüglich sein.

Vorwort zur zweiten Auflage

Die Totalgeschichte einer historischen Epoche zu schreiben, verlangt mehr als nur umfassende Kenntnis von den Teilgegenständen. Aus dem roten Faden eines Konzepts, das radikale Zweifler an der Synthesefähigkeit von Geschichte heute schlankweg zum Willkürakt des einzelnen Interpreten erklären, soll ein logischer Handlungsablauf erwachsen, der wiederum dem Leser neben dem ästhetischen Vergnügen auch systematische Einsicht gestattet. Wen wundert es, wenn so viele sich in dieser Sache einfach für unzuständig erklären und die Bearbeitung eines fein abgesteckten Spezialterrains bevorzugen?
Der Leipziger Universalhistoriker Walter Markov (1909–1993) gehört zur Minderheit des Faches, die den Verzicht auf die umfassende Darstellung komplexen Geschehens für eine Art Daseinsverfehlung des Historikers halten. Sein Geschichtskonzept versucht die Linie zu halten zwischen einer Idee von Modernisierung gesellschaftlicher Verhältnisse und dem Emanzipationsanspruch der Individuen und Völker, die im glücklichsten Falle korrespondieren, zumeist aber in mehr oder weniger starke Widersprüche geraten: günstige Voraussetzung für eine Beschreibung der napoleonischen Vorherrschaft in Europa wie auch der zeitlich davorliegenden Revolutionsgeschichte. Das Wissen um die Dialektik von Modernisierung und Emanzipation machte den Autor durchgehend skeptisch sowohl gegen eine emphatische Fortschrittsgeschichte als auch gegen eine freiwillige Selbstbeschränkung auf die Nacherzählung der Geschichte kleiner Leute.
Im intellektuellen Kraftfeld der Alma mater Lipsiensis wurden seit Anfang der fünfziger Jahre vor allem die Kontakte zu den Literatur- und Sprachwissenschaftlern, Kunsthistorikern und

Philosophen enger. Hier ging es nicht einfach um ein zu addierendes Kapitel über die schönen Künste, wie es viele Darstellungen schmückt. Markov begriff Geschichtsschreibung tatsächlich als der Doppelmuse Klio zugeordnet – insofern die Grenze zur Kunst selbst überschreitend: Geschichte als Ensemble pointenreicher Geschichten und zugleich als dramatischer Zusammenhang, in den die Einzelnen verstrickt sind. Historiographie wird als Kunst und Kulturgeschichte als synthetischer Zusammenhang der vielen Abbilder von Wirklichkeit begriffen, die sich nicht in ein zweidimensionales Schema pressen lassen. In dieser Auffassung führte Walter Markov die Leipziger Tradition der Kulturgeschichte zu einer höchst originellen Verbindung von Politik-, Sozial-, Ideen-, Sitten- und Mentalitätsgeschichte, die die Herausforderungen der geschichtstheoretischen Debatten des 20. Jahrhunderts kritisch verarbeitet hat.

Die Kulturgeschichte des ersten französischen Kaiserreichs ist das Markovsche Alterswerk, in dem der Umfang dieser Konzeption am eindrucksvollsten ablesbar ist. Auf einem kaum noch zu überblickenden Fundus an Napoleonliteratur gestützt, gelang Markov jenes Sittengemälde, das sozialgeschichtliche Grundierung nicht verächtlich beiseite schiebt und doch den Trend der Epoche über den Einzelheiten nicht aus dem Auge verliert.

Die Ära des transatlantisch ausgetragenen englisch-französischen Ringens um Hegemonie, die Konsolidierung der bürgerlichen Gesellschaft, der die Revolution Bahn gebrochen hatte, werden bis in die Verästelungen des Stadt- und Landlebens verfolgt. Das Panorama wurzelt in einer jahrzehntelangen Beschäftigung nicht nur mit den Ursprüngen des Kaiserreichs, sondern vor allem auch mit der europäischen Dimension von Expansion, Modernisierungsimpuls und Volkswiderstand gegen einen Fortschritt, der in Soldatenstiefeln daherkam. In der internationalen Equipe ausgewiesener Kenner, die sich der europäischen »Sattelzeit« zwischen aufklärerischem Anspruch und Stabilisierung der bürgerlichen Verhältnisse in den vergangenen dreißig Jahren zugewandt haben, ist Markov vielleicht der europäischste – Ost und West gleichermaßen in den Blick nehmend. Insofern ist das hier wieder vorgelegte Buch nicht nur die Bilanz eines Forscherlebens, sondern auch Herausforderung an die nachfolgende Historiographie, das erreichte Niveau zu halten.

Das Dorf

Die Revolution hatte den französischen Bauern zum freien Mann auf freier Scholle gemacht. Sie warf ihm diese Freiheit nicht als unverhofftes Geschenk in den Schoß. Er mußte sie sich mit Dreschflegel und Heugabel gegen seine ehemaligen Herren erstreiten und nach innen wie nach außen erbittert verteidigen. Die Macht im Staate konnte er damit nicht erobern; die fiel dem Stadtvolk zu. Aber nach ihr strebte bäuerlicher Ehrgeiz auch gar nicht. Er war es zufrieden, im Umkreis seines Kirchturms das Sagen zu haben.

Die Besitzverhältnisse hatte die Revolution zu seinen Gunsten verschoben.[1] Zwar kam die Umverteilung des Bodens durch Beschlagnahme des Kirchenlandes und der Emigrantengüter zuvörderst kapitalkräftigen bürgerlichen Bewerbern zupaß, doch ging die Bauernschaft nicht leer aus; ihr fiel ein rundes Drittel, bisweilen die Hälfte der versteigerten Ackerfläche zu. Der ärgste Landhunger wurde damit gestillt. Zog der französische Bauernsohn, den der Heeresdienst in fremde Länder verschlug, Vergleiche zur gedrückten Existenz und dennoch häufigen Knechtseligkeit dortiger Erbuntertäniger oder gar Leibeigener, so sprang ihm der unermeßliche Unterschied zwischen seiner Republik und der andernorts weiterbestehenden »Alten Ordnung« in die Augen.[2]

Dazu hatte es keines Napoleon bedurft – und dennoch wob sich fortgesponnene Dorflegende weit weniger um die vorbildliche Anstrengung des Konvents zur Flurbereinigung auf dem Lande als um den »Volkskaiser«, den *Roi du Peuple*, dessen Unternehmungen die Großväter ihren Enkeln zuraunten.

Was die Wechselbäder der Revolution dem Landmann nicht zu geben vermochten, war die Gewähr der Unwiderruflichkeit: geordnete Märkte, auf denen er nach Belieben kaufen und verkaufen durfte; gute Münze, die er getrost wieder dem Sparstrumpf anvertrauen konnte; Frieden mit dem »richtigen« Pfarrer, dessen man ab und an ja doch bedurfte. Noch war kein Verlaß darauf, daß die Requisitionen aufhörten und die Staatsmacht streunendes Gesindel aufgriff; darauf vor allem, daß sich rückkehrende Emigranten keine Anwartschaft auf verstaatlichte Güter erschlichen; daß die Steuern nicht wieder, wie unter den Bourbonenkönigen, willkürlich bis in den Himmel kletterten, daß Gemeindeland zur Aufteilung freigegeben wurde.[3]

Das Kaiserreich betrieb schon »Bauernpolitik«. Napoleon war sich der Bedeutung dieser wirtschaftlichen Stütze für alle seine Planungen wie Improvisationen durchaus bewußt. »Meine Bauern zuerst« war keine Liebeserklärung, aber auch keine Phrase. Es war Zweckdenken, um einen Druck abzufangen, der von ihrer gewaltigen Masse ausging. Das Dorf, das waren fast vier Fünftel der Franzosen. Es nährte die Stadt und stellte den Hauptteil der Rekruten. Dafür verlangte es Rücksicht und pflegliche Behandlung, kurz, »gute Regierung«.

Sie wurde ihm, soweit »höhere Staatsinteressen« das zuließen, gewährt, und die meisten Bauern, soviel sie ansonsten im einzelnen wie im allgemeinen an den Stadtfräcken auszusetzen hatten, erkannten das an. Der General Bonaparte hatte ihnen imponiert. Der Kaiser Napoleon wurde unter ihnen – die royalistische Vendée einmal ausgenommen, die eine Aussöhnung mit diesem »Thronräuber« zurückwies – schlechthin populär. Nationalversammlungen, in denen sie sowieso nicht vertreten gewesen waren, weinten sie kaum Tränen nach. Das Ganze hatte erst jetzt wieder ein sichtbares Oberhaupt, an das sie sich halten konnten und das sein schweres Geschäft offensichtlich mit Erfolg betrieb. Dabei blieben die Abgaben, die es einzog, in erträglichen und überschaubaren Grenzen. Ihr System vermochte einzuleuchten, wenn auch keiner deshalb lieber zahlte. Erworbenes Nationalgut sicherte die Verfassung des Kaiserreichs ausdrücklich ab; seit 1813 durfte endlich auch Land aus der Allmende herausgenommen werden. Alles ging seinen geregelten Gang. Für die Einhaltung der Gesetze war gesorgt, und vor Gericht erhielt der Bauer in der Regel sein Recht. Sein und seines Weibes Kirchgang verlief ungestört.

Im übrigen blieb die Bauernbefreiung nicht auf Frankreich beschränkt. Sie folgte, wenngleich von Jahr zu Jahr mehr abgestuft, den französischen Heeren auf ihren Zügen durch Europa; nach Deutschland, Italien, Österreich, Polen und Spanien; nicht nur einem Machtwort Napoleons an willfährige Satelliten gehorchend, sondern auch von Preußens Reformern nach dem Zusammenbruch des friderizianischen Staates in den Dienst seiner Erneuerung gestellt. Von oben verordnet, nicht von unten erkämpft, beschränkte sich allerdings solche Gesetzgebung außerhalb Frankreichs im wesentlichen darauf, die Person des Bauern aus der Fesselung an Hörigkeit und Fron zu lösen.

An einem Punkt indessen erlitt Napoleon Schiffbruch: als Friedensbringer. 1802, und nochmals 1807 hatte es danach ausgesehen, als vermochte er den Tempel des Kriegsgottes zu schließen. Daraus aber wurde dann nichts, und die Losziehungen griffen immer gefräßiger nach der Jungmannschaft des Dorfes. Der nie versiegende und unaufhörlich steigende Blutzoll, dessen Ende immer weniger abzusehen war, begann Groll zu wecken und der Kaiserfreudigkeit Abbruch zu tun. Die vorgezogenen Einberufungen von 1809 machten, wie viele Zeugnisse belegen, erstmalig auch die bisher verläßliche Bauernschaft kopfscheu. Waren ihrer Söhne nicht schon mehr als genug gefallen? Das böse Wort vom »Menschenfresser«, dem *ogre* Napoleon, lief um, vielleicht sogar gezielt unter die Menge geworfen. Es würde eines Generationswechsels bedürfen, um Napoleons Herrschaft rückwirkend von dieser Hypothek zu entlasten und zur »guten alten Zeit« des französischen Bauern aufzuwerten.

Um durchgreifende Veränderungen im Bauernleben und in der Landarbeit hervorzurufen, währte das Empire viel zu kurz.[4] Einiges setzte es fort, anderes bahnte es an. Immerhin lockerte sich seit der Revolution der mittelalterliche Flurzwang und entfiel schließlich ganz. Der Brache wurde zu Leibe gerückt und die Ackerfläche etwas vergrößert. Kunstwiesen und Aufzucht von Großvieh nahmen etwas zu; vorwiegend blieb jedoch – im Gegensatz zu heute – die anspruchslosere Schafhaltung.

Der von Amts wegen empfohlene Kartoffelanbau auf armen Böden machte Fortschritte. Die öffentliche Hand begann mit der Aufforstung der aquitanischen Dünen, der *Landes*, inzwischen das größte zusammenhängende Waldgebiet Frankreichs. Zuckerrübenkulturen in den nördlichen Départements, als »Blockadebrecher« ausdrücklich ermutigt, befanden sich noch im Experimentierstadium. Die hinter der englischen und niederländischen weit zurückstehende Agrartechnik verharrte auf ihrer vergleichs-

weise niedrigen Stufe. Dennoch beschleunigte sich der Übergang
von der altertümlichen Zwei- und Dreifelderwirtschaft zur
Fruchtwechselfolge. Der Wolfs- und Wildschweinplage rückten
die nun jagdberechtigten Bauern entschlossen zu Leibe. Nachbar-
schaftshilfe blieb lebendig. Zwergbauern, die über kein hinrei-
chendes eigenes Ackergerät verfügten, spannten mitunter reihum
ihr Pferd oder Maultier vor einen Gemeinschaftspflug.

Die bürgerliche Ordnung in Staat und Gesellschaft trug zur weiteren Differenzierung der Bauernschaft bei. Als soziale Klasse
zerfiel sie endgültig.[5] Der Gesetzgeber erlegte der Erbteilung –
und damit der Besitzzersplitterung – keine Schranken mehr auf.
Kauf und Verkauf des Bodens wurden in Napoleons *Code civil*
der freien Warenzirkulation gleichgestellt und unterlagen lediglich dem Marktgesetz von Angebot und Nachfrage, wobei im allgemeinen letztere immer noch überwog. Ein Fleckchen Land zu
eignen war, wie es ein Schriftsteller ausdrückte, die »gemeinsame
Leidenschaft der Franzosen« in Stadt und Land, und genug für
alle war zu erschwinglichen Bedingungen nie da.
Innerhalb der Landbevölkerung hoben sich nach dem Wegfall der
grundherrlichen Obereigentümer einzelne Schichtungen schärfer
voneinander ab.
Großgrundbesitzer und Großpächter verfügten über ausgedehnte Betriebsflächen und dazu über Betriebskapital; sie nahmen
Meliorationen vor und beschäftigten Lohnarbeiter in größerer
Zahl. Sie konnten es sich erlauben, mit der Konjunktur zu gehen,
bei hohen Preisen zu verkaufen und bei niedrigen ihre Vorräte
einzulagern, bis höherer Gewinn zu erwarten stand, was gewöhnlich vor beziehungsweise während der Erntelücke eintrat.
Obwohl sie sich selbst nicht selten an der Leitung der Feldarbeit
beteiligten – schon, um ein Beispiel zu geben und den Werkfleiß
anzuspornen, sonderten sie sich aus der Bauernschaft, der sie
meist auch gar nicht entstammten, als landwirtschaftliche Unternehmer aus. Manche rechneten unter die Notabeln des Kaiserreichs, unter denen echte Vermögensbildung stattfand. Ihre nachgeborenen Söhne fanden überwiegend in der Stadt als Beamte
oder in freien Berufen ihr mittelständisches Auskommen.
Spannfähige Großbauern, mitunter auch starke Mittelbauern,
waren anerkannt oder angefeindet als »Matadore«, die in ihrer

»Viehmagd
im Stall«,
Radierung von
Johann Adam
Klein, 1818

Gemeinde den Ton angaben. Sie gehörten unzweifelhaft zu den Hauptnutznießern der revolutionären Agrarreform, weil insbesondere sie durch Ablösung und Zukauf ihren schon vorhandenen Besitz abzurunden vermochten. Von ihrer Ertragsleistung hing großenteils die Versorgung der örtlichen Märkte ab, und aus ihrer Mitte pflegte der Kaiser selbst den Dorfbürgermeister zu ernennen: ein gewiß oft undankbares Ehrenamt, in dem der *Maire* gewissermaßen zwischen Baum und Borke saß – zwischen Auflagen der Regierung und den davon abweichenden Vorstellungen seines eigenen Gemeinderates.

Schlechter gestellt waren die weitaus zahlreicheren Kleinbauern, die ihrerseits vorwiegend Subsistenzwirtschaft betrieben und mitunter als Arbeiter in einem nahe gelegenen Eisenhammer oder Bergwerk während der Wintermonate einen Zweitberuf ausübten. Ihr Problem war ein doppeltes: Am alten System der Halbpacht, dem *métayage*, hatten weder die Revolution noch der Kaiser gerüttelt. Der Bauer, dessen eigene Parzelle (sofern er eine solche besaß) für den Unterhalt seiner Familie nicht ausreichte, hatte für hinzugepachtetes Land dem Eigentümer die eine Hälfte des von ihm darauf Geernteten in Naturalien zu entrichten; die andere langte in guten Erntejahren, sich anständig über Wasser zu halten; in schlechten verschuldete er sich an Wucherer, die in Stadt

und Land ihr Unwesen trieben. Da er nur geringfügige Über-
schüsse – ein paar Sack Korn, ein Schaf, einen Korb Eier, ein
Huhn, ein Stück Butter, Saisongemüse – auf den Markt bringen
konnte, fehlte es ihm sogar bei zufriedenstellendem Verkaufserlös
ständig am unentbehrlichen Kleingeld. Die allgemeine Preisbewe-
gung schlug indessen auch für alle jene zum Nachteil aus, die den
Pachtschilling bar erlegten, weil die Anhebung der Pachtsätze im
Zeichen einer langfristigen Konjunkturperiode durchschnittlich
rund doppelt so hoch ausfiel wie die der Getreidepreise, obgleich
diese ebenfalls nach oben tendierten: eine Steigerung hier um
annähernd 20, dort aber an 35 Prozent.

Das freie Spiel der Wirtschaftskräfte gestaltete das Dasein des
Kleinbauern weder leicht noch freundlicher. Dennoch verlieh es
ihm eine andere Bedeutung, einen erkennbar neuen Sinn: nicht für
die »Herren«, sondern für sich selbst und die Seinen zu schuften,
was die Hingabe wenigstens lohne. Lady Morgan, eine jener englischen Reisedamen, von denen damals immer eine zur Stelle war,
schrieb darüber 1811 in ihrem Buch *La France* wohl etwas zu
überschwenglich, doch zum Kern der Sache vorstoßend:

»Man sieht, wie sich ein solcher unabhängiger Gebieter über einen
Morgen Land oder so mit einem Esel über sein kleines Feld
schleppt, mit einer Art Arbeitsmaschine, die einer Egge ziemlich
ähnelt. Aber schließlich, dieser Mensch ist Eigentümer; er ist
unabhängig. Das kleine Feld, das er bearbeitet, gehört ihm. Er sät
es für sich, und er wird seine Frucht ernten. Seine Kinder werden
die Früchte des Baumes ernten, den seine Hände gepflanzt haben.
Dieses Fleckchen erhält seine und seiner Familie Unabhängigkeit
aufrecht. Jede Erdscholle wird genutzt und erbringt dreimal
soviel, als ihr vordem weniger motivierte Hände abrangen. Die
bescheidenen Ersparnisse dienen nicht mehr dazu, die Habgier
eines Eintreibers von Zehnt oder Renten zu stillen, oder den Tag
zu bezahlen, der ihm leuchtet, oder die Luft, die er atmet.«

Für den Landarbeiter traf das nicht zu. Er besaß kein Wahlrecht,
hatte weder Sitz noch Stimme in seiner Gemeinde. Von Ausnahmen abgesehen, blieb er der Dorfarme, der er immer war, ob als
Knecht, als wandernder Saisonarbeiter, als Tagelöhner, dessen
Frau und Kinder – als Hütejungen und Gänseliesel vom fünften
Lebensjahr an – dazuverdienten, wo immer sich dafür Gelegenheit bot. Sein Arbeitstag war unvermindert lang und schwer, seine

Hütte jeder Beschreibung spottend, kein »trautes Heim«. Seine Einkommensverhältnisse aber besserte er auf. Nicht deshalb, weil irgend jemand sein Herz für den Landarbeiter entdeckt oder geöffnet hätte. Die Erhöhung der Löhne war der Lage auf dem Arbeitsmarkt geschuldet. Es herrschte zunehmend Arbeitskräftemangel. Das Angebot an offenen Arbeitsstellen überstieg die Zahl der Arbeitsuchenden – außer in den Krisenjahren 1810/11 – empfindlich. Dazu trugen nicht allein die allgemeine Wirtschaftsbelebung und die Abwanderung in die Stadt bei, sondern insbesondere auch die Einziehung zum Heeresdienst, die dem flachen Land seine kräftigsten Arme Jahr für Jahr entzog. Der Tageslohn eines qualifizierten Schnitters – etwa drei Franken, je nach Region – holte infolgedessen sogar den eines kleinstädtischen Maurers ein, der als guter Verdiener galt. Diese Entwicklung trug dazu bei, die Landflucht – außer bei weiblichen Dienstboten – in Grenzen zu halten. Sie sorgte gleichzeitig für politische Ruhe unter den Armseligsten des »kaiserlichen Landvolkes«.[6]

Die Berichte der Präfekten, die beauftragt waren, über alle Vorkommnisse Buch zu führen und sie pünktlich nach oben zu melden, bestätigten, daß das Dorf an Brauch und Sitte der Vorväter festhielt.[7] Es bildete eine von strenger Rangordnung bestimmte Lebensgemeinschaft, in der es nie an innerem Gezänk fehlte, aus der aber dennoch so leicht niemand ausbrach. Gegen äußere Einflüsse schirmte sie sich weitgehend ab. Dem Fremden und »Zugereisten« gegenüber ließ sie Vorsicht und sogar Argwohn walten. Der Bauer unterwarf sich auch keinen Modeströmungen. Was gestern gut war, brauchte heute nicht schlecht zu sein. Das im natürlichen Rhythmus der Jahreszeiten wurzelnde Herkommen regelte seine Gewohnheiten, seine Arbeit, seine Kleidung, seine seltene Freizeit. Er bediente sich einer dem Auswärtigen oft unverständlichen Mundart, des *Patois*. Unterschiedlich waren auch Mentalitäten und Temperamente von Bretonen und Gascognern, Normannen und Provençalen. Jeder zweite bis dritte der Männer etwa kam mit der Schreibkunst notdürftig zurecht und las vielleicht in einem der beliebten Bauernkalender; wenn es hoch kam, kaufte er ein »erbauliches« Buch.

Mangel an Sauberkeit und Hygiene, Einseitigkeit der eiweiß- und vitaminarmen Ernährung sowie Trunksucht bereiteten den Boden

»Die Schafschur«, Radierung von Johann Adam Klein, 1818

für Krankheiten aller Art. Krätze, Skrofulose, Rachitis und Kindbettfieber suchten das Dorf häufig heim. Gegen periodisch grassierende Seuchen – unter Mensch und Vieh – wußten Kräuterfrau und Bader, in leichteren Fällen nicht unerfahren, keinen Rat; ein Arzt verirrte sich selten aufs Land. Für bestimmte Leiden galten bestimmte Heilige als hilfreich; man opferte ihnen oder unternahm eine Pilgerfahrt zu Orten ihrer bevorzugten Verehrung. Unausrottbarer Aberglaube mußte einspringen, kirchlich verbrämt oder auch nicht und auf viel älteres Erbgut einer keltischen Bauernkultur zurückweisend; er gehörte zum Weltbild des Bauern und befrachtete nach wie vor seinen Alltag.

Die Präfekten schilderten den Bauern ziemlich übereinstimmend als einfach und grobschlächtig, aber unverbildet und deshalb weniger »verdorben« als den Stadtbürger; sicher spukten in den Köpfen der Berichterstatter Vorstellungen der Schäferdichtung und der naturbegeisterten Aufklärung nach. Sie bescheinigten dem Landvolk Starrköpfigkeit, gepaart mit einem gewissen Stolz, mit Bauernschläue und Sinn für Realitäten. Die Feste feierte es, wie sie fielen: auf jeden Fall feuchtfröhlich, doch selten verschwenderisch, mit Rundgesang und ortsüblichem Tanz, gelegentlicher Rauferei und hinterher einem zünftigen Kater.

Es ist aber nicht wahr, daß der Bauer in der Abgeschiedenheit seines Dorfes abseits der großen Post- und Heeresstraßen, blind für die Vorgänge außerhalb seiner Gemarkung, an der Geschichte gewissermaßen vorbeigelebt und vorbeigelitten habe.[8] Dem war nie so, und schon gar nicht seit der Revolution. Die drohende Hungersnot hatte ihn 1789 aufgerüttelt, die Aufforderung zur Niederschrift seiner Beschwerden neue Hoffnung gesät; die »Große Furcht« hatte ihn in Bewegung versetzt, der Sturm auf die Schlösser ihn auf den Kampfplatz gerufen. Flucht und Hinrichtung des Königs, Bürgerkrieg und Entchristlichung hatten seine Stellungnahme herausgezwungen. Der Flugblattwirbel hielt an, und sogar der Kalender »politisierte« sich. Die Agrargesetze betrafen den Bauern persönlich, und da galt es schon höllisch aufzupassen, damit ihn die »Federfuchser« nicht überfuhren.

Die Stadt-Land-Beziehungen intensivierten sich. Verkehr und Verkehrsnetz wurden dichter, insbesondere in Auswirkung der Kontinentalsperre auf das Binnenland. Zeitungen gelangten ins Dorf und natürlich die amtlichen Bulletins über Napoleons Siege. Von der Kanzel erläuterte der Konkordatspfarrer pflichtgemäß des Kaisers Wohltaten und Anmahnungen. Vor allem aber holten die von ihren Feldzügen heimkehrenden Veteranen der Großen Armee die weite Welt herein in die kleinere des Bauern und berichteten – mit mehr oder weniger Wahrheitsliebe – der staunenden Jugend in der Dorfscheune an langen Abenden von unerhörten, noch nie geschehenen großen Taten. Sie führten neue Eßgewohnheiten ein – mehr Fleisch vor allem, wie sie es vom Heeresdienst her kannten und woran sich der Bauer jetzt schon eher einmal gütlich tun konnte als zuvor; für ihn zumindest gehörten die ausgesprochenen Hungerjahre der Vergangenheit an.

Daß die kaiserlichen Grenadiere außerdem deftige neue Flüche und die Syphilis einschleppten, mag stimmen, obgleich sie mit Sicherheit deren einzige Quellen nicht waren.[9] Unschuldig waren sie aber an der Lüftung der »unseligen Geheimnisse« der Geburtensteuerung, der *secrets funestes*, gegen die der beunruhigte Seelenhirte im Beichtstuhl seine ganze Beredsamkeit aufbot. Diese nachwuchshemmende Übung, zu der nicht viel Einfallsreichtum gehörte, verbreitete sich, sofern sie das Oberhaupt noch nötig hatte, seit der Jahrhundertwende von der Stadt aufs Land. Die Streitkräfte waren darauf nicht angewiesen, da der Code des Kaisers die Vaterschaftssuche ohnehin kurz und bündig verbot.

La recherche de paternité est interdite.
Code Napoléon

Das Schloß

Frankreichs Schlösser sind seine Zierde: vom Einsturz ihrer Türme bedrohte gotische Burgen, reichgeschmückte Renaissancepaläste, strahlende Barockbauten, Landhäuser in verspieltem Rokoko oder in strenger klassizistischer Harmonie, umschattet vom Grün eines herrschaftlichen Parks, auf einer Kuppe thronend oder ihre majestätische Fassade in einem stillen Gewässer spiegelnd – unschätzbar ihr künstlerischer, ihr musealer Wert. Im 18. Jahrhundert versinnbildlichten sie etwas mehr: die Adelsherrschaft über das Land. Der Schloßherr war die öffentliche Gewalt am Orte und zugleich Obereigentümer des Bodens; ein vornehmer Gebieter, der zwar nach oben zu, gegenüber dem verdichteten Verwaltungsmechanismus des Königtums, als einzelner nur noch wenig zu bestellen hatte, in seiner *Seigneurie* aber Herrenrecht über seine »Vasallen« übte. Wenn er kein armseliger Krautjunker war, ließ er es durch Beauftragte wahrnehmen, während er selber am Versailler Hof antichambrierte und zwischendurch seinen Vergnügungen, gesellschaftlichen Verpflichtungen oder standesgemäßer Beschäftigung nachging.[10]

Die Revolution wischte all das vom Tisch: die höchsten Ämter in Staat und Kirche, die Pensionen, Sinekuren und Offizierspatente, Bannrechte und Erbzins, den Anteil am Gemeindeland und zuletzt sogar das Adelsprädikat. Nicht wenige Schlösser gingen 1789 und auch danach mitsamt ihren Archiven und Urkunden in Flammen auf, als den Bauern der Geduldsfaden riß. »Aristokrat« wurde zu einem ebensolchen Schimpfwort wie »Aufkäufer«.

Eine Vielzahl Adliger, wiewohl insgesamt nur eine Minderheit, floh außer Landes, und ihre Güter verfielen, soweit nicht rechtzeitig auf dem Papier an »ausharrende« Verwandte oder Strohmänner verschoben, seit 1792 der Beschlagnahme durch den Staat. Sie wurden – teilweise parzelliert – als Nationalgüter versteigert, wie davor schon das Kirchenland. Die »Thermidorianer« änderten nichts an dieser Situation, und den Emigranten gegenüber blieb auch das Direktorium fest; es wollte sich nicht noch mehr Läuse in den Pelz setzen.

Wandel schuf erst das Konsulat. Bonapartes auf Ausgleich gerichtete Politik, die der Stimmung unter den müde gewordenen Staatsmännern der Republik entsprach, schloß die Erlaubnis zur Rückkehr ein, auf die davor die Todesstrafe gestanden hatte. Wer von der Amnestie Gebrauch machte, die nur krasse Fälle von Landesverrat ausnahm, gewann sogar Anspruch auf Rückerstattung seines ehemaligen Besitztums, wenn es bis dahin noch keinen Käufer gefunden hatte. Nicht jeder, doch diesmal die Mehrzahl, ergriff bei allen inneren Vorbehalten gegenüber dem bonapartistischen Regime das auf einem Silberteller gereichte Gnadengeschenk und ließ sich nicht zweimal bitten, die Bürde des Exils abzustreifen. Wieder um den heimatlichen Kamin versammelt, vermochte der französische Adel die Bilanz der Dekade zu ziehen.

Im Schnitt war es für die Überlebenden so schlimm nicht abgelaufen, wie es zuerst aussah.[11] Freilich gab es unwiederbringliche Einbußen; mit dem gewohnten, für selbstverständlich erachteten Saus und Braus war es fürs erste aus und vorbei. Was aber »gerettet« wurde, war doch beträchtlicher, als man gemeinhin annimmt.

Das Schloß, wo wiederbeziehbar, war nach so vielen Jahren der Vernachlässigung oft in schlechtem Zustand und zum Teil ausgeräumt, der Garten verwildert. Es regnete Wehklagen darüber. Auch der Boden hatte bisweilen, als Spekulationsobjekt unsachgemäß oder mangelhaft bearbeitet, gelitten. Dem Heimkehrer begegnete da und dort und meistenteils wohlbegründet – ein kaum unterdrücktes Mißtrauen. Da die gesetzlichen Bestimmungen teilweise dehnbar und unklar waren oder mit anderen kollidierten, wurden die Behörden mit Eingaben bestürmt oder Prozesse vor Gericht darüber geführt, wem nun was noch oder wieder gehörte. Ein bevorzugtes Streitobjekt bildete dabei der Wald. Stichhaltige Gründe zur Beschwerde über unfaire Behandlung im Kaiserreich aber hatte der alte Adel keine[12], ob im Lande geblieben oder einsichtig zurückgekehrt, nachdem seine ersten, von Wunschdenken verzerrten Berechnungen in der Fremde getrogen hatten. Selten ist eine »Verliererpartei« so glimpflich davongekommen, ja, bei ihrem Wiedererscheinen auf der Bildfläche von Amts wegen geradezu mit Komplimenten überhäuft worden.

Wir brauchen einen König, weil ich Eigentümer bin; einen König, der eine Krone hat, weil ich eine Stellung habe. Wir brauchen also, um die Revolution zu beenden, einen König ihrer Schöpfung, der seine Rechte von den unsrigen herleitet.
CHAMPAGNY AN D'ANTRAIGUES, 21. AUGUST 1801

Bei Hofe waren die verlorenen Söhne der Republik wohlgelitten. Alles verstehen, hieß dort alles verzeihen. Was eingefleischte Altadelige nicht abhielt, über den Emporkömmling und seinen Anhang in den Tuilerien naserümpfend zu lästern, wenn sie unter sich waren. Auf Verschwörungen aber ließen sie sich – bis auf wenige unbedarfte Draufgänger – nicht mehr ein. Die Schüsse des Exekutivkommandos, die 1804 den Herzog von Enghien niederstreckten, hallten noch lange schmerzhaft in ihren Ohren, und der Geheimbund der »Glaubensritter« unter seinem Großmeister Mathieu de Montmorency (1767–1826) fand erst Zulauf, als das Empire Risse zu zeigen begann. Bis dahin trug man den Royalismus »im Herzen«, doch war schwer vorauszudenken, welche Wendung die Dinge noch nehmen mochten, und der Augenblick schien eher dafür geschaffen, die Zuvorkommenheit des Kaisers – oder seinen Bedarf an vorzeigbaren Dekorationsstücken alter Rasse – zu nutzen. Auch »Arbeitsteilung« war anzutreffen; so spielte Armand de Caulaincourt seine Rolle als formvollendeter Anstandswauwau Napoleons, ohne jemals mit seinem Vetter Blacas zu brechen, der als engster Vertrauter des Thronprätendenten Ludwig XVIII. dessen Geheimdiplomatie leitete.

Die Jüngeren wünschten in Armee und Verwaltung vorwärtszukommen, ohne sich den Kopf über Perspektiven zu zerbrechen. Dem wurde nichts in den Weg gelegt. Im Gegenteil, der Anteil von adligen Schülern an Militärschulen schnellte überraschend in die Höhe. An die Schalthebel der Macht ließ Napoleon unsichere Kantonisten, wo und solange er sie ausmachen und vermeiden konnte, allerdings nicht heran. Dreiviertel seiner Generäle immerhin waren (1811) bürgerlicher Abkunft. Er wußte um die dünne Decke seiner auch in Schlechtwetterlagen noch vertrauenswürdigen Parteigänger unter den Titelträgern.

Auch der äußere Glanz der »guten alten Zeit« kehrte nicht ganz wieder, obgleich der Adel, den ein Gesetz von 1794 zwangsweise aus Paris ausgesiedelt hatte, nach und nach seine alten Stadthäuser wieder bezog; weniger im Marais-Viertel des Zentrums, wo der Glanz der gewaltigen Paläste einer länger zurückliegenden Vergangenheit – die »Hôtels« der Guise und Sully, der Colbert und Soubise – bereits abblätterte und die den Besitzer gewechselt hatten, als in Saint-Germain am linken Seineufer, ehedem eine aufgelockerte Vorstadt im Südwesten mit Blick in die freie Natur.

Das Hôtel de Soubise in Paris. Während der Revolution verstaatlicht, wurde es 1808 als Staatsarchiv eingerichtet. Kupferstich von Jean-Baptiste Rigaud, um 1750–1760

Von hier aus orchestrierte der Adel den »guten Ton« der Schickeria. Für rauschende Feste und aufwendige Soupers, unter deren Last sich Tafel und Lakaien bogen, fehlten zumeist die Mittel oder der Kredit und oft auch die Feierstimmung. Diese überließ die edle Fronde nolens volens den Neureichen oder den entsprechend remunerierten »Übergelaufenen« in Rang und Würden. Sie zog sich deshalb aber nicht auf die stumme Zuschauertribüne zurück. Ansatzpunkte ihrer bohrenden »Überzeugungsarbeit« wurden die großen Salons, in denen »tout Paris« verkehrte.

Sie erinnerten nur noch wenig an jene hochkarätigen Lasterpfuhle des Nachthermidor und des Directoire, in denen wieder freigesetzte Genußsucht wild aufgeschäumt und zur Maxime erhoben worden war. Einige der Gesichter, die sich dort gezeigt hatten, waren zwar – mit ein paar Falten mehr – noch dieselben; die meisten jedoch hatte der scharfe Wind des Brumaire weggewischt. Andere Stätten geselliger Zusammenkunft zogen die Besucher magnetisch an, und die geradlinige Offerte weiblicher Reize wich ausgesuchteren Gepflogenheiten, die an Traditionen im Ancien Regime anknüpften.

Nach wie vor waren die Salons Nachrichtenbörsen, Stimmungsbarometer und Plätze zur Einfädelung von Kombinationen jedweder Art: karrierepolitischer, finanzieller, literarischer, gewiß auch frivoler.[13] Der alte Adel hielt in ihnen Tuchfühlung zu den Herren der Stunde, die nun einmal diese verquere Welt regierten und die herauszufordern oder zu sich herüberzuziehen der Zeitpunkt noch nicht gekommen schien. Man horchte hin und horchte aus, knüpfte nutzbringende Beziehungen an, brachte Gerüchte unter die Leute und gab sie weiter, mitunter auch an das Ausland. Der Besucher informierte sich oder andere über den letzten Stand der öffentlichen wie der mehr personengebundenen Angelegenheiten. Indessen wurde von ihm erwartet, daß er in einer Konversation gehobenen Stils exzellierte, sich auf geistreiches – oder wenigstens auf geistreichelndes – Gedankenspiel verstand, Ungesagtes herauszuhören wußte, Eleganz ungezwungen zur Schau trug.

Der Dame des Hauses, der die Gäste ihre Verehrung darbrachten, oblag es, den Empfang an ihrem »jour fixe« mit zarter Hand zu einem genußvollen Erlebnis zu gestalten und ihm behutsam Richtung zu geben: Schüchterne zu ermutigen oder Verwegene zu zügeln. Keine der »Salonarden« verstand es besser, mit dem Feuer zu spielen und sich dabei – beinahe? – nicht zu verbrennen, als die von ihrer Klientel vergötterte Madame Récamier.

Julie Bernard aus einer Lyoner Patrizierfamilie, Jahrgang 1777, hatte einen – bedeutend älteren – Pariser Bankier geehelicht, der zu jenen zählte, die den Einstand des Ersten Konsuls bevorschußten: ein Mann der mit dem Brumaire emporgekommenen Hochfinanz, der seine schöne junge Frau entsprechend einzurahmen und dafür sogar über seine Verhältnisse zu leben nicht scheute. Das Palais in der Rue du Montblanc hatte davor Necker und dessen Tochter Germaine de Staël beherbergt. Die Wohngegend roch geradezu nach den Millionen der Geldaristokratie: Marmonts Schwiegervater Perrégaux hatte sich hier – im Hôtel de l'Empire – häuslich niedergelassen. Ouvrard und Laffitte zogen nach; alles kein alter Geburtsadel, sondern Männer der neuen Zeit, deren Reichtum ihnen jedoch anriet, sich den klassischen Kräften der »Bewahrung« zu nähern und diesen einige Türen zu öffnen, die besser geschlossen geblieben wären.

Ouvrard bediente sich dabei eines Dietrichs, nämlich der Madame de Montesson, deren Palast er erwarb, sie jedoch als graugelockte Galionsfigur darin beließ. Die morganatische Witwe des Herzogs von Orléans kannte selbstredend so ziemlich alles, was vom Ancien régime noch übrig war, und gleichzeitig Bonaparte, dem sie als vierzehnjährigem Kadetten auf der Militärschule einen Mathematikpreis überreicht hatte. Er sah es mit Vergnügen, wenn sie in ihrem ehemaligen Hause mit Anmut eine Brücke flocht, die Vergangenheit und Gegenwart in einer Gesellschaftsspitze zusammenführte, die grundsätzlich ganz in seinem Sinne lag.

Was Julie Récamier an blaublütigen Ahnen abging, ersetzte sie durch einen Liebreiz, mit dem sie, was selten vorkommt, auch Geschlechtsgenossinnen gefangennahm. Aus Gérards in viele Lexika der Welt übernommenem Bildnis lächelt sie dem Betrachter fein und einladend, aber unverbindlich distanziert entgegen, ein lockendes Blümchen Rührmichnichtan. Sie hat ihre Be- und Verzauberungskünste bis zu ihrer »Vertreibung« aus Paris durch einen über diesen Sammelort der royalistischen Opposition 1812 nun doch und nicht grundlos nervös gewordenen Napoleon mit Erfolg eingesetzt: bei den Generälen Moreau und Bernadotte, bei Talleyrand und bei David, Benjamin Constant und ihrem »Seelenfreund« Chateaubriand[14], 1814 aber von neuem und diesmal bei Zar Alexander, und einem hingerissenen Witwer, dem Preußenkönig Friedrich Wilhelm III.

In der Stadt leben, war eine Sache; von ihr leben, eine andere, solange man sich nicht entschloß, seine Finger mit eigener Hände Arbeit zu beschmutzen. Diese war zwar jetzt jedermann erlaubt im Gegensatz zu früher, doch deshalb noch nicht bei jedermann beliebt. Mit zwei Dutzend erlauchten Geschlechtern und mehr im Stammbaum einen bürgerlichen Beruf zu ergreifen oder dem korsischen Leutnant die Steigbügel zu halten war nicht jedermanns Sache. Viele zog es daher zurück aufs Land.
Während dieses einen Jahrzehnts hatten sich die Verhältnisse hier in hohem Maße gewandelt, wenngleich nicht so radikal, wie es der »Bauernkrieg« der Revolution anfänglich erwarten ließ. Die Bauern gaben nicht eher Ruhe, bis ihr Acker von sämtlichen »Herrenrechten« freigefegt war. Nicht selten hatten sie ihren eingeschüchterten Seigneur beziehungsreich, wiewohl begrifflich ungenau, zum Schwur gezwungen, »er sei vom Dritten Stande«. Ja, er durfte am Ende noch heilfroh sein, wenn er nicht – als pauschal »Verdächtiger« – weit darunter geriet. Hingegen gab es weder unter den Bauern noch unter jenen Theoriedenkern der Revolution, die politisch zum Zuge kamen, eine ernsthafte Bewegung zur Zerschlagung des Großgrundbesitzes als solchem. Die Nationalisierung des Kirchenlandes war nicht unter diesem Aspekt erfolgt und die Enteignung der Emigranten auch nicht; das »Ackergesetz« blieb nur ein blasser literarischer Schemen. Erst in den Ventôsedekreten des Jahres 1794 war bei Saint-Just die Utopie

Balkon eines Landhauses. Kupferstich von Joseph Spiegl nach Georg Pein, 1809

einer Republik selbständiger Produzenten, eines Frankreich aus lauter annähernd gleichen Kleineigentümern, vorübergehend aufgeleuchtet, aber sogleich im Thermidor wieder verglüht.

Der Parzellenbauer, der – ob groß, ob klein – für seine Person und für seine Scholle ein »Eigentumsfanatiker« war, gestand auch dem Schloßherrn zu, sein Eigentum zu besitzen und zu genießen, solange er sich nicht in Angelegenheiten mengte, die ihn nicht mehr zu kümmern hatten. Tot war die Grundherrschaft, keineswegs der Großgrundbesitz, und das Kaiserreich tat sogar alles in seiner Macht Stehende, ihn zu pflegen und zu stärken. Nahm der zurückgekehrte Emigrant den ihm nach den Regelungen des Konsulats zustehenden Teil seiner Güter wieder an sich, so wurde er – in der Sache – ebenfalls landwirtschaftlicher Unternehmer im Rahmen einer modernen Marktwirtschaft[15], wie sein im Lande verbliebener Standesgenosse; wie der mit einer kaiserlichen Dotation beglückte oder sich einkaufende Neuadlige; wie der Stadtbürger, der Rentier, der einen beträchtlichen Teil seiner überschüssigen Barmittel für sich und seine Nachkommen immer noch mit Vorliebe, besonders im Weichbild seiner Stadt, aber nicht nur da, in wertbeständigem Grund und Boden anlegte; wie – ausnahmsweise – auch der *coq de village*, der »Dorfgockel«, der als starker Landwirt, Viehhändler, Gastwirt oder Wucherer den Einstieg in die – ihrem ökonomischen Wesen, nicht ihrer individuellen Lebensführung nach – bürgerliche Gutsbesitzerschicht gemeistert hatte. Der eingesessene Landadel mußte sich an so neuartige Umgebung und ihm unerwünschte »plebejische« Nachbarschaft gewöhnen. Verschmolzen ist er mit ihr darum noch lange nicht, und Napoleon hatte als Ehestifter bei ihm weniger Glück als auf den »Heiratsmärkten«, die er selber in Paris oder auf sein Geheiß der Präfekt im Département aufzog, um geeignete »Erbinnen« ausfindig zu machen und an den rechten, förderungswürdigen Mann zu bringen: Elitezüchtung aus dem Amalgam von alten und neuen Titeln, materiell untermauert durch gutes Gold und gutes Land.

Ein Großteil des Landadels lebte zurückgezogen, fernab den Fußangeln einer dubiosen Politik und ohne große Sprünge zu machen. Wer es sich leisten konnte, vertrieb sich die Zeit kavaliersmäßig mit Begehungen und Spaziergängen oder Ausritten und Ausfahrten, mit Jagden, mit Lektüre und leichter Plauderei im kleinen Kreis wie eh und je. Der Edelmann ging mit Fleiß zur Messe. Mehr als früher nahm er sich der Erziehung der Kinder an. Seine »Gnädige« erfüllte die Landessitte durch wohltätige Werke, die ihr die Herzen der Armen zuwendeten; manchmal sehr zum Ärger des ungehobelteren bürgerlichen Gutsbesitzers von nebenan, der sich schwerer in die herkömmliche Rolle eines väterlichen Beschützers von unverschuldet in Not Geratenen hineinfand und den Dorfpfarrer durchaus nicht immer auf seiner Seite hatte.

Viele aber sannen über eine Steigerung ihrer Einkünfte nach und versprachen sie sich von der Eigenbewirtschaftung ihrer Güter. Eingeleitet haben solche »Liebe zur Ökonomie« gewiß schon die Physiokraten, doch waren es im 18. Jahrhundert nur vereinzelte gewesen, die in der Agrarerzeugung die Betätigung fanden, die sie ausfüllte und überdies ihre Kassen füllte. Im allgemeinen zog es der Grundherr vor, seine Äcker an diejenigen unter seinen Bauern zu verpachten, die selber zu wenig Land besaßen. Einige – meist überdurchschnittlich ertragreiche – Böden reichte er auch en bloc an einen Großpächter weiter, der den Anbau entweder mit Lohnarbeitern betrieb oder die Felder stückweise in Unterpacht gab. Sich selbst behielt der Seigneur dann lediglich Park, Garten und Stallungen rund ums Schloß, einen Hühnerhof, Jagdgehege und allenfalls einen Weinberg für seinen Haus- und Tischwein vor.

In der Kaiserzeit nahm das Interesse, sich vom Grund- und Schloßherrn zu einem selbstwirtschaftenden Gutsbesitzer, aus einem Abgabenbezieher zum Produzenten zu entwickeln, bedeutend zu; eine Tendenz, die sich im Verlauf des Jahrhunderts endgültig festigen sollte. Zweifelsohne trug die anhaltend vorteilhafte Absatzlage für landwirtschaftliche Erzeugnisse im Gefolge von Dauerkrieg und Seeblockade dazu wesentlich bei, und große Herren, Träger berühmter Namen, gingen mit gutem Beispiel voran. Marquis Lafayette, der 1792 als Generalissimus zu den Österreichern übergelaufen, aber von diesen lange in ungnädiger Festungshaft gehalten worden war, markierte seinen – vorläufigen – Rückzug ins Privatleben, indem er sich auf seinen Gütern einer systematischen Schafzucht widmete, um den vielversprechenden Wollmarkt zu versorgen. Die Statistik, die unter einem von der Rechenkunst hell begeisterten Kaiser erstmalig voll zum Zuge kam, gibt Aufschluß darüber, daß der Adel dabei nicht schlecht gefahren, die revolutionär-demokratische Agrarreform hingegen Stückwerk geblieben ist. Die Präfekten hatten Verzeichnisse über die größten Steuerzahler in ihrem Département anzufertigen, die der Ernennung zu »Notabeln des Kaiserreiches« als Grundlage dienten. Nun sind Statistiken nur in begrenztem Maße aussagekräftig. Mobiles Kapital konnte sich der Steuerveranlagung leichter entziehen als der ohne weiteres meßbare Grundbesitz. Über diesen zumindest geben die Tabellen einigermaßen verläßliche Auskunft. Sie zeigen, daß die grundbesitzende Bourgeoisie im Vergleich zum Ancien régime zwar bedeutend aufgeholt hat. In der Mehrzahl der Départements behauptete indessen der alte Adel unter den Großgrundbesitzern seine Majorität; die »ganz Reichen« und folglich Ersten unter den Steuerzahlern gehörten ihm in nahezu allen Fällen an.

So erklärt sich sein trotz erloschener ständischer Privilegien und öffentlicher Funktion immer noch nachhaltiger »moralischer« Einfluß auf dem flachen Land weit über die Kaiserzeit hinaus. Wohl paßte er sich wirtschaftlich der bürgerlichen Ordnung und ihren Rechtssatzungen an.[16] Als Traditionsstätte und Sitz eines landwirtschaftlichen Großbetriebes in einem bewahrte aber das Schloß die nur ihm eigentümliche Lebensart seiner blaublütigen »Herrschaft« im Nachtrab der Wende, die ihre – immerhin tausendjährige – Geschichte genommen hatte.

Die Werkstatt

Schon während der Revolution mußte Finanzminister Cambon vor dem Konvent die verdrossene Feststellung treffen: »Die Engländer machen alles mit Maschinen, die Franzosen noch so gut wie alles mit der Hand.« In der Tat hatte die Epoche der gewerblichen Großfertigung, die das Antlitz der Erde zu verändern begann, auf der britischen Insel bereits im Ausgang des 18. Jahrhunderts eingesetzt. Der Übergang vollzog sich unter großen Schmerzen und trieb Handwerker, die von der Umstellung Böses befürchteten, zum Widerstand. Nichts und niemand mehr vermochte jedoch den Siegeszug der produktiveren Technik und mit ihr die Entstehung einer in den Großstädten zur Masse geballten Industriearbeiterschaft aufzuhalten.

Zusammen mit dem »Rest der Welt« zog Frankreich unter Auswertung der englischen Ersterfahrungen allmählich nach. Das revolutionäre Bürgertum hatte seine Startbedingungen verbessert und der Unternehmerinitiative zu optimaler Beweglichkeit verholfen. Bis zur Vorherrschaft der mit einem Maschinenpark ausgerüsteten »Fabrik« war es jedoch auf dem Kontinent noch ein sehr weiter, oft nur zögernd beschrittener und an Rückschlägen reicher Weg. Noch zur Kaiserzeit drückten Handwerk und Manufaktur dem Gewerbefleiß eindeutig ihren Stempel auf.[17] Die Handwerke hatten den ersten Schock der 1791 je nach Branche mit gemischten Gefühlen aufgenommenen Zunftfreiheit überwunden. Marats Befürchtung, daß einerseits der wirtschaftlich Starke nunmehr den Schwachen erdrücken würde, andererseits der Verzicht auf Gesellen- und Meisterprüfung zu Pfuscharbeit führe und man bald keinen anständigen Hut mehr zu kaufen bekäme, hatte sich als übertrieben erwiesen. Zwar gab es solche Erscheinungen, aber der erzwungene Wettlauf der Meister um die Gunst des wählerischen Kunden sorgte dafür, daß die Billig- und Schlechtlieferanten nicht Oberwasser bekamen. Der »biedere«, der geschickte und reelle Handwerker, auf den Verlaß war, ließ sich nicht von heute auf morgen ersetzen. Der Übersättigung einzelner Gewerbezweige konnte durch Versagen der behördlichen Niederlassungsgenehmigung entgegengewirkt werden. Die Auftragslage der meisten war daher in gesunden Jahren befriedigend bis gut. Ausreichender Warenfluß erlaubte solide Kalkulation. Manch ein erfolgreicher Meister richtete sich gutbürgerlich ein: Goldschmiede, die ohnehin schon auf der Zunftleiter ganz oben gestanden hatten; Maurer, die es zum Bauunternehmer und Hausvermieter brachten; gefragte Kunsttischler aus dem Faubourg Saint-Antoine, die Möbelfabrikanten wurden, und Weber, die ihre Hauswerkstatt ausbauten. Einige setzten sich auch vorzeitig zur Ruhe, überschrieben dem Sohn oder Schwiegersohn das Geschäft und bestritten ihren Lebensabend von ihren Renten.

Zukunft besaß das traditionelle Handwerk auch in Frankreich kaum. Benötigt und geachtet zwar, trat es auf der Stelle, während alte und neue Manufakturbesitzer ihre »Imperien« teils im Verlagssystem, teils aber auch durch Errichtung großer Zentralwerkstätten in ehemaligen Schlössern, aufgelassenen Klöstern und (seltener) in Neubauten landesweit ausdehnten. Die de Wendel, Köchlin, Liévin-Bauwens[18] erweiterten und verbesserten ihren Maschinenpark. Douglas setzte Wollkämmaschinen ein, Philippe de Girard stellte seine neue Leinenspinnmaschine zur Verfügung. Daß auch Wissenschaftler und Erfinder gleich Chaptal, Berthollet und Leblanc selber in die Produktion »einstiegen«, rundet das Bild ab. Auf den Einfallsreichtum solcher Pioniere setzte das Kaiserreich und gewährte rastlosen »Gründern« vom Schlage eines Guillaume Ternaux (1762–1833), der in der Tuchindustrie neue Wege beschritt, manche Vergünstigung. Besichtigung und Belobigung ihrer Werke zählten zu Napoleons festem Reiseprogramm. Technische Erfindungen bedachte er mit Prämien und zeichnete Joseph Marie Jacquard (1752–1834), einen Lyoner Seidenweber und Mechaniker, für die von ihm 1805 konstruierte Webmaschine zur Herstellung großflächiger Muster aus. Wiederkehrende Industrieausstellungen auf dem Marsfeld oder im Hof des Louvre spornten Erfahrungsaustausch und Wettbewerb an. 1806 beteiligten sich über 1400 Aussteller aus ganz Frankreich daran.

Gedämpfteres Wohlwollen erntete – wegen ihrer Abhängigkeit von Rohstoffimporten – die Baumwollindustrie. Doch gerade sie

Alle Welt stimmt darin überein, daß die vorausgegangenen Ausstellungen bei weitem keinen so großen Zulauf hatten: Beweis für die Fortschritte unserer Industrie.
CHAMPAGNY AN NAPOLEON, 4. OKTOBER 1806

Soierie, Elevation perspective d'un grand Devidage place au dessus des Moulins representee cy devant

Aufriß einer Seidenzwirnmaschine. Kupferstich eines unbekannten Künstlers. Aus: Encyclopédie ou Dictionnaire universel raisonné, mis en ordre par M. de Félice, Tafelband IX, Yverdon 1779

konnte den stürmischsten Aufschwung verzeichnen, der sich in der Symbolfigur des Bauernsohnes François Richard (1765–1839) verkörperte. Durch Spekulationen mit Nationalgütern zu einem Grundkapital gekommen, tat er sich mit dem Kaufmann Jean Daniel Lenoir-Dufresne zu einer Stoffhandlung zusammen, in der sie durch Einführung eines Festpreissystems hohe Gewinne erzielten, die sie befähigten, selber zur Warenherstellung überzugehen. Die englische Konkurrenz ausstechend, kombinierten sie Wolle mit Baumwolle zu den begehrten »Bombasinen«, erwarben und errichteten Spinn- und Webwerkstätten, zuerst im Hôtel Thorigny und im Kloster Bon-Secours zu Paris, überzogen aber bald auch die Pikardie und die Normandie mit ihren Betrieben. Als Lenoir 1806 verstarb, fügte sich Richard den Namen seines Teilhabers an, nachdem die Firma schon unter dem gut eingeführten Doppelnamen Richard-Lenoir lief. Der »Baumwollkönig Frankreichs« beschäftigte einige Jahre darauf über 12 000 Arbeiter und Angestellte.

Von der Durchsetzung eines »Manufakturbürgertums« zu sprechen, erscheint desungeachtet immer noch vermessen. Die Abgrenzungen zwischen Industriellen, Großkaufleuten und Bankiers blieben, wie schon unter dem Ancien régime, durchaus fließend. Das in die gewerbliche Produktion eingebrachte Kapital vermochte zwar seinen Anteil zu steigern, doch kam das noch längst keiner Verdrängung des Handels aus seiner Führungsrolle gleich. Dazu standen die jungen, risikofreudigen Großunternehmer noch auf viel zu schwachen Füßen. Glücksspielern gleich, spekulierten diese »Abenteurer der neuen Gesellschaft« oft ins Blaue hinein, überschätzten in ungetrübtem Wagemut ihre Reserven, verzichteten auf substantielle Rücklagen für schlechtere Tage. Sie steckten alles, was sie unter Gebrauch ihrer Ellenbogen rasch erwirtschafteten, auf hemmungsloser Jagd nach dem ganz großen Coup ebenso rasch in die eigenen Betriebe – wahre Betriebsketten mitunter – und in den Aufkauf der Konkurrenz. Eine so hektische Expansion um jeden Preis – im »napoleonischen Stil« – führte nicht selten zum Ruin, und die Einsätze gingen verloren. Mit dem Kaiserreich mußten 1814 auch Wirtschaftskapitäne wie Liévin-Bauwens und Richard-Lenoir Konkurs anmelden.

Nicht immer lag die Schuld an Kinderkrankheiten des Managements oder an einem ungesunden Geschäftsgebaren. Gerade die modernste Industrie, in der die Mechanisierung am weitesten gediehen war, die Baumwollspinnerei, mußte die Zeche für Napoleons Blockadepolitik mit bezahlen: Das Ausbleiben zureichender Rohstoffeinfuhren schnitt ihr um ein Haar den Lebensfaden ab.

Der alles in allem noch ruhige Pulsschlag der großen Industrie verhinderte indessen ebenfalls einen abrupten Umbruch im Sozialgefüge der Arbeitswelt.

Was die Selbstsicht der werktätigen Stadtbevölkerung anging, so überwogen noch Berufsangaben nach der ausgeübten Handwerkssparte: Als »Weber« trugen sich gleicherweise der Manufaktur- und Heimarbeiter, der Gesell wie der Meister ein. *Ouvrier*, also Arbeiter, nannte sich auch der Kleinmeister. *Indigent*, der Bedürftige, wurde – sicher sehr kennzeichnend – für den Arbeiter und den Armen synonym gebraucht. Der *prolétaire* Babeufs, gelehrte Anleihe aus der römischen Geschichte und als solche Kursmünze der Literaten, nicht nur der linken, war ein aus der »Masse Volk« noch nicht herausgetretener, sondern diese Masse Volk geradezu repräsentierender »Besitzloser« oder genauer: jeder mit einem »Eigentumsdefizit«; einer von jenen 24 Millionen, denen der Volkstribun die eine »goldene« Million der Bourgeoisie gegenüberstellte.

Bezogen auf die eigentlichen Arbeitsleute, die *hommes du labour*[19], würde diese Veranschlagung ganz und gar nicht stimmen. Sie waren an die zwei Millionen, etwas darunter oder etwas darüber. Immerhin entfiel auf sie in gewerbereichen Städten einschließlich Paris die runde Hälfte der Beschäftigten. Die kaiserliche Polizei hatte sie ständig im Auge, denn infolge ihrer beträchtlichen Fluktuation erwies es sich als recht schwierig, sie lückenlos zu überwachen. Sie galten als Element der Unruhe, leicht aufzubringen, wenn sie meinten, daß ihnen ein Unrecht geschah. Bekundungen eines starken Gemeinschaftsgefühls waren am Arbeitsplatz verbreitet und führten leicht zu »Zusammenrottungen«. Worum ging es diesen Arbeitern?

Politik zu betreiben war nicht ihre Sache. Sie hielten sich an keine »Partei«. Umkämpft waren die Lohn- und Arbeitsverhältnisse in einer »offenen« Gesellschaft, an welcher die Arbeiter im rechtlichen wie im moralischen Sinne indessen nur als »Untergebene« partizipierten.

Der Arbeitstag dauerte, dank der Revolution, im Schnitt nur noch zehn Stunden oder etwas darüber, von 5 bis 19 Uhr im Sommer, von 6 bis 18 Uhr im Winter, einschließlich Ruhepausen. Das waren runde zwei Stunden weniger als unter dem Ancien régime. Die Zahl der vielen kirchlichen Feiertage hatte sich allerdings erheblich verringert. Auch wurde die im Grundsatz vorgeschriebene Sonntagsruhe nicht immer eingehalten, andererseits oft nach altem Brauch ein »blauer« Montag angehängt. War der Arbeitsrhythmus in Handwerksbetrieben durch zünftlerisches Herkommen geheiligt, oft gemächlich, so herrschte in den Manufakturen ein ausgeklügeltes Prämien- und Lohnabzugssystem, das zur Produktionssteigerung antrieb. Arbeitsschutz gab es praktisch nicht; Betriebsunfälle häuften sich infolge mangelnder Sicherheitsvorkehrungen, am zahlreichsten im Baugewerbe.

Stellten Arbeiter Forderungen an ihren »Brotherren«, so waren sie zumeist in die Form gekleidet, ein wohlerworbenes Recht gegen dessen Verletzung zu verteidigen, so auch gegen unbillig erachtete Kündigung eines Arbeitskollegen. Sie blieben nicht immer erfolglos. Sie verlangten, den niedrigen Brotpreis der Revolution aufrechtzuerhalten, was zumindest in der Hauptstadt gelang. Als Pariser Bauarbeitern durch eine Anordnung die mittägliche Essenspause entzogen wurde, antworteten sie im Okto-

Unter den Bauarbeitern entstehen sie am schnellsten und sind am schwierigsten zu zerstreuen. Der Grund dafür ist, daß stets mehrere und sogar eine große Zahl von Arbeitern an der gleichen Arbeitsstätte versammelt sind. Ein Radaubruder macht einen zügellosen Vorschlag, und im Augenblick machen sich alle eine Art Ehre daraus, ihm beizustimmen.

<small>MELDUNG DES POLIZEIPRÄFEKTEN PASQUIER, 1807</small>

ber 1806 mit einer aufsehenerregenden achttägigen Arbeitsniederlegung – und setzten sich im Hauptstreitpunkt durch.

Überhaupt waren Streiks häufiger, als man gemeiniglich annimmt, und sie wurden in Abständen von überall her gemeldet: aus Sedan und Lille im Norden, Bordeaux und Lyon im Süden. Gestreikt wurde in Bergwerken und Manufakturbetrieben, auf Baustellen und in Textilfabriken, in Schlachthöfen und Waffenwerkstätten, jedoch stets von kleineren Gruppen, allerhöchstens von einigen Hundert. Nie ergriffen sie ein größeres Gebiet, beschränkten sich auf Einzelaktionen, auf einen bestimmten Gewerbezweig, auf eine Arbeitsstelle und dauerten nie lange. Beide Seiten drängten auf schnelle Entschlüsse.

Die Regierung begünstigte im Prinzip den Arbeitgeber, erwartete jedoch auch von ihm einen Beitrag – so etwa die Abstellung eines eklatanten Mißstandes – zur baldmöglichsten Wiederherstellung von Ruhe und Ordnung. Arbeitsniederlegungen zur Erzwingung einer Lohnerhöhung oder gar körperliche Angriffe auf Streikbrecher pflegte sie hingegen mit Verhaftung der Wortführer und Dienstverpflichtungen zu ahnden, worauf die Unmutsäußerungen schnell verstummten. Als probates Mittel zur Abkühlung der erhitzten Geister wirkte auch schon die angedrohte Ausweisung aus Paris. Auf Kollisionskurs gegen die Staatsmacht ging die Arbeiterschaft ungern; niemand wollte ohne Not auf die in der Hauptstadt gezahlten Höchstlöhne und alle sonstigen Attraktionen auf dem Pflaster der Seinemetropole verzichten.

Die Behörden konnten sich des Schwarzen Peters also mit Leichtigkeit entledigen. Formal wußten sie das Gesetz, das sie letztendlich selber machten, auf ihrer Seite und durften dessen Paragraphen zücken, wann immer sie wünschten. Ein Einspruchsrecht hiergegen bestand nicht. Das im berüchtigten Gesetz Le Chapelier 1791 verankerte Streik- und Koalitionsverbot blieb unvermindert in Kraft; das Kaiserreich brauchte es nur anzuwenden. Die Einführung des »Arbeitsbuches«, des *livret d'ouvrier*, das im Betrieb vorzulegen und auch dort zu deponieren war, erlaubte zudem eine relativ strenge Evidenzführung der Arbeitnehmer und insbesondere der Manufakturarbeiter.

So wenig offensiv die Arbeiter der Kaiserzeit aufs Ganze gesehen waren, suchten sie doch Bestimmungen, die sie offen nicht angreifen konnten und oft wohl auch nicht direkt verletzen wollten, auf

1 François Gérards Lehrer Jacques-Louis David hatte, von Napoleons Erscheinung hingerissen, ausgerufen: »Das ist ein Mensch, dem man in früheren Zeiten Altäre errichtet hätte.« Auch ohne Altäre ist der Kult um die Person des Monarchen auffallend, dessen offizielle Bildnisse in ganz Europa verbreitet wurden. Diese Fassung des Bildnisses im Kaiserornat, das Gérard mehrfach malen mußte, erhielt der sächsische König 1810 als Geschenk. (Staatliche Kunstsammlungen Dresden, Gemäldegalerie Neue Meister)

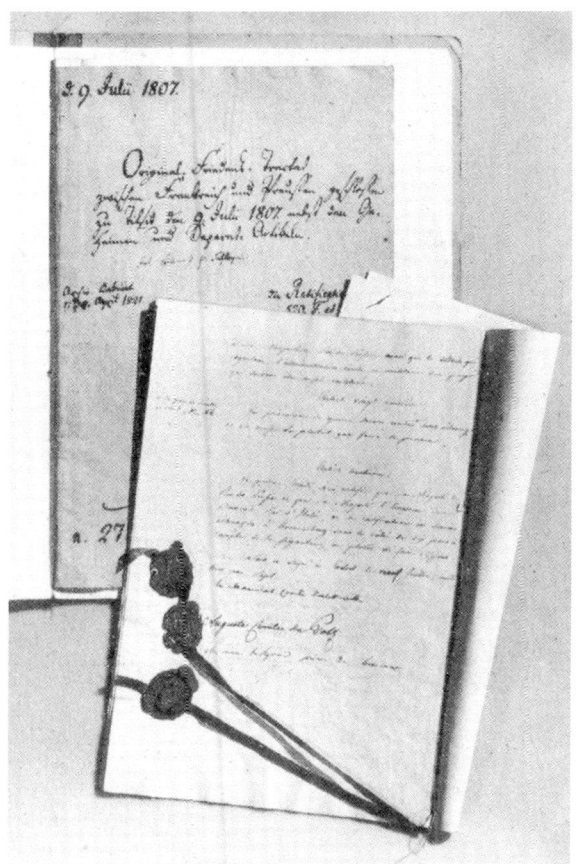

Ansicht der FONTAINE TRIOMPHALE

2 General Bonaparte vor einem Schlachtfeld. Schabkunstblatt von Pierre Charles Coqueret nach Hilaire le Dru

3 Der Friedensvertrag von Tilsit zwischen Frankreich und Preußen vom 9. Juli 1807 (Staatsarchiv Merseburg) (oben links)

4 Der Siegesbrunnen auf der Place du Châtelet in Paris, 1807, mit plastischem Schmuck von Louis-Simon Boizot. Radierung eines unbekannten Künstlers (oben rechts)

5 Napoleon besucht die Gruft Friedrichs des Großen am 25. Oktober 1806. Kupferstich von Johann Friedrich Arnold nach Heinrich Anton Dähling (rechts)

7 *Napoleon in Fontainebleau am 31. März 1814 nach Empfang der Nachricht vom Einmarsch der Verbündeten in Paris. Gemälde von Paul Delaroche, 1845 (Museum der bildenden Künste Leipzig)*

◁ 6 *Einband der Verfassung des Großherzogtums Warschau vom 22. Juli 1807. Der Frieden von Tilsit, in dem Preußen die Hälfte seines Landes an das neu geschaffene Großherzogtum Warschau und an das Königreich Westfalen verlor, stellte die Grundlage dieses kurzlebigen Vasallenstaates dar, den Napoleon zur Stärkung seiner Machtposition im Osten schuf. Im Juli 1807 unterzeichnete er in Dresden persönlich die Urkunde. Den Prachteinband in blauem Samt mit reicher Goldstickerei zieren das Monogramm des Kaisers, der gekrönte Adler und das Majestätssiegel. (Sächsisches Hauptstaatsarchiv Dresden)*

8 Galerie und Vorbau am Eingang der Kathedrale Notre-Dame. Diese Festarchitektur mit neugotischen Elementen war anläßlich der Kaiserkrönung am 2. Dezember 1804 errichtet worden. Napoleon wird vom Erzbischof von Paris unter den Klängen der Militärmusik empfangen. Kupferstich nach Charles Percier

9 Pierre-Paul Prud'hon: Die Kaiserin Joséphine im Park von Malmaison, 1805 – ein Hauch von Ancien ▷
Régime liegt über diesem Porträt, obwohl der Schöpfer des Bildes bekennender Jakobiner war. Jacques-Louis David bemerkte über das Werk, das seinen Auffassungen widersprach: »Es ist nicht jedem gegeben, wie Prud'hon zu irren.« Gezeigt wird vor allem sensible und elegante Weiblichkeit. Parallelen zur englischen Malerei sind erkennbar: das Träumen im Landschaftsgarten ist Attribut naturverbundener Empfindsamkeit. (Musée du Louvre, Paris)

10 *Quodlibet mit Bildnis des Ersten Konsuls Bonaparte. Unter der zersprungenen (gemalten) Glasscheibe liegt, neben anderen zeitgenössischen Dokumenten, auch der französisch-spanische Friedensvertrag. Gemälde von Laurent Dabos (Musée Marmottan, Paris)*

andere Weise zu umgehen. Davon überzeugt, daß sie nur in soli-
darischer Haftung füreinander etwas erreichen konnten, gründeten sie – zusammen mit etlichen Kleinmeistern – Wohltätigkeits-
vereine oder Hilfskassen, Gesellschaften zur gegenseitigen
Unterstützung, die *mutuelles*. So 1803 in Grenoble die Hand-
schuhmacher, 1804 die Schuhmacher (und andere) in Paris; 1806
folgten ihnen Gerber und Steinschneider, 1808 Schlosser und
Weber. Buchdruckervereine kennt man allein in Paris (zwischen
1805 und 1813) zehn und Seidenwebervereine in Lyon vier.[20]
Etwa hundert solcher Mutuelles in ganz Frankreich, darunter in
Bordeaux und Roubaix; das war gewiß nicht viel. Sie umfaßten
auch immer nur einen einzigen Handwerkszweig – nicht mehr als
ein schüchterner Anfang, dessen tieferer Sinn dennoch in einer
Losung zum Ausdruck kam, die sich in mehreren ihrer Statuten
fand: »Von allen Seiten zurückgestoßen, unterstützen die Arbeiter
einander.«
Bei weitem zahlreicher als die jungen Mutuelles blieben die bis ins
Mittelalter zurückreichenden Gesellenbünde und Bruderschaften
– eigentlich Geheimgesellschaften, von denen aber jeder einschließlich der Behörden wußte – mit strikter Organisation und
eigenen Riten, Erkennungszeichen und einer Hierarchie aus gewählten Vorstehern, mit Herbergen und Hilfskassen für Wander-
burschen, Kranke und Sieche. Sie ganz zu zerschlagen war auch
der Revolution nicht gelungen.
Ehrbarkeit wurde unter ihnen großgeschrieben, und sie respek-
tierten die jeweils bestehende Ordnung, obwohl ihnen – als uner-
laubter oder doch nicht ausdrücklich autorisierter Körperschaft –
diese oft mißvergnügt am Zeuge flickte. Bei kleinen wie großen
Arbeitskonflikten nahmen zumeist sie als Kontrahenten der Meister die Führung des »Dialogs« in die Hand. Ihr Bemühen war auf
frei ausgehandelte Verträge, auf abgesprochene Kompromisse
gerichtet. Auf dem Weg dahin ging es allerdings auf beiden Seiten
keineswegs immer friedlich zu. Bisweilen, wie 1804 und 1806 in
Nantes, lieferten sich Bündische verwandter Gewerbe auch
untereinander »blutige« Schlachten: Hufschmiede gegen Ham-
merschmiede, Zimmerleute gegen Dachdecker. Viel Kraft verzet-
telten sie – zur Genugtuung der Meister wie der Polizei – in Auseinandersetzungen zwischen Bundesleitungen, die sich die
Oberherrschaft wechselseitig streitig machten. Geschlossen, als

Einheiten von Gewicht, sind die Bünde daher niemals hervorgetreten.

Ihrer ganzen Struktur nach waren die Gesellenvereine auf das alte Handwerk zugeschnittene Überbleibsel innerzünftlerischer Oppositionsformen. Zur Kaiserzeit wahrscheinlich noch die kopfstärkste und selbstbewußteste, bildeten die Handwerksgesellen indessen nicht mehr die schlechthin ausschlaggebende, normensetzende Arbeitergruppe. Die Lebens- und Arbeitsbedingungen der Bergleute, Heimarbeiter, Manufakturarbeiter, Tagelöhner, Land- und Gelegenheitsarbeiter unterschieden sich von den ihrigen erheblich.[21] Obwohl es sie alle im Ancien régime auch schon gegeben hatte, ließen sie sich in einer freien Konkurrenzwirtschaft leichter einfügen. Allerdings wurden sie auf deren Schattenseite verbannt; den Nutzen aus ihrer disponiblen und transportablen Ware Arbeitskraft zog der »Patron«. Der Manufakturier war es vor allem, der in der Frauen- und Kinderarbeit seinen rechnerischen Vorteil erkannte. Sie kam ihn um die Hälfte und sogar um zwei Drittel billiger als Männerarbeit zu stehen. Während in den Handwerken der Lehrling mit 14 oder allenfalls mit zwölf Jahren bei seinem Meister eintrat, beschäftigte die Woll- und Baumwollmanufaktur Kinder vom siebenten Lebensjahr an. Und dies waren keine ausgesuchten Sonderfälle. In ihrem Großbetrieb in Amilly bei Montargis setzten die Gebrüder Périer an die 600 Knaben und Mädchen im Alter von elf bis dreizehn Jahren ein. Die Nachfrage überstieg örtlich sogar das Angebot an solchen jugendlichen Arbeitskräften, und Unternehmer bestürmten fortgesetzt die Regierung, ihnen doch mehr Minderjährige aus den Armen- und Waisenhäusern zuzuweisen. Von wenig zartbesaitetem Gemüt zeugten Fabrikanten, die nach der Schlacht von Austerlitz 1805 beantragten, ihnen die Kinder der gefallenen Sieger »anzuvertrauen«.

Wie solche Fürsorge aussah, geht sogar aus den amtlichen Berichten der Präfekten hervor: Schlecht, einseitig und unzureichend ernährt, über ihre schwachen Kräfte hinaus beansprucht und mit zu wenig Freizeit für ihre Wiederherstellung, wüchsen nur wenige dieser Kleinen zu tauglichen Rekruten heran. Ihre Körpergröße liege unter dem Durchschnitt, weit unter dem Gardemaß; sie seien von schwächlicher Konstitution und oft von der Schwindsucht befallen. Da die Ressourcen für die Rekrutierung noch ausreichend blieben, griff keine Sozialgesetzgebung ein.

Nur für den Bereich des Bergbaus wurde – und auch das erst 1813
– das Mindestalter auf zehn Jahre heraufgesetzt.

Das Reallohneinkommen des Arbeiters lag in den meisten Gewerbezweigen ein wenig höher als außerhalb Frankreichs, wenngleich beträchtlich niedriger als im Einwandererland Amerika; es
wies insgesamt eine steigende Tendenz auf und konnte für hoch-
qualifizierte Fachkräfte demjenigen eines Büroangestellten, kleinen Beamten oder Leutnants nahekommen.[22] Die Eindrücke aller
fremden Reisenden bestätigen dies.
Fiel die Entlohnung der meisten ungelernten und angelernten
Werktätigen wesentlich niedriger als die der Spitzengruppe aus, so
bezogen doch auch sie keine ausgesprochenen Hungerlöhne. Der
Arbeitsmann konnte sich und seine Familie etwas abwechslungs-
reicher ernähren, auch wärmer kleiden als zuvor. Es verschlang
nun nicht mehr das Brot allein den halben Verdienst. Sozialer Aufstieg war immer noch schwierig und äußerst selten, jedoch nicht
von vornherein verbaut. Jämmerlich blieben die Schulverhältnisse
für die Arbeiterkinder, unvorstellbar grauenvoll die Wohnverhält-
nisse, die häufige Erkrankungen und vorzeitigen Tod zur Folge
hatten: schmutzige, jeder Hygiene und sanitärer Einrichtungen
entbehrende, oft feuchte, schimmlige und dunkle Löcher in Kellern und auf Speichern, in denen sich viel zu viele Bewohner auf
knappstem Raum drängten, um an der teuren Miete zu sparen.
Das jedoch war überall in Europa so oder noch schlimmer und
sollte es auf lange Zeit hinaus bleiben.
Bedauert wurde das harte Schicksal des besitzlosen Lohnarbeiters
deshalb von manchem wackeren Menschenfreund aus den »gebildeten Ständen«. Der Waliser Nonkonformist Robert Owen
(1771–1858), seit 1799 erfolgreicher Betriebsleiter und Teilhaber
einer Baumwollspinnerei im schottischen New Lanark, verstand
hingegen Philanthropie als Auftrag, »die Lage der Menschheit allmählich zu verbessern« und damit bei seinen eigenen 2000 »Un-
tergebenen« anzufangen. Er kürzte den Arbeitstag und führte eine
innerbetriebliche Krankheits- und Altersversicherung ein. Den
Arbeiterfamilien gab er für damalige Begriffe menschenwürdige
Behausungen. Radikal beschränkte er die Arbeitszeit seiner 500
Armenhaus- und Waisenkinder, sorgte für einen »polytechni-
schen« Unterricht in Kleinkinder-, Tages- und Abendschulen.

Da er trotzdem Gewinn erzielte (den er 1813 statutarisch auf 5 Prozent begrenzte), erregte seine »Erziehungsphilosophie« Aufsehen über die Landesgrenzen hinaus; New Lanark wurde zur Pilgerstätte für Reformfreunde, und Owen rührte auch selber kräftig die Trommel für sein Experiment. Er warb bei anderen Fabrikanten um Nachahmung, »nachdem ich gefunden habe, daß mein Verfahren für andere wohltätig und für mich, selbst vom pekuniären Standpunkt aus, vorteilhaft ist«. Ein emsiger Briefschreiber an alle Welt, stellte er zur Erwägung, »ob ein Teil Ihrer Zeit und Ihres Kapitals nicht vorteilhafter dazu verwendet werden würde, Ihre lebenden Maschinen zu verbessern«.[23]

Die Ablehnung, auf die seine maßvollen Aufrufe zu einer humanen Arbeitswelt bei den hartgesottenen Unternehmern um so mehr stießen, als er sie mit einer Absage an die Religion verband, trieb Owen weiter. Nicht nur Reformen, sondern eine Umgestaltung der Gesellschaftsordnung sollte er 1820 fordern und 1825 in der kommunistischen Musterkolonie New Harmony in Amerika vorzuführen suchen: eine soziale Utopie, mit der der Friedfertige um Klassenkampf und Revolution einen Bogen schlug. Indessen gehörte er – einer der Väter der Genossenschaftsbewegung – doch zu jenen, die die junge Arbeiterklasse beschworen, selber an der »großen Veränderung« mitzuwirken.

Was schulden sie mir? Arm habe ich sie vorgefunden, und arm habe ich sie belassen. Aber der Instinkt für das Notwendige erleuchtet sie, die Stimme des Landes spricht aus ihnen.
NAPOLEON, 21. JUNI 1815

Napoleon hatte sich gehütet, daran je auch nur im entferntesten zu rühren. Die Arbeiter in Brot und bei Laune zu halten, dünkte ihn schon viel. War es ihnen denn zu irgendeiner Zeit in Frankreich besser ergangen als unter dem Kaiseradler? Ja, die ersten paar Monate »unter Robespierre«, da konnten sie reden, wie ihnen der Schnabel gewachsen war, aber der Kochtopf blieb leer. Jetzt herrschte in einigen Gewerbezweigen beinahe Konjunkturerhitzung, und gerade damit hatte Napoleon, der Heerführer und der »Landesvater«, unmittelbar zu tun: mit Geschützgießerei und Waffenschmieden sowieso, durch Verlagerungen auf den Landverkehr mit Wagnern, Stellmachern und Fuhrleuten, mit Uniformschneiderei und seiner regen Bau- und Straßenbautätigkeit. Die Lyoner Seidenweber, die *Kanuten*, verdankten dem »Seidenfimmel« des Empire und seiner Propagierung in Europa – auch durch den Mund des Kaisers persönlich – die glanzvolle Überwindung ihrer Absatzschrumpfung während der Revolution und der Revolutionskriege. Mode- und Luxusindustrie konnten sich die zurückgewonnene Aner-kennung des Pariser Ge-schmacks zunutze machen. Landeroberung erweiter-te den Markt und die-ser die Produktion. Eine Spur davon schlug sich auch in den Lohntüten nieder.

Das halbwegs freundliche Bild wäre überzeichnet, wenn man die Leidtragen-den unterschlüge: Schiff-bauer und Seeleute, Verar-beiter von Überseeware. Hier gingen angestammte

Straßenfegerin. Radierung von Jean Duplessi-Bertaux aus der Serie »Die Bettler«

Arbeitsplätze – durch Feindeinwirkung sozusagen – verloren. Jedoch fanden die Betroffenen ein anderes Unterkommen und schickten sich in die Zeit, sofern sie nicht – in Uniform – ein Schlachtfeld deckten ...

Vorschnelle Verallgemeinerungen wären unangebracht. Die Ar-beiter der Kaiserzeit waren ihrer inneren Einstellung nach gewiß ebensowenig über einen Kamm zu scheren wie nach ihrer äußeren wirtschaftlichen und sozialen Lage. »Typisch« war für sie weder der mit den Seinen sonntags fröhlich auf grüner Flur picknickende Familienvater, noch der ins Bettlerheer absinkende Arbeitslose.

Hatte der Arbeiter auch keine Veranlassung, sich besonders »kai-serfreundlich« zu gebärden, so konnte man ihm auch nicht das Gegenteil nachsagen. Wohl mochten einige, die durch die Revolu-tion hindurchgegangen waren, in einer ihrer Herzfalten das Zau-berwort *République* verbergen und General Bonaparte über den kaiserlichen Dreispitz stellen. Andererseits waren es gerade Män-ner der revolutionären Hochburg Saint-Antoine, Arbeitsleute wie Kleinbürger, die 1815 den bei Waterloo Geschlagenen beschworen, nicht aufzugeben, sondern den Kampf gegen bour-bonische Restauration und die europäische Fürstenverschwörung fortzusetzen. Sie trugen dem Unwilligen dazu ihre starken Arme an: auch, aber nicht nur als Opfer einer Illusion.

Der Bourgeois

Bürgerliche Gesellschaft im bürgerlichen Staat« lautete die Devise der Männer des Dritten Standes, als sie sich in der Revolution daran begaben, ihr Frankreich von Grund auf umzugestalten. An der Überlegenheit ihres Leistungsvermögens konnte sie, ausgerüstet mit dem Wissen der Aufklärer, nichts und niemand irremachen, und auch daran nicht, daß es zu ihnen noch keine taugliche historische Alternative gab. Zu einer Ausdehnung ihres Verständnisses von Freiheit und Gleichheit auf eine soziale Massendemokratie hingegen bekannte sich die politische Repräsentanz dieser Bourgeoisie nie. Jakobiner, die in einer nationalen Katastrophenlage solchen Vorstellungen zum Heil des Ganzen sich zu öffnen bereit waren, ließ sie kaltblütig fallen, sobald die Republik ihr äußerstes Sturmkap umschifft hatte.

Mit den Thermidorianern schien die Revolution für sie erst einmal »gelaufen« zu sein. Ihnen ging die Gleichsetzung von *Citoyen* und *Bourgeois* glatt über die Lippen. Mit dem Direktorium setzten sich die bürgerlichen Eigentümer fest in den Sattel, doch ließen sich Stabilität und Prosperität immer noch nicht herbeibeten. Erst das Konsulat brachte, das Kaiserreich befestigte sie. Soweit lösten die Brumairiens ihr Versprechen ein. Der dafür geforderte und entrichtete Preis war hoch: Verzicht auf die *unmittelbare* politische Entscheidungsfindung und Machtausübung, Einflußlosigkeit im Weltgerangel der Militärs, Beugung unter einen eigenwilligen und deshalb nicht immer leicht zu genießenden neuen Oberherrn, der alle Kaufleute grundsätzlich für Spitzbuben hielt. Solange indessen die Geschäfte dank dessen Vorführungen auf den Schlachtfeldern Europas gediehen, ließ sich der vorgehängte Maulkorb ertragen. Das Terrain, sich auszubreiten, war unermeßlich weit geworden für den, der die Gunst der Stunde weder verschlief noch überzog.

Wer und was aber war dieser Bourgeois unter der Trikolore des

Empire? Immer noch Molières *Bürger als Edelmann*? Der »Held«
der zeitgenössischen Sittenkomödie eines Picard oder Collin
d'Harleville?

Da stand auf der obersten Sprosse der Leiter der Großunternehmer, der Kapital schon vor der Revolution geerbt und gemehrt
hatte: als Kaufherr und Bankier, als Aktionär oder Fabrikant, oft
mehreres davon in einem.[24] Verfügte er über flüssige Geldfonds,
die er bei anderen anzulegen gewillt war, bezeichnete man ihn als
»financier« oder »capitaliste«. Nicht wenige Eigner sahen danach
ihre Handelshäuser und Banken von den Umsturzwogen verschlungen; empfindlich wurden insbesondere Firmen der ehedem
so reichen, jetzt aber von Übersee abgeschnittenen Hafenstädte
Marseille, Bordeaux, Nantes, Rouen, Le Havre getroffen. Andere
haben sich mit erlaubten und unerlaubten Mitteln über die
schlüpfrige Bahn geschlängelt, »Reichensteuern« entrichtet, ohne
mit der Wimper zu zucken; rechtzeitig geschaltet und umgeschal-
tet, sich als Heereslieferanten auf gewerbliche Massenproduktion
orientiert oder als Importeure ihren Notanker geworfen und ihr –
nicht unbedingt bescheidenes – Auskommen gefunden.

Unter dem Direktorium sind sie schnell wieder auf die Füße gefallen und über die erste Million, die bekanntlich immer die schwer-
ste ist, rasch hinweggeklettert. Claude Périer aus dem Dauphiné,
der wohl bedeutendste unter ihnen, 1788 Geld- und Gastgeber
der legendären Ständeversammlung auf seinem Schloß Vizille bei
Grenoble, kaufte schon 1795 mit einem Sack Assignaten die Akti-
enmehrheit der großen Kohlenminen von Anzin auf und verfaßte, ehe er 1801 starb, für die Brumairiens die Statuten der neuge-
gründeten Bank von Frankreich, des leitenden nationalen
Kreditinstituts, dessen erster »Regent« er folgerichtig wurde.[25] Er
war der Stammvater einer langlebigen Dynastie von Finanzgewal-
tigen. Der Familienbesitz fächerte sich im Kaiserreich unter acht
Söhne und zwei Schwiegersöhne auf. Hohe Beamte Napoleons
waren darunter – und Casimir Périer, ein künftiger Ministerpräsi-
dent des »Bürgerkönigs« Louis Philippe. Aber beileibe nicht mit
der gesamten Bourgeoisie »alten Typs« sprang das Schicksal ebenso gnädig um. Unbeholfene, konservative Rentenbürger, die nicht
in Sachwerte – darunter Nationalgüter – geflüchtet waren, gingen
in beträchtlicher Zahl aus der Revolution als Inflationsgeschädig-
te mit gemindertem Lebensstandard hervor. Von anderen Verlu-

Morgendliche Geschäfte oder Die Tür eines Reichen. Kupferstich von Philibert-Louis Debucourt, um 1803

sten abgesehen, sahen sie sich durch einen – wenngleich noch maßvoll abgezirkelten – Staatsbankrott am Ende um runde zwei Drittel ihrer Ersparnisse oder Einkünfte geprellt. Das stellte sich indessen schon bei der 1798 unternommenen Sanierung des Haushalts (der sogenannten »Liquidation Ramel«) heraus, als von Bonaparte noch gar keine Rede sein konnte, dieweilen er im ägyptischen Sande wühlte. Die Couponschneider – oder ihre Vorläufer – konnten dafür ihn nicht verantwortlich machen. Nicht wenige erkühnten sich trotz der nachdenklich stimmenden Erfahrung, ihr Vertrauen auf den Kaiser zu übertragen und *dessen* Rente zu kaufen, womit sie dann allerdings nochmals – aber erst 1814 – vom Regen in die Traufe gerieten.

Auffälliger, anrüchiger und daher mehr im Gerede war der Neureiche, der Raffer der Revolutions- und Kriegskonjunktur: öfter mit einem kleinen Startkapital ausgestattet, seltener ein Habenichts, der das Gras im richtigen Augenblick wachsen hörte. Einige stießen sich verhältnismäßig mühelos beim An- und Wiederverkauf von Nationalgütern, am Währungsagio oder der Pfandleihe gesund.

Wer nicht zu hoch hinaus wollte, brachte sein Schäfchen in einem Haus, einem Laden, einer Kneipe, einem Weingarten ins trockene, legte Gold und Silber auf die hohe Kante oder verborgte es gegen gute Zinsen. Er paßte sich den alteingesessenen Immobilienbesitzern, den *propriétaires* oder einfach *bourgeois*, an, die von ihren

Pacht- und Mieteinnahmen lebten, und führte eine mittlere Existenz, ohne anzuecken oder Mißgunst zu erregen.

Andere spielten um Kopf und Kragen, und für nicht wenige solche Großspekulanten und Wucherer hieß es früher oder später: wie gewonnen, so zerronnen. Nicht jedem glückte es gleich Balzacs *Vater Goriot*, mit seinem gehorteten Schatz eine undankbare Tochter in der »Gesellschaft« zu lancieren. Sogar der Sprichwörtliche unter den Börsianern von Format, Gabriel Ouvrard (1770–1846), wechselte ständig zwischen Höhenflug und Absturz.[26] Der kleine Associé eines Handelsherrn in Nantes spekulierte zuerst auf dem Papiermarkt auf Hausse, gründete sodann in Bordeaux eine Finanzierungsgesellschaft, belieferte die Marine und wurde 1797 Staatsbankier. Wegen Betrugs verhaftet, doch bald wieder auf freiem – und großem – Fuß, wußte er sich Konsul Bonaparte unentbehrlich zu machen. Aus Auslandshäfen schaffte er dringend benötigtes Getreide herbei und kreditierte umfangreiche Transaktionen zwischen der spanischen und der französischen Regierung. Während Napoleon gekrönt wurde, brachte es Ouvrard, zeitweiliger Lebensgefährte der Tallien, die er auf Schoß Raincy aushielt, immerhin zum vielleicht reichsten Manne Frankreichs und Schwiegervater eines Grafen Rochechouart auf Schloß Châtillon-sur-Seine. Selbst die Kontinentalsperre vermochte seine Verbindung zum führenden Londoner Bankhaus Baring nicht zu erschüttern. Als jedoch der Kaiser Rechenschaftslegung von ihm forderte und nicht erhielt, fiel er in Ungnade und verbrachte die Jahre 1810 bis 1813 im Gefängnis. Trotzdem zogen beide während der »Hundert Tage« 1815 nochmals an einem Strang, ehe sich Ouvrard gleich anderen seiner Artung den Bourbonen zuwandte, in deren Gesetzesmaschen er sich allerdings auch wieder verfing. Phantasie, Kombinationsgabe und Wagemut waren Ouvrard nicht abzusprechen; kein Wunder, daß sich auch die Trivialliteratur seiner bemächtigt hat.

Weit weniger im Licht der Öffentlichkeit stand ein anderer »Glückspilz«, der Zürcher Jean Conrad Hottinguer, der sich vor der Revolution gleich anderen Schweizer Bürgersöhnen in Paris niedergelassen und bald ein eigenes kleines Bankgeschäft gegründet hatte. Unter der Republik liefen die Affären schlecht, und er wurde obendrein des Royalismus verdächtigt. Also verzog er sich (1793) nach London und ehelichte dort eine schwerreiche Ameri-

Jacques Laffitte. Porträt aus seinen späteren Lebensjahren. Stahlstich von Ferdinand Bahmann nach Julien

kanerin. In deren Heimatland begegnete er einem anderen vorsichtigen Abwarter – Talleyrand. Von da ab waren seine Wege geebnet. 1798 schon eröffnete er seine Bank in Paris, Zweigstellen in Städten wie Le Havre und Marseille folgten, Ehrungen häuften sich. Unter dem Kaiserreich wurde der vielfache Millionär Präsident der gewichtigen Pariser Handelskammer und als solcher einer der Wettermacher in der Wirtschaft, Baron und anderes dazu. Auch er legte gleich Périer die Wurzel zu einer »Dynastie«, von der man gelegentlich noch liest.

Als kühnster unter den Senkrechtstartern aber galt der begabte Zimmermannssohn aus Bayonne, Jacques Laffitte (1767–1844), den der alte Großbankier Perrégaux 1800 zum Associé nahm.[27] Das Kaiserreich trug dem Bereicherungskünstler 1809 die Regentschaft der Banque de France und 1813 die Präsidentschaft des Pariser Handelgerichts ein. Laffitte ließ sich nichts nachsagen und erbrachte eine Gegenleistung: Nach Waterloo verwaltete der Bankier, der unter der bourbonischen Restauration zu den führenden Köpfen der liberalen Opposition zählte und 1830 einer der »Königsmacher« Louis Philippes werden sollte, Napoleons unfreiwillig in Frankreich zurückgelassenes Privatvermögen.

Seltener in den Salons anzutreffen waren die vielbeschäftigten, bisweilen hektischen Industrielöwen. Dem »Manufakturier« mangelte es herkömmlicherweise an Sozialprestige. Immer noch haftete ihm im Vorurteil tonangebender Gestriger ein Schweißgeruch von Arbeit an. In der Tat fanden sich unter ihnen Männer, die wirklich ganz bescheiden als Handwerker angefangen hatten, wie der aus Deutschland nach Paris eingewanderte Graveur Christian Philipp Oberkampf. Immerhin war der verdienstvolle Pio-

nier der Fertigung hochwertiger Baumwollstoffe und öffentliche
Wohltäter, der das versumpfte Tal von Jouyen-Josas auf seine
Kosten trockenlegte und besiedelte, schon 1787 geadelt worden,
obwohl es ihn nach Auszeichnungen nicht dürstete. Konsequent,
wie er war, lehnte er den ihm sehr ehrenvoll angebotenen Sitz im
Senat rundweg ab. Napoleon mußte, als er sein Etablissement
besichtigte, zur List greifen, um dem allernützlichsten, aber stör-
rischen Greis (Geburtsjahr 1738) das Großkreuz der Ehrenlegion
aufzunötigen: Er nahm sein eigenes von der Brust, um es Oberkampf anzuheften, was dieser nun doch nicht gut zurückweisen
konnte.

Übrigens wurde die Szene im Bilde festgehalten und zu Propa-
gandazwecken eifrig kolportiert.

Die Franzosen sprechen von einer »bourgeoisie à talents«, um sie
von der »bourgeoisie d'affaires« abzuheben, in der unter dem Kaiserreich eindeutig die Kaufmannschaft dominierte. Dieses Bil-
dungsbürgertum teilte sich wiederum in zwei gleich bedeutsame
Kolonnen: die beamtete und die freiberufliche.

Der Andrang zur gehobenen Beamtenlaufbahn war gewaltig, und
wer einmal Zutritt zu ihr gewonnen hatte, sah zu, sich die Gewo-
genheit seiner vorgesetzten Dienststelle oder gar der obersten
Staatsgewalt nicht zu verscherzen; das prägte des Beamten Verhalten. Lebenslang gesicherter Arbeitsplatz, Vorrücken auf der
Dienstleiter und pünktlich ausbezahltes Festgehalt mit Pensions-
berechtigung waren Magneten, die Jugendliche aus dem Mittelstand wohl anzogen und die kein anderer Zivilberuf ihnen so zu
bieten vermochte. Die Arbeitsbedingungen an Pult und Schreib-
tisch waren im Vergleich zu anderen als angenehm zu bezeichnen
und das Anfangssalär zwar nicht überwältigend, jedoch aus-
kömmlicher als in fast jedem anderen Land. Hinzu trat der Kitzel,
an seinem Platz nach unten Autorität, und sei sie noch so
begrenzt, auszuüben.

Allein in Paris soll es an die 25 000 Beamte gegeben haben, mehr
als ein Zehntel aller Berufstätigen. Nun darf man sicherlich nicht
jeden öffentlichen Angestellten der Bourgeoisie zurechnen. Die
große Masse der unteren Dienstränge mußte sich gar sehr nach
der Decke strecken. Sie verdienten zwar im Durchschnitt das
Zwei- bis Dreifache eines Arbeiters, aber der gesellschaftliche
Zwang zu bürgerlicher Lebensführung machte den Vorsprung

fast wett und erzog den Subalternbeamten zu Sparsamkeit im Verbrauch, zu Hausmannssinn. War der Kindersegen groß, mußte er sich doppelt mühen. Er verkehrte fast ausschließlich in seinen eigenen – kleinbürgerlichen – Kreisen, die sich vorwiegend aus sich selbst und durch Zuzug vom Lande ergänzten. Weiter nach oben in die mittlere Laufbahn vorzustoßen, war unter bestimmten Voraussetzungen immerhin möglich und wurde für manchen fleißigen Schreiber zum Lebensziel und Lebenszweck. Dort etwa begann der »beamtete Bourgeois«.

Der Verwaltungsgipfel, vom Kanzlei- und Abteilungsschef an, rechnete hingegen zu jener staatstragenden Führungsschicht, die Napoleon bewußt heranzüchtete, um mit ihr zu regieren. Der Unterpräfekt, einem Landrat oder Kreisdirektor vergleichbar, und der Gerichtspräsident waren schon ganz große Herren, nicht zu reden vom Präfekten, der das Doppelte eines Senators oder das Vierfache eines Bischofs kassierte; mit ihm zog nur noch die Generalität gleich. Man hat es mit einer Gruppe zu tun, die auf Repräsentation sehr hielt. Sie setzte gediegene – nach Möglichkeit juristische – Vorbildung, wenngleich nicht unbedingt Hochschulabschluß, voraus. Der hohe Beamte, bei dessen Auswahl und Einweisung Napoleon umsichtig verfuhr, sollte »guter Familie« entstammen, die bürgerlich oder von Adel sein konnte, sofern sie ihm eine entsprechend sorgfältige Erziehung zukommen ließ. Auch er pflegte dienstlichen wie außerdienstlichen Umgang vornehmlich mit seinesgleichen, war um eine gewisse Exklusivität bemüht und zählte daher zur »Gesellschaft«. Vielfältige Beziehungen und auch Familienbande, die er spielen ließ, verknüpften ihn mit der großen Geschäftswelt und dem Offizierskorps. Meist besaß er selber Grund und Boden, sei es in der Stadt oder auf dem Land. Er trat, wenn nicht kirchlich streng gebunden, einer Freimaurerloge des Großorients von Frankreich bei. Als 1808 der kaiserliche Verdienstadel aufkam, gewann er – unter Respektierung der Amtshierarchie – bei sonstigen Meriten Anspruch auf Nobilitierung zum Ritter, Baron oder gar Grafen. Dem Empire diente er mit ebensoviel Kompetenz und Pflichteifer wie – nach etlichen personellen Auswechselungen vor allem in den Spitzenpositionen – 1814 den Bourbonen, 1815 nochmals Napoleon und nach Waterloo wieder Ludwig XVIII. mit zur Schau getragenem Gleichmut.

Schwieriger war es, Intelligenzberufe, die den Gesetzen des freien
Wettbewerbs und gleichzeitig seinen Verzerrungen ausgesetzt
waren, über einen Kamm zu scheren.

Der stattlichen Menge der Rechtsanwälte hatte die Revolution
alle Schleusen geöffnet. Forensisch geübte Beredsamkeit und
Kenntnis der Gesetzesmaterie erlaubten ihnen, das große Wort zu
führen, wo immer »ungeschultes« Volk zusammentraf: vom
Wählerkollegium bis hinauf zu den drei Nationalversammlungen,
denen sie ihre Sprech- und Denkweise aufnötigten. Dafür hatte
das Kaiserreich keine Verwendung mehr, doch wurden die
Rechtskundigen deshalb nicht brotlos. Sie konnten beliebig
wählen zwischen einer hochangesehenen richterlichen oder einer
administrativen Laufbahn und dem Advokatenbüro oder dem
Notariat, dessen wachsende Bedeutung eines der Kennzeichen
der Zeit war, in der alle erheblichen Rechtsgeschäfte durch die
Hände eines professionellen juristischen Sachwalters zu laufen
hatten. Sie ernährte den Winkeladvokaten wie den großen und
gefragten Strafverteidiger; der Notar wurde geradezu ein Prototyp des Bourgeois. Kärglicher ging es, aufs Ganze gesehen, unter
den Geistesarbeitern anderer Fakultäten zu, die sich auf eigene
Füße gestellt hatten: die zahlreichen Privatlehrer, die Publizisten
und Stückeschreiber, die Maler und Bildhauer, Schauspieler und
Musiker ohne festes Engagement. Wer nicht Rückhalt an einem
väterlichen oder mütterlichen Erbe – und sei es noch so bescheiden – gefunden hatte, lebte von der Hand in den Mund und sah
mit Grauen einem unversorgten Alter entgegen. Wenigen verhalf
ein großer Name – gleich David oder Talma – zu einem gesicherten Auskommen.

Entschieden hingegen verbesserte sich die Situation der bisher
nicht eben auf Rosen gebetteten Ärzteschaft. Ihr Beruf – und
insonderheit der des bisher minder angesehenen Wundarztes, des
chirurgien, erfuhr eine Aufwertung. Manch einem Äskulapjünger
verhalf sie in der Provinz zu einem Bürgermeisteramt. Fortschritte in der Medizinwissenschaft wie die 1798 zuerst von Edward
Jenner (1749–1823) in England durchgeführte Pockenschutzimpfung[28] (der Napoleon auch seinen Sohn unterzog) begann sich auf
breiter Front in der Praxis durchzusetzen. Die Erkenntnisse
großer Mediziner gleich Xavier Bichat, Broussais, Corvisart,
Cabanis oder Larrey, der auch an der Berliner Charité gelehrt

Der bekannte Guillotin, den man gewöhnlich für den Erfinder der von ihm ihren Namen führenden Hinrichtungsmaschine hält ..., pflegte einen gewissen alten Herren, der den Gebrauch seiner Glieder verloren hatte, zweimal in der Woche zu besuchen und begnügte sich jedesmal mit einem Dreilivrestück.

JOHN PINKERTON: ZUSTAND DER MEDIZIN

hatte und mit Hufeland befreundet war, flossen in die Ausbildung der neuen Ärztegeneration ein. Zwar blieben ihr Standesdenken und Standesdünkel nicht fremd, doch hielten sich ihre Forderungen in einem – verhältnismäßig – angemessenen Rahmen, so daß Pinkerton wohl zu Recht schlußfolgerte, »daß die Billigkeit der Ärzte der Gesundheit des größeren Haufens sehr zustatten kömmt. Er sieht sich viel weniger genötigt, zu unwissenden Apothekern und Quacksalbern seine Zuflucht zu nehmen, als der unsrige in England muß.«

Welche Ausmaße die Quacksalberei nicht allein in der tiefen Provinz, sondern im »aufgeklärten« Paris noch erreichte, bezeugt derselbe Autor: »Ich selbst habe in Paris einen Zimmermann gekannt und gebraucht, den ein ihn in einer Gliederlähmung regelmäßig besuchender Büttel mit Menschenfett von seinem Übel zu kurieren versprach. Ich kann diese Tatsache, so wunderbar sie einem im neunzehnten Jahrhundert scheinen mag, als gewiß verbürgen.«

Zwar gelang es auch Napoleon nicht, den schwunghaften, weil überaus einträglichen Handel mit Allheilmitteln, Elixieren, Wunderkräutern und Wundermedizinen, von Teufelsaustreibungen und ähnlichen gröberen Scherzen zu schweigen, in seinem Reich zu unterbinden. Immerhin ließ die Regierung mehrere strenge Verordnungen wider die Kurpfuscher ergehen, die deren Zahl in Paris um die runde Hälfte senkte und eine scharfe Grenze zwischen Erlaubtem und Unerlaubtem, dem Gesetzesverletzer und dem approbierten Onkel Doktor als nützlichem und geschätztem Glied der Gesellschaft zog.

Nach »dem« Bourgeois wird man also im Kaiserreich vergeblich Ausschau halten. Er ist nachträgliche Abstraktion aus einer Vielfalt nuancierter Erscheinungsbilder. Die soziale Klasse, der er angehörte, war nach unten verwischt. Ihre undeutlichen Grenzen verliefen sich in eine kleinbürgerliche Masse. Nach oben blieb der Abschluß offen. Er hing vom Ausgang der »Episode Napoleon« ab: Behauptung einer Spitze aus eigenem Saft oder nicht. Real war vorerst eine städtische Oberschicht, geladen mit Vertrauen in die gewachsene eigene Potenz: unbestritten in der Beherrschung des Marktes und seiner Gesetze; ökonomische wie intellektuelle Führungsmacht, die sich von keiner anderen mehr verdrängen ließ. Zum Volk markierte sie schon äußerlich Distanz. Carl Friedrich Cramer »darf wohl sagen, daß die bei weitem größere Anzahl der rechtlichen Häuser in den ansehnlicheren Straßen von Paris Häuser mit Torwegen sind, die sich dadurch von den anderen unterscheiden, welche bloße Eingänge mit gemeiniglich dunklen Treppen haben und hauptsächlich zu Wohnungen des gemeinen Mannes, kleiner Handwerker und auch wohl der Lustdirnen dienen ... Alle diese Häuser mit Torwegen haben ihre Wächter oder Wächterinnen – eine Sitte, wodurch sich Paris von anderen großen Städten als Amsterdam, Hamburg, Berlin etc. unterscheidet.«

Mit multipliziertem Einkommen und durch Jahre beiseite gelegten Ersparnissen veränderte sich auch das Innere des Logis oder des Hauses. Der Wohnraum konnte um- und ausgebaut, vergrößert und verschönert werden. Zu seiner Pflege wurden mindestens zwei bis drei schlecht entlohnte Dienstboten, teils Pariser, teils vom Lande, eingestellt. Man begann mit der standesgemäßen Einrichtung und Ausstattung einer Bibliothek, des »Arbeitszimmers« von Monsieur, eines Boudoirs für Madame und eines Empfangssalons im herrschenden Empirestil, dessen Mahagoni-Inventar, goldgerahmte Spiegel und Stofftapeten sich vorzeigen ließen. Auch einige Geschmacksverirrungen wurden mitgemacht, manches der Modernität zuliebe überladen. »Dank diesen kühnen Wiederherstellern der Gerätschaften der Alten besitzt jetzt die Seidenstrumpfwäscherin so wie der Millionär Kräutermann, Versorger der Kavalleriepferde unserer Republik, Kandelaber in Karyatidengestalt, Blumentöpfe mit Sperberhälsen, Kommoden mit Greifenfüßen, Kanapees mit Arabesken verziert. So erröten wir über den Schemel, dies bescheidene Erbstück von unseren Großeltern her. Wir finden unsere Kinder weniger schön als die Käfer, die einen ägyptischen, mit Assignationen angefüllten Sekretär dekorieren.« Mercier mochte aber die ganze Stilart nicht und trug seine Satire deshalb zu dick auf: »Müssen wir nicht, als Folge dieser Neuerungen, es zu besorgen haben, daß unsere Weiber einst einmal mit kleinen ägyptischen Göttern in die Wochen kommen dürften?«

Wuchs mit der Bewährung in Geschäft und Beruf das Vermögenspolster, so mit diesem wiederum die Anerkennung im Milieu, in dem man verkehrte. Jetzt war der Zeitpunkt gekommen, sich in temperierter Geselligkeit zu entspannen, einen Wagen zu halten

Ein großer Teil von ihnen [den »Concierges«] ist indes in vielen Häusern Schwein von Haus aus, und die Treppen bleiben nicht selten mit den garstigen Ordüren bedeckt ... Da alles schriftlich Ankommende unten eingereicht und abgegeben wird, so werden sie bald Vertraute auch der Geheimnisse der Hausansiedler, die man nicht gern ruchbar werden läßt ... Sie sind also über Eure positive und negative Bilanz oft ebenso gut und besser instruiert als Ihr selbst. Ihr könnt nur darauf rechnen, daß durch sie und ihr Sperlingsgeschwätz ... das ganze Stadtviertel es gleichfalls mit wird.

CARL FRIEDRICH CRAMER: DIE DRACHEN

und nach dem Garten vor den Toren der Stadt auszufahren, liebe oder, wenn Rücksichten es befahlen, auch weniger liebe Gäste zu bewirten und dabei die täglichen Essenszeiten den verschrobenen Tischsitten der Vornehmen anzugleichen, die dazu geführt hatten, daß aus dem Frühstück (*déjeuner*) faktisch die Mittagsmahlzeit wurde, aus dem Mittagbrot (*diner*) ein Abendessen und aus der Zur-Nacht-Suppe (*souper*) ein Galaschmaus in vorgerückter Stunde nach Schluß der Theatervorstellung. »Man kann nicht glücklicher sein als ein Bourgeois von Paris, der 10 000 Livres Rente hat«, schrieb ein Zeitgenosse.

Dieses – relativ – junge Bürgertum war sich seiner Unabkömmlichkeit, seines Platzes in der neuen Gesellschaft bewußt geworden und nahm seine Chance wahr. Letzten Endes tanzte es gleichfalls um das Goldene Kalb als das Maß aller Dinge, ganz wie die darüber und die darunter. »Gutbürgerlich leben« – *vivre bourgeoisement* – erheischte indessen keine Hektik. Streben nach Sicherheit, das »Sekuritätsbedürfnis«, zählte vor rascher Bereicherung, vor dem bedenkenlosen Hineingreifen in den großen Topf, das den Wirtschaftspiraten auszeichnete.[29] Man getraute sich bereits höher hinaus, jedoch nach den Regeln eines Mittelstandsdenkens, des »Schritt für Schritt«. Von tollkühnen Durchbrechern hochgehaltener Konventionen wendete man sich mit Grausen. Man respektierte die sozialen und politischen Gegebenheiten der napoleonischen Kuratel, ohne deshalb immer für sie zu entflammen. Man schlug die Vorteile nicht aus, die sie bot, aber man vergab sich nichts: Passive Resistenz blieb immer als Ausweg.

In seiner Breite war der Bourgeois bei allem Spießertum, dessen Eierschalen er aus feudaler Bedrängnis und mittelalterlicher Stickluft mit sich schleppte, doch der eigentliche Tragpfeiler, auf den sich die neue Ordnung – mit oder ohne Säbel – stützte und der ihre sachlichere Lebensweise, ihren sich in der Folgezeit durchsetzenden Funktionsstil bestimmte. Er war epochebildend. Aus seinen Reihen stiegen die Männer auf, die nicht lediglich das Reservoir einer vom Kaiser »verordneten« Elite aus genehmen Notabeln und geadelten Erfüllungsgehilfen je nach Bedarf auffüllten, sondern sich, den Ausgriff wagend um des Gewinnes willen, der Kommandobrücke des Staatsschiffes früher oder später selber bemächtigen sollten.

Sorge um
das Seelenheil

Von keinem Geringeren als Karl Marx rührt die Bekräftigung,
daß »die Menschen ihre religiösen Bedürfnisse verrichten
müssen, ohne daß die Polizei die Nase hineinsteckt«. Die Poten-
taten der Jahrhundertwende hielten es allesamt noch mehr mit
dem bewährten Leitsatz des Augsburger Religionsfriedens von
1555, der da lautete, daß in Glaubenssachen der Fürst zu bestim-
men habe: *cuius regio, eius religio.* Gar der Gedanke an eine mög-
liche Trennung von Staat und Kirche klang nach tausendjähriger
Verkettung von geistlichem und weltlichem Schwert den meisten
Ohren arg befremdlich. Auch die Revolutionäre, allesamt Kinder
der Aufklärung, hatten glücklos damit experimentiert.

Bonapartes militärischer Sinn sträubte sich, einen so gewichtigen
Frontabschnitt der öffentlichen Meinungsbildung aus der Auf-
sicht zu entlassen. Die »roten Priester« der Revolution saßen ihm
noch als Gespenst im Nacken: *Wenn man die Pfarrer sich selbst
überläßt, laufen sie Gefahr, Demokraten zu werden.* Solche väter-
liche Vorsorge teilte der Kaiser mit befreundeten wie mit verfein-
deten gekrönten Häuptern. Den Kirchen erging es deswegen
unter seiner Obhut nicht eben schlecht.

Die protestantische Minderheit im Lande hütete sich denn auch,
Querschüsse abzufeuern, die das Einvernehmen trüben mochten.
Worüber sollte sie sich letztlich beschweren? Reformierte wie
Lutheraner hatte die Revolution von Zurücksetzungen befreit,
die sie auch nach dem »kleinen Toleranzedikt« von 1787 noch
bedrückten. Stark mittelständisch geprägt, wiewohl stellenweise
mit bäuerlichem Hinterland, unterstützten sie nach Kräften die
Schaffung eines bürgerlichen Staatswesens von liberaler Tendenz
und eine Gesellschaftsverfassung, die ihnen den Achtungsplatz
verhieß, zu dem sie ihre wirtschaftliche Rührigkeit berechtigte.
Daß sie sich »im Diesseits recht erträglich stellten, wiewohl jedermann weiß, daß sie im Jenseits ewige Verdammnis erwartet«, war

... insbesondere Napoleon I., unserem Kaiser, die Liebe, die Ehrfurcht, den Gehorsam, die Treue, den Militärdienst, die für die Erhaltung und Verteidigung des Reiches und seines Thrones geforderten Abgaben zu schulden; und dazu heiße Gebete für sein Heil und für das geistliche und zeitliche Wohlergehen des Staates ... Unseren Kaiser zu ehren und ihm zu dienen, bedeutet also Gott selber zu ehren und ihm zu dienen.
Catéchisme Impérial

schon dem Spötter Mirabeau aufgefallen. Während sie von einer Restauration der Bourbonen nichts zu gewinnen hatten, setzten Konsulat und Kaiserreich den eingeleiteten Integrationsprozeß auf eine für alle Seiten befriedigende Weise fort. Kirchen wurden unbeanstandet gebaut und Gottesdienste gehalten. Angriffe und Schmähungen von katholischer Seite blieben nahezu aus. Protestanten wurden in hohe Staatsämter berufen, und die Geschäfte florierten. Durch Annexionen zuerst links und 1810 auch rechts des Rheins, dazu von Genf und der Westschweiz, war ihr zuvor bescheidener Anteil an der Gesamtbevölkerung – auf ein Zwanzigstel geschätzt – beträchtlich angestiegen. Dabei entstanden aber auch Reibungsflächen. Ein nicht geringer Teil der neufränkischen, in der Hauptsache niederländischen und deutschen Pastorenschaft tat sich mit der Herauslösung aus altväterischer Verhaftung schwer.

Geringe Gegenliebe fand insonderheit, obgleich in sich vernünftig und obendrein mit dem Katechismus nicht kollidierend, die anbefohlene Bildung einer gesamtfranzösischen Kirchenorganisation mit entsprechender Führung für jedes der beiden evangelischen Bekenntnisse. Wo aber hätte Napoleon je dem Hang nach Zentralisation, Uniformität und Gängelei widerstehen können? Im übrigen betrafen seine Eingriffe weder Lehre noch Seelsorge noch die innere Verfassung der Glaubensgemeinschaften. Auch die jeweilige Kirchensprache blieb ihnen unbenommen. Wenn Klagen laut wurden, daß der hugenottische Bekennermut aus der Zeit der Verfolgung dahinschwinde, war dies gewißlich nicht auf anhaltende Schikane zurückzuführen, sondern gerade auf den Wegfall des äußeren Drucks, auf den erleichterten Genuß der freundlicheren Seiten des Lebens. Nicht mehr gemarterte Glaubenszeugen im Untergrund, sondern erfolgreiche Bankiers, Manufakturiers und Handelsleute – la banque protestante – wurden zu wichtigen Tragsäulen der Gemeinden ...

Ungleich schwerer als die »paar Ketzer« oder gar die unproblematischen Griechisch-Orthodoxen der Illyrischen Provinzen – wog im Verhältnis von Staat und Kirche der »Fels Petri«.

Die Brandungswellen der Revolution hatten ihn doch bedenklich unterspült. Der katholische Klerus war seiner Eigenschaft als Erster Stand des Königreichs und – noch weitaus schmerzlicher – seiner irdischen Güter im Werte von runden zwei Milliarden ver-

lustig gegangen. Er war verbeamtet und gleichgeschaltet, in seinen
Kompetenzen beschnitten und auf den kirchlichen Innenraum
beschränkt worden. Der päpstliche Bannfluch wider die erlassene
»Zivilverfassung« hatte zum Schisma, zur Kirchenspaltung und
zur Vertreibung der an Rom festhaltenden Geistlichen geführt.[30]
Schließlich traf die Entchristlichungskampagne gar die Verfas-
sungstreuen. Um das Vakuum zu schließen, hatte man »Ersatz-
kulte« bemüht: die Verehrung revolutionärer Märtyrer, der
Vernunft, des Höchsten Wesens. Unter der Thermidorianerherr-
schaft war eine »Theophilanthropie« aufgekommen, und die
Direktoren hatten einen faden »Dekadenkult« verordnet. Ver-
wirrt, erstaunt und schließlich angewidert, waren Gläubige wie
Ungläubige den schnell wechselnden Einfällen dilettantischer
Religionsstifter gefolgt. Was Wunder, daß die alte Kirche ange-
sichts solcher weltanschaulicher Zerfahrenheit an der Basis viel
Boden gutmachte. Auch wer an ihr manches auszusetzen fand,
zog sie immer noch dem kompletten Wirrwarr vor.
Erst unter dem Konsulat aber durfte sie ihr herkömmliches
Gepränge aufs neue entfalten und wurde darin behördlicherseits
sogar bestärkt. Wallfahrten, Prozessionen, Kirchweihfeste – alles
kam wieder. Die Heiligen kehrten an ihre Stammplätze zurück.
Frisch gegossene Glocken läuteten an Stelle der während der
Revolution eingeschmolzenen, und Orgeln spielten. Devotiona-
lien wurden in beliebiger Menge feilgeboten. Sakrale Neubauten
entstanden oder wurden weitergeführt. Untergetauchte, geflohe-
ne und deportierte Priester fanden sich in Scharen ein, und Semi-
nare sorgten für Nachwuchs, zuallermeist aus Bürger- und Bau-
ernsöhnen: Theologie wurde wieder in alter Freiheit gelehrt.
Die Geistlichkeit sicherte ein ansehnliches Kultusbudget materiell
ab.[31] Sie ward aller Ehrung teilhaftig und genoß Achtung. Wo
diese zu frostig ausfiel, half der weltliche Arm nach. Niemand hin-
derte die Kirche mehr, versprengte oder verunsicherte Gläubige
um ihre Kanzeln zu sammeln und die Wunden, die ihr radikale
Aufklärung und »Entchristlichung« geschlagen hatten, nach bestem Vermögen zu heilen. Der christliche Kalender mit Sonn- und
Feiertagen verdrängte den Dekadenkult. Man ging – möglichst
ungefrühstückt – zur Messe, ließ nach der standesamtlichen Zivil-
trauung die Ehe einsegnen und die Kinder nach ihrer Eintragung in
das Geburtenregister auf christliche Namen taufen, lud – bisweilen

– seine Sünden im Beichtstuhl ab und empfing in der Regel die Sterbesakramente. Dem Beten waren keine Schranken gesetzt. Also eine Ecclesia Gallicana wie gehabt? Nein – die Konkordatskirche war keine neue, aber eine andere Kirche.

Bonaparte war sich nie darüber im unklaren, daß zur Wiederherstellung des inneren Friedens – so, wie ihn sich die Brumairiens zur Verbreiterung ihres Massensockels vorstellten – die Beendigung des »Religionskrieges« gehörte. Zwar lag dieser ohnehin in seinen letzten Zügen; nur wollte sich so leicht niemand bereitfinden, die heißen Eisen anzufassen. Die alten, jedoch noch lebendigen Rankünen zwischen Kirchenfeinden, Republiktreuen und Ultramontanen vermochte nur ein Dialog auf höchster Ebene, ein »do ut des« mit dem Heiligen Stuhl zu überspielen. Lange, zäh und diskret mußte mit Staatssekretär Ercole Consalvi (1757–1824) hin und her verhandelt und auf Empfindlichkeiten Rücksicht genommen werden, ehe sich der 1800 gewählte Papst Pius VII., dank dem Umstand, daß die Wahrnehmung seiner weltlichen Herrschaft im wiederhergestellten Kirchenstaat vom Wohlwollen Frankreichs abhing, zum Kompromiß bereit fand, der das Schisma überwand.[32] Sogar nach Erzielung einer Übereinkunft im Juli 1801 aber verstrich ein volles Jahr, ehe der Konsul das Konkordat an seinem Geburtstag, dem 15. August 1802, promulgieren durfte.

Sämtliche Bischöfe, Eidesleister wie Eidverweigerer von 1791 und folgende, hatten abzudanken. Die neuen, die nicht selten die alten waren, ernannte der Konsul, während sie der Papst kanonisch einsetzte. Der Episkopat wurde zu einem Gemisch aus allen »Parteien«, wobei um die Kandidaten bisweilen ein hartes Feilschen entbrannte. Die daran geknüpfte soziale Überlegung teilte Bonaparte dem Staatsrat in schönem Freimut mit. Erwünscht war eine Geistlichkeit, die sich mit dem beschied, was ihres Amtes und Auftrages war: konsolidiert, doch zugestutzt in einer konsolidierten, doch ebenfalls zugestutzten bürgerlichen Republik. Der Konsul fügte (1803) dem Konkordat – einseitig – Organische Artikel hinzu, die den Werdegang des staatlich besoldeten Kirchenfunktionärs vom Studienplan bis zur Ausübung eines Bischofsamtes zwar ebneten, aber auch streng regulierten. Die Kirche des Kaiserreichs schloß die Fürbitte für Napoleon I. in ihren Katechismus ein.

Die Architekten der Konkordatskirche waren hochinteressante Leute.

Der päpstliche Legat, Kardinal Caprara (geborener Graf Montecuccoli, 1733–1810), bewährte sich als gewandter Diplomat altrömischer Schule, der sich in den französischen Verhältnissen hervorragend auskannte und seine Beziehungen in alle Richtungen spielen ließ. An der »italienischen Schläue«, die Napoleon Pius VII. indirekt zum

Papst Pius VII. Kupferstich von Pierre Michel Alix nach Joseph Wicar

Vorwurf machte, ließ auch er es nicht mangeln. Sein Motto war, daß der Ausweg, den es angeblich nicht gäbe, eine schlechte – oder böswillige – Erfindung sei. Napoleon wußte er zu nehmen und so für sich einzunehmen, daß dieser auf die Beisetzung des verstorbenen Kardinals in Sainte-Geneviève, dem gewesenen »Pantheon«, bestand. Solange das Kaiserreich währte, teilte Caprara seine letzte Ruhestätte demzufolge mit Voltaire und mit Rousseau ...

Henri Grégoire (1750–1831) vertrat die Gegenpartei. Militanter »Freund der Neger« in der Konstituante, Bischof von Blois unter der Republik und aufrechter Konventsmann zugleich, Retter und Bewahrer von Kunstwerken, hatte der Gelehrte von hohem Rang unter dem Konsulat um sich geschart, was von der Nationalkirche der Revolution noch übrig war, und damit sogar ein kleines Konzil bestückt. Er sorgte dafür, daß sie von den »Römischen« nicht überrollt wurde, sondern als Partner gleichen Rechts in die Reihen der Wiedervereinigten trat – sicherlich zum Mißvergnügen Bonapartes, der sich geschlossenen Schlachtreihen nie gern gegenübersah.

Die eigentliche Schlüsselfigur gab Monseigneur Emery (1732–1811) ab, der wohl angesehenste Theologe Frankreichs, seit 1782 schon Superior der Gesellschaft der Sulpizianer, die sich maßgeblich für die Hebung des Seminarunterrichts einsetzte und viele der geistlichen Lehranstalten leitete. Schon während der Revolution war er darauf bedacht, weltliche und kirchliche Grundanliegen, wo immer angängig, in versöhnlichem Geiste zu scheiden. So ein wenig zwischen den Lagern stehend, brachte er als fast siebzigjähriger Generalvikar von Paris kraft seiner unbestrittenen Integrität auch Zweifelnde, sich Bedenkende, zur Annahme seiner Ausgleichsformeln. Im Prinzipiellen unnachgiebig und niemals ein Jasager, geriet er später mit Napoleon wiederholt aneinander und fragte sich beklommen, ob dieser nicht die ganze Hand genommen, wo ihm der kleine Finger gereicht wurde.

Seinen größten Fisch zog der Kaiser indessen erst lange nach dem Abschluß des Konkordats an Land – Jean Siffrein Maury (1746–1817). Der Schuhmachersohn aus dem Venaissin, dessen mitreißende südländische Beredsamkeit ihm 1784 zum Einzug in die Akademie wie 1789 in die Generalstände verholfen und ihn sodann zum Star-Redner der Rechtsopposition in der Konstituante gemacht hatte, war 1792 nach Italien emigriert und 1794 mit dem Kardinalshut belohnt worden. Der exilierte Thronprätendent Ludwig XVIII. ernannte ihn zum Botschafter des französischen Hofes am Vatikan – eine Ehrung, die er jedoch in den Wind schlug, indem er im Jahr 1806 der Rückkehr nach Frankreich den Vorzug gab. Über das Warum streiten sich die Gelehrten. Hat er, am Ende doch unverbesserlicher Plebejersproß, ein Haar in der feudalen Suppe gefunden? Wie dem auch sei: Daß sich Napoleon, obgleich Pius VII. den Schritt mißbilligte und seine Zustimmung versagte, 1809 keinen zugkräftigeren Erzbischof von Paris wünschen konnte als den vierundzwanzigkarätigen Prediger von höchster Reputation, bedarf keiner Erläuterung.

Die Angriffe der Revolutionäre auf »Fanatismus, Heuchelei und Aberglauben« hatten den zerstrittenen Klerus auf schwere Proben gestellt und tiefe Spuren hinterlassen. Einmal ins Rampenlicht der öffentlichen Kritik gerückt, konnten sich die Prälaten das süße Lotterleben des Ancien régime nicht mehr erlauben. Ihre reichen Liegenschaften erhielten sie nicht zurückerstattet, und politische Einrede schien ihnen nach allem, was vorgegangen war, auch nicht eben ratsam. Das Erziehungswesen war reine Laiensache geworden, und das Standesamt blieb ihrer Kompetenz entzogen. Gefragt war hingegen ihre Mitwirkung in der Kranken- und Wohlfahrtspflege.

Nicht jedem schmeckte die Lobhudelei des Bischofs Le Coz von Besançon, der Napoleon als den »vollkommensten der bisher aus der Hand des Schöpfers hervorgegangenen Helden« pries. Sie zollten ihm indessen Dankbarkeit für die »Schließung des Abgrunds« innerhalb wie außerhalb des kirchlichen Raumes. Insoweit griff er nicht weit daneben, wenn er von »seinen« Bischöfen wie von »seinen« Generälen und »seinen« Präfekten sprach. Sie hielten sogar dann noch nationalkirchliche Disziplin und boten ihre Vermittlung an, als Napoleon 1809 Rom annektierte und den beschwerdeführenden Papst – denselben, der ihm davor bei der Kaiserkrönung so gefällig zur Hand gegangen war – aus der heiligen Stadt verbannte. Erklärten Gegnern des blau-weiß-roten Kaiserreiches wie den verschworenen »Glaubensrittern« allerdings kam das Zerwürfnis, an dem auch eine angestrebte Erneuerung des Konkordats 1813 scheiterte, sehr entgegen. Abermals konnten sie mit einem Anschein von Berechtigung dazu aufrufen, wider einen »Antichrist«, der dem Oberhaupt der Kirche gröblichste Gewalt antat, in die Schranken zu treten, was nicht überall ohne Echo blieb: weniger in Polen und im Elsaß als in Spanien und in den belgischen Départements, den Illyrischen Provinzen – und in der »ewigen« Vendée.

Gleich Robespierre vor ihm gelang es Napoleon immerhin, sich nicht in einen durchaus unerwünschten »Kulturkampf« ziehen zu lassen. Eine Befriedung der Geister herbeizuführen, schlug indessen auch auf dieser Ebene fehl, und die Probleme traten, sobald die bisher siegverkündenden Kaiseradler zu schwanken begannen, sogleich wieder an die Oberfläche. Denn unabhängig von den gebietenden Gewalten und ihren hier mehr und dort weniger löblichen Absichten war »Europas Christenheit«, von den Ereignissen durcheinandergeschüttelt, längst in Bewegung geraten. Alter Schulstreit verebbte, neuer brandete auf. Der Jansenismus hatte sich verausgabt und fristete nur noch in seiner niederländischen »Urheimat« ein Winkeldasein. Die »natürliche« Religion der von einem Schuß Materialismus durchtränkten Philosophen, die sich für die einen in der Schreckensherrschaft, für die anderen mit dem Neunten Thermidor – oder mit Babeuf – totgepredigt hatte, wurde von einer gegenläufigen Strömung überspült: einer

Rückwendung zur vordem als »barbarische Gotik« verachteten und jetzt um so kräftiger idealisierten »Ausgewogenheit« des Mittelalters, in dem sich zuschanden gewordene Vernunft dem Glauben an die Offenbarung beugte. Schleiermacher (1768–1834) wird es *schlechthiniges Abhängigkeitsbewußtsein* nennen.[33] Die »Blaue Blume« der Romantik erblühte zuerst auf deutsch-protestantischem Boden aus schöngeistiger Protesthaltung gegen die Kälte, die enttäuschten Idealisten aus Frankreichs abgeschminktem Directoire zuwehte.[34] Sie war politisch wie weltanschaulich noch offen, und ein Chateaubriand konnte 1802 sein *Génie du christianisme* Konsul Bonaparte in Person widmen. Nicht selten von Konversionen zum Katholizismus begleitet (Novalis, Schlegel, Gentz neben anderen), traten indessen mehr und mehr sozial-restaurative Anliegen in den Vordergrund, die das Empire vor allem als »Nachgeburt der Revolution« verdammten und sich darin mit der royalistischen Opposition zusammenfanden. Entsprechend stiegen adliges Gehabe und die von einer *Goldenen Legende* verklärten Bourbonen im Kurs. Züge eines klerikal, von de Maistre ultramontan untermalten »Legitimismus« bildeten sich aus, der 1815 zum Zuge kommen sollte; Voltaires und Rousseaus Gebeine, die seit der Revolution im Pantheon ruhten, wurden jetzt von königs- und kirchentreuen Grabräubern geschändet.

Es läßt sich schwer sagen, ob die Franzosen in der Kaiserzeit wieder frommer wurden oder sich lediglich größere Gruppen von Frömmlern einer kompromißlosen Reaktion verschrieben. Sicher ist nur, daß sich der Katholizismus, wo er sich politisch äußerte, von der napoleonischen Episode, die er anfänglich aufatmend begrüßte, zunehmend abwandte und Sehnsüchten nach der »guten alten Zeit« eine religiöse Motivation ohne Widerstreben lieh. Napoleon war an der katholischen Kirche als gewichtigem und rechtschaffenem Ordnungsfaktor in seiner Monarchie und demzufolge an der Liebe zu religiösen Traditionen als einem Element der Ruhe und Bewahrung interessiert. Seine eigene Bindung an sie war locker, konventionell und von naiver Art. Dogmengezänk ödete ihn an, und während der Messe, deren Besuch bei Hofe wieder schicklich geworden war, genehmigte er sich zu Zeiten ein Nickerchen. Die mitunter ostentative religiöse Gleichgültigkeit alter Waffengefährten aber teilte er nicht. Herausfordernd fragte er einen »seiner« großen Gelehrten, zum Sternenhimmel aufschauend, »wer denn das alles gemacht habe«, wenn nicht Gott? Andererseits nahm er die berühmt gewordene Entgegnung gelassen hin: »Ich bedarf dieser Hypothese nicht.« Er bedurfte ihrer schon, »um das Volk in Gehorsam zu halten«. Auf die konkrete Konfession kam es dabei weniger an. In Ägypten hatte Bonaparte unbedenklich den Muselman gespielt und sich kühn auf Allahs Propheten berufen.

Das Kaiserreich war demzufolge in Glaubensfragen nicht weniger vorurteilsfrei als das zu Lebzeiten seines Königsphilosophen darob vielbeneidete Preußen. Auch in ihm konnte »jeder nach seiner Façon selig werden« – oder es als Freigeist bleiben lassen, solange er die auferlegten Spielregeln einhielt und öffentliches Ärgernis vermied. Voltairianische Beimengsel fanden sich bis »ganz hoch hinauf«, denn etwas Jugendlektüre war haftengeblieben. Engbrüstigen ging das zu weit. Die Konventikel ihrer sogenannten *Kleinen Kirche* söhnten sich mit dem Konkordatsregime nie aus. Die rechtliche Gleichstellung der Protestanten, Griechisch-Orthodoxen und Juden galt ihnen als Verrat an der »Alleinseligmachenden«, als faule Frucht vom Baume umstürzlerischer Gottloser. In einer Hinsicht schien ihnen sogar, als zeuge deren Ungeist neue Triebe: Die Logen der Freimaurer, immerdar ein Pfahl im Fleische Rom verbundener Rechtgläubigkeit, im Fortgang der Revolution aber fast zerfallen, feierten mit allerhöchster Schützenhilfe ihre Auferstehung.[35] Die moralische Autorität des Großorients von Frankreich dehnte sich nochmals über halb Europa aus. Es focht die standhaften Eiferer (die man in Italien in der Tat »zelanti« nannte) nicht an, daß diese geselligen Vereinigungen gut betuchter und verläßlicher Notabeln wenig oder nichts mehr mit dem seinerzeitigen Kontaktring einer aufmüpfigen bürgerlichen Intelligenz unter dem Ancien régime gemein hatten, von der die ersten Schwalben der Revolution ausgeflogen waren.

Der Große Sanhedrin

Zahlenmäßig fiel Frankreichs Judenschaft nicht ernsthaft ins Gewicht. Sie mag zu Ende des 18. Jahrhunderts knapp an die 40 000, höchstens 50 000 Personen umfaßt haben – etwa zwei auf tausend Christen. In zwei Ballungsgebieten lag ihr Anteil höher: im größeren elsässischen, das nach Lothringen hinüberreichte, und in einem kleineren im Südwesten um Bordeaux und Bayonne. Dazu kamen örtliche Konzentrationen wie im päpstlichen Avignon und Carpentras, der Hafenstadt Marseille und in Paris, wo aber ihre Zahl das Tausend auch kaum überstieg.

Die umgangssprachlich als Portugiesen oder Spaniolen bezeichneten, weil zumeist von der Iberischen Halbinsel vertriebenen und zugewanderten, inzwischen jedoch seit langem ansässigen Sephardim Südfrankreichs waren bereits unter der alten Monarchie bis zu einem gewissen Grad in ihr soziales Umfeld integriert. Im Mittelmeerhandel, insbesondere mit den nordafrikanischen Barbaresken, wo sie sich ihrer dortigen Korreligionäre als Mittelsmänner bedienen konnten, waren sie unentbehrlich geworden. Manche besaßen die Zunft- und Wahlfähigkeit, gebrauchten in Familie und Gemeinde nur noch selten das altgewohnte »Ladino«, das von Marokko bis Saloniki gesprochen wurde, sondern das Französische und nahmen an der gesellschaftlichen Bewegung des Landes teil.

Die »deutschen« Aschkenazim im Osten, erst durch Eroberung und Landerwerb zwischen 1552 und 1766 an die Krone Frankreichs gekommen, galten hingegen als Fremdlinge und des Königs Schutzbefohlene. Sie waren einer ganzen Reihe von Ausnahmebestimmungen unterworfen: Einerseits genossen sie gesonderte Privilegien, beispielsweise hinsichtlich ihrer Gemeindeautonomie oder der Geldleihe; andererseits jedoch wurden sie von hart reglementierenden und oft erniedrigenden Auflagen belastet, worunter Zuzugsbeschränkungen, Landkaufverbote und Berufssperren zählten. Sie wurden gezwungen, in »Judengassen« zu wohnen, die sie nachts nicht verlassen durften. In Religion und »jiddischer« Sprache, in Bräuchen und Bildungswegen, in der Befolgung ihrer eigenen Speisegesetze und durch die verordnete Kleidung schieden sie sich von den christlichen Zeitgenossen. Zwischen Aschkenazim und Sephardim, die fast ausschließlich in der Hauptstadt aufeinandertrafen, gab es nur lose Berührungen. Sie differierten nicht allein in den Lebensumständen und Gewohnheiten, sondern ebenfalls im Ritus der Glaubensgemeinschaft. »Faktoren«, die, wie in Polen, die Geschäfte ihrer großen adligen Herren besorgten, oder bisweilen sogar geadelte »Hofjuden« gleich Ephraim in Berlin, Dobruska in Mähren oder Rothschild in Frankfurt kannte Frankreich nicht, obschon berichtet wird, daß man auch in Versailles gern auf den Rat des erfahrenen Heereslieferanten Cerf Berr aus Nancy hörte.

Ließen sich die Existenzbedingungen der jüdischen Bevölkerungsgruppen in den Ländern Europas auch recht unterschiedlich an, so deckten sie sich doch in zumindest einem Punkt: Überall wurden sie als Untertanen minderen Rechts betrachtet und behandelt, solange sie nicht zur »herrschenden« Konfession konvertierten, zumal die Spezialisierung auf den Handel, besonders den Geldhandel und den Trödel, gering geachtet war. Jahrhundertealter Argwohn, Mißachtung und Drangsalierung, die sich bis zum Pogrom steigern konnten, zählten zu ihren alltäglichen Erfahrungen. Nur mit großer Mühe und dank dringlicher Vorhaltungen von auswärts konnte die hochangesehene Prager Judenschaft die von der Kaiserin Maria Theresia bereits verfügte Austreibung aus der Goldenen Stadt, die seit dem Mittelalter ein geistiges Zentrum des Judentums war, abwenden.

Gegen soviel borniertes Vorurteil liefen weltbürgerlich eingeschworene Aufklärer Sturm und erzielten auch gewisse Teilerfolge. Sie setzten die Forderung nach einer »Emanzipation« der Juden auf die Tagesordnung. Ihre Polemik sorgte dafür, daß sie nicht mehr vom Tisch kam. In der Person des Zwerges mit dem großen Herzen, des Philosophen und Humanisten Moses Mendelssohn – Urbild von Lessings Nathan –, fand sie in Berlin einen über Preußens Grenzen hinaus einflußreichen Anwalt voller Würde.

Eine ständisch geordnete Gesellschaft vermochte sich indessen die Juden nirgendwo einzugliedern. In ihr mußten sie Außenseiter bleiben. Sie konnte »Verbesserungen« zulassen, Verkrampfungen lockern, ihr Los punktuell erleichtern. Über ein gewisses Maß an Toleranz, wie sie niederländischer Kaufmannssinn übte und Joseph II. für seine Staaten nach Friedrichs Beispiel 1781 proklamierte, ging das indessen nicht hinaus. Wie in jeder »Duldung«, offenbarte sich darin nur eine verfeinerte Abart der Diskriminierung. Einzelne Kolonialverwaltungen drückten ein Auge zu, weil es sich »immerhin um freie Weiße« handelte, aber erst George Washington, Präsident der Vereinigten Staaten, konnte 1790 an die jüdische Gemeinde in Newport, Rhode Island, schreiben: »Es ist jetzt nicht mehr so, daß man von Toleranz spricht, als ob es von der Nachsicht einer Bevölkerungsgruppe abhinge, daß eine andere sich der Ausübung ihrer ererbten natürlichen Rechte erfreue.« Worin er sich mit Goethe traf.

Toleranz sollte eigentlich nur eine vorübergehende Gesinnung sein: Sie muß zur Anerkennung führen. Dulden heißt beleidigen.
GOETHE

In ganzer Breite aufgerollt und in Bewegung versetzt wurde der angestaute Fragenkomplex durch die Französische Revolution und ihre Verkündung der Menschen- und Bürgerrechte. Nicht ein Stehplatz inmitten eines parierenden Untertanenverbandes stand nunmehr zur Diskussion, sondern Zuerkennung und Ausübung der Staatsbürgerschaft nach den Grundsätzen von Freiheit, Gleichheit und Brüderlichkeit. Konnten, ja durften davon bestimmte Menschengruppen, mit welcher Begründung auch immer, ausgeschlossen werden?

Man weiß, wie sehr und wie lange sich die Nationalversammlungen wanden, ehe sich der jakobinisch geführte Konvent – und auch das erst unter dem Eindruck eines siegreichen Aufstandes schwarzer Sklaven auf Haiti – 1794 dazu verstand, die Sklaverei in seinen Kolonien aufzuheben; die Vereinigten Staaten bezwangen – allen schönen Leitsätzen eines Thomas Jefferson zum Trotz – diese Hürde damals überhaupt nicht. Wiewohl der Fall anders lag, mußten aber auch Befürworter einer bedingungslosen und uneingeschränkten Einbeziehung der Juden in die französische Staatsnation gleich Mirabeau und Grégoire gegen zähesten Widerstand in der Konstituante ankämpfen, ehe sie die befreienden Dekrete in Raten – zuerst für die Sephardim und in geraumem Zeitabstand dann auch für die Aschkenazim – durchsetzen konnten. Der abschließende gesetzgeberische Akt wurde erst von der Legislati-

Links:
Jüdin, Kupfer-
stich aus dem
Taschenbuch
für die Kinder
Israels, Berlin
1804

Rechts:
Ein alter Jude.
Lithographie
des französischen
Monogrammi-
sten L. Ch., um
1800

ve im November 1791 vollzogen und 1795 durch die Direktorial-
verfassung bestätigt.

Der Jude war forthin Citoyen wie jeder andere, teilte dessen
Rechte und Pflichten. Er erreichte somit auf dem Papier die
Gleichstellung mit allen seinen Mitbürgern und trug, wenn er
vom Recht des Freikaufs keinen Gebrauch machte, ihren für ihn
so gänzlich ungewohnten, oft aber auch erstrebten Waffenrock.
In der Realität ließ solche Emanzipation, in der sich weltanschau-
liche, staatsrechtliche und wirtschaftliche Prämissen und Erwä-
gungen mannigfach überschnitten, vieles offen. Ein gutgemeinter
Federstrich tilgte nicht alle geschichtlichen Belastungen.

Die Vorkämpfer der Emanzipation, französische wie andere,
erwarteten, daß die Israeliten beider Observanzen ohne Rest im
»Wirtsvolk« aufgehen, sich ihm assimilieren würden. Darüber
aber herrschte bei den Betroffenen keineswegs eitel Freude und
Sonnenschein. Die Umstellung, die tief in das Leben der Familie
einschnitt, viele Änderungen uralten Herkommens erzwang, die
bis dahin unbestrittene Autorität der Rabbiner als geistliche und
weltliche Leiter minderte, drohte das Gefühl der Geborgenheit im
vertrauten engen Kreis zu verunsichern und alte Gemeinschafts-
bande zu zerreißen, bevor haltbare neue geknüpft waren. Sie
erwies sich als weder leicht noch unproblematisch und schon gar

Menschen, die ein Vaterland erwählt haben, die seit mehreren Jahrhunderten darin leben und selbst unter der Herrschaft von Gesetzen, die ihre bürgerliche Existenz beschränkten, solche Zuneigung für dieses Land fühlten, daß sie lieber auf den Genuß normaler Rechte verzichten als daraus weichen wollten, können sich in Frankreich wohl nur als Franzosen betrachten, und die Verbindlichkeit, das Vaterland zu verteidigen, ist ihnen eine ebenso ehrenvolle wie kostbare Pflicht.

VOTUM DER NOTABELNVERSAMMLUNG

nicht als kurz- oder mittelfristig vollziehbar; zudem blieb, wenn nicht eine offen »antisemitische« Einstellung der Umwelt, so doch eine deutliche Distanz gegenüber einer vollen Integration der Juden immer erhalten. In die Genugtuung, einen epochalen Schritt »zur Freiheit hin« – oder zur »Versöhnung von Altem und Neuem Testament« – zu tun, dem viele Stimmen beredten Ausdruck verliehen, mischte sich bei nicht wenigen – insbesondere strenggläubigen – Israeliten die Befürchtung, in der stürmischen Umarmung die jüdische Identität einzubüßen, an der sie auch als Glieder der »Grande Nation« festhalten wollten.

Zu den Franzosen, denen es mit der Anpassung nicht rasch genug ging, rechnete ihr stets ungeduldiger Kaiser. Ursache, sich über die jüdischen Mitbürger zu beklagen, hatte er keine. Streitereien, die ihm aus dem Elsaß gemeldet wurden, waren örtlich begrenzt und gingen überdies oft zu Lasten von »Christen«. Soweit sie sich zu den politischen Ereignissen äußerte, hatte die Masse der Juden das Konsulat und auch die Errichtung des Kaiserreiches als segensreich für Handel und Wandel begrüßt. Ihre Oberen blieben stets aufs äußerste darauf bedacht, alles zu vermeiden, was Napoleon, dessen reizbares Temperament allbekannt war, erzürnen konnte. Als Grundsatz galt ihnen, sich sein Wohlwollen nicht durch Widerspruch oder Kritik an seinen Maßnahmen, auch wenn sie dazu Anlaß boten, zu verscherzen.

Der aufgeklärte Imperator teilte indessen die starre Auffassung der Revolutionäre von der »einen und unteilbaren« Nation. Für eine ehrliche Anerkennung der Spezifik von Minderheiten, ob ethnischer oder religiöser, blieb da kein rechter Raum. Korsen, Bretonen, Basken, Katalanen, Flamen, Elsässer, Rheinländer wie Protestanten und Juden sollten froh sein, »nichts als Franzosen« sein zu dürfen oder schnellstens zu werden: *ein* Gesetz, *eine* Schule, *eine* Literatur und Kunst, *ein* Wehrdienst, *eine* Karriereleiter, *ein* Bürgersinn und *eine* Loyalität für alle.

Daß man historisch verfestigte Glaubensbekenntnisse nicht zum Brei einer einzigen Staatsreligion verrühren konnte, lehrten die üblen Erfahrungen der Revolutionsperiode. Napoleon zog es vor, die Religionsgemeinschaften als gesonderte »Abteilungen«, die man äußerstenfalls auch gegeneinander ausspielen konnte, zu akzeptieren und als solche in festen Griff zu nehmen; auch ihre

Verhältnisse gemäß der Staatsräson zu »ordnen«, um auf ihre inneren Entscheidungsprozesse und -kompetenzen den gewünschten Einfluß nehmen zu können. Da jede jüdische Synagogengemeinde eine selbständige Einheit bildete und bisher auch keinerlei übergreifende »Kirchenorganisation« kannte, mußte eine entsprechende Institution erfunden werden.

Der Kaiser berief also zum Juli 1806 eine Notabelnversammlung französischer Juden nach Paris ein. Den 112 – durch die Präfekten ausgewählten, aber insgesamt doch repräsentativen – Delegierten wurden zwölf Fragen vorgelegt, die in ihrem Kern auf die eine hinausliefen: »Betrachten die in Frankreich geborenen und als französische Bürger behandelten Juden dasselbe als ihr Vaterland? Sind sie es schuldig, es zu verteidigen und seine Gesetze zu beachten?« Die Antworten fielen ganz im gewünschten Sinne positiv aus. Klangvolle Namen standen darunter: unter den Laien der überzeugte Bonapartist Isaak Berr als Verhandlungsleiter und sein Sohn Michel, Advokat aus Nancy, der Millionär Abraham Furtado aus Bordeaux, der Ritter der Ehrenlegion Moyse May und Rabbiner von Ruf wie der Talmudgelehrte David Sinzheim aus Straßburg und Abraham di Cologna aus Mantua.

Da indessen Verlautbarungen und Beschlüsse dieses Gremiums ad hoc keine das gesamte Judentum bindende religionsgesetzliche Kraft haben konnten, ging der Kaiser noch einen Schritt weiter und beschloß, die Vorleistungen der Notabelnversammlung einem »Weltkongreß« zur Sanktionierung zu unterbreiten – dem *Großen Sanhedrin*.

Napoleon besaß eine Vorliebe für einprägsame historisierende Aufmachung, die er für propagandistisch wirksam hielt. Das ging so weit, daß er sich sogar persönlich um das Entwerfen einer orientalischen Festkleidung kümmerte, in der sich die Geehrten den schaulustigen Parisern stellen mußten, die den farbenprächtigen Aufzug weidlich bestaunten. Zugleich aber führte er einen politischen Schachzug aus. Wenn er einen Obersten Rat, der bis zur Zerstörung Jerusalems durch die Römer im Jahr 70 Funktionen eines geistlichen Gerichtshofes erfüllt hatte, aus der Versenkung holte, umschloß solche Traditionspflege gleichzeitig den Anspruch auf Anerkennung seines moralischen Patronats über die Juden in aller Welt.

Es ist nötig, aus den Gesetzen Mosis alles zu entfernen, was intolerant ist. Man muß einen Teil dieser Gesetze als bürgerliche und politische Gesetze erklären und von den religiösen nur das belassen, was der Moral und den Pflichten französischer Bürger entspricht.

Die am 9. Februar 1807 unter dem Vorsitz von David Sinzheim eröffneten Beratungen des Großen Sanhedrins selber verliefen nicht ganz so glatt.

Mehr oder weniger verklausuliert geäußerte Befürchtungen wurden laut, ob man der Hohen Versammlung nicht zumute, den Glauben der Väter aufzugeben oder doch zu revidieren. Einige der Teilnehmer, unter denen sich mehrere der Notabeln des Vorjahres wiederfanden, bezweifelten, ob es trotz aller Gesprächsbereitschaft gelingen würde, die mosaisch-talmudischen Forderungen mit jenen des assimilationsfreudigen Kaisers unter einen Hut zu bringen. Dieser hatte die seinigen schon am 29. November 1806 – mitten im Feldzug – von Posen aus Minister Champagny eingeschärft.

Dieser Große Sanhedrin ist es, den Seine Majestät jetzt zu berufen gesonnen sind. Diese mit dem Fall des Tempels verschwundene Versammlung soll wiedererstehen und durch alle Länder Licht unter dem Volke verbreiten, das ihm ehemals gehorchte.

Von Napoleons Ehrgeiz, sich als Katechismusreiniger zu betätigen, wußte Rabbi Sinzheim natürlich nichts, als er seine Prognose stellte: »Das Ganze ist eine wunderbare Sache, aber nur die Zeit kann lehren, ob es gut ausfallen wird ... « Immerhin ging die Assemblée nach genau einmonatiger Beratung mit einem greifbaren Ergebnis nach Hause. Sie einigte sich auf ein Bündel Beschlüsse, die sie urbi et orbi bekanntgab:

Verbot der Polygamie; Gültigkeit der Eheschließung erst nach vorangegangener Entscheidung der Zivilbehörde; standesamtliche Trauung und bürgerlicher Ehekontrakt vor dem religiösen Akt der Ehe; Gültigkeit von Mischehen auch ohne religiöse Trauung; religiöse Verpflichtung zur Vaterlandsliebe und Landesverteidigung, zu brüderlicher Hilfe auch für die nichtjüdischen Mitbürger; Freiheit zu jeglicher Tätigkeit, jedem Beruf, jedem Gewerbe, verbunden mit dem Rat, sich dem Ackerbau, der Handarbeit und den Künsten zuzuwenden, wie die Vorfahren in Israel es getan; Verbot des Wuchers.

Ein buntes Programm, wie man sieht, auf Kompromisse gebaut und nicht in jedem Punkt für die Ewigkeit bestimmt.

Der Große Sanhedrin, in genauer Entsprechung zum antiken Synhedrion aus 71 Männern zusammengesetzt, 46 Rabbinern und 25 Laien, hatte sich unstreitig viel vorgenommen: »Verordnungen zu erlassen, die in Übereinstimmung mit den Grundsätzen unserer heiligen Gesetze *allen* Israeliten zum Beispiel und zur Richtschnur dienen sollen. (...) Wir betrachten diejenigen, die unsere Erklärungen und Verordnungen übertreten oder vernach-

Napoleon stellt den jüdischen Kultus wieder her (30. Mai 1806). Kupferstich eines unbekannten Künstlers, 1806

lässigen, als offenbare und schwere Sünder wider den Willen Gottes ... «

Nun litt aber die Universalität des Sanhedrins schon darunter, daß seine Synodalen fast ausschließlich aus Frankreich, Italien und Deutschland kamen. Gemeinden aus anderer Herren Länder wagten – oder wünschten – eine Entsendung von Vertretern zumeist nicht. Hinzu trat, daß der neue Pflichtenkatalog des »Konzils« eindeutig auf moderne bürgerliche Verhältnisse zugeschnitten war. Das erklärt die energische Unterstützung, die ihm der weltgewandte »Portugiese« Furtado, Hauptredner des Sanhedrins, lieh. Weite Kreise der an Zahl viel stärkeren und kohärenteren Judenschaft Osteuropas hingegen wußten damit einfach nichts anzufangen. Er bot keinen auch nur diskussionswürdigen Ersatz für den »Rat der vier Länder«, den die polnische Regierung als Dachorganisation der rechtgläubigen Aschkenazim des Ostens 1764 aufgelöst hatte. Erst recht gab er keine Antwort auf die Herausforderung der mystisch verinnerlichten und in ihrer Intensität an den spätbarocken evangelischen Pietismus erinnernden Religiosität des Chassidismus, der in Polen von Israel ben Eliezer (1700–1760), dem *Baal-schem tob* (»Meister des Heiligen Namens«), seinen Ausgang genommen hatte, und dessen Botschaft die Zaddiks, die »Frommen«, als Sendboten durch die Lande trugen.

Das französische Judentum trug einen unverlierbaren Gewinn davon: seine Vereinigung in einer einheitlichen religiösen Organisation. Wenngleich gesagt werden muß, daß es damit noch lange nicht gänzlich über den Berg war. Napoleon ließ die vor dem Sanhedrin abgegebenen Versicherungen weitgehend außer Betracht, wo es ihm darum ging, den Status der Bürger mosaischen Glaubens von sich aus zu regeln und ihre Kultusgemeinschaft in ebenso übersichtliche Paragraphen zu bannen, wie das zuvor den christlichen Kirchen geschehen war. Herbe Enttäuschung bereitete insonderheit das sogenannte »infame Dekret« von März 1808, das mehrere der eingeräumten Freiheiten postwendend zurücknahm oder doch (durch Restriktionen) bis zur Unkenntlichkeit beschnitt.

Die »deutschen« Juden mußten – im Unterschied zu den »portugiesischen« – wie vor 1791 eine Erlaubnis zum Handel beantragen; die Freizügigkeit von und nach Frankreich wurde erneut an Bedingungen geknüpft, die Benennung von Ersatzmännern für den Wehrdienst untersagt; die Rabbiner hatten nach der eingeführten zentralistischen Konsistorialverfassung polizeiliche Funktionen gegenüber ihren Gemeinden wahrzunehmen. Nach zehn Jahren sollte überprüft werden, ob sich die Juden genügend assimiliert hätten, um den anderen Bürgern in jeder Hinsicht gleichgestellt zu werden.

Lasche faktische Handhabung schwächte (namentlich außerhalb des Elsaß) die Auswirkungen des Dekrets ab und legte es schließlich mehr oder minder auf Eis. Der Geist aber, der aus ihm sprach, verriet, daß Napoleon, ähnlich vielen deutschen Fürsten, nach dem »Erziehungsprinzip« in Form der stückweisen Erteilung von Rechten vorgehen wollte, weil er unter Assimilation im Endeffekt Einschmelzung verstand. Diesen Gefallen allerdings taten ihm die angesprochenen Objekte seiner Pädagogik selten, auch wenn er – gleich den Aufgeklärten und Liberalen seiner Zeit – die Taufe als Entreebillet zu den Rängen des etablierten nationalen Bürgertums nicht zur Bedingung machte; geschätzt wurde sie dennoch als Zeichen beschleunigter Einfügung.

So hielten sich seine fördernden und seine hemmenden Maßnahmen, beide von kühlem politischem Zweckdenken bestimmt, wohl annähernd die Waage.[36] Viele Dankesbezeigungen (und vielleicht auch einige Schelte) hat er unberechtigt eingeheimst. Die Chancen gesellschaftlichen Aufstiegs, die nicht wenige – auch später – ungeprüft der Kaiserzeit zuschrieben, waren, sah man genauer hin, weit mehr dem Elan der Revolution geschuldet.[37] Ein unstreitiges Verdienst jedoch bleibt dem Empire: Napoleons Armeen, wenngleich nicht deshalb in Marsch gesetzt, trugen Frankreichs Errungenschaften durch Europa und sprengten auch dort die Ghettotore auf. Sie schossen das Gelände frei, auf dem die Juden ihren großartigen Beitrag zur Weltkultur des 19. und 20. Jahrhunderts leisten konnten.

Von Dichtern und Denkern

Zwei Jahrhunderte hindurch wurde vorzugsweise Frankreich von den Musen geküßt, und man stritt eigentlich nur darüber, ob dem siebzehnten oder achtzehnten darin die Palme gebühre. Auf den Flügeln einer gepflegten Sprache, die sich den Vornehmen und den Gebildeten in Europa und darüber hinaus als Verständigungsmittel empfahl, drang seine Literatur, von der gereimten bis zu gelehrtester Prosa, in die entlegensten Ecken. Man unterwarf sich dem Urteil der freien Künste zu Paris. Mancher räumte ihm, bereit- oder unwillig, eine Diktatur des guten Geschmacks ebenso ein wie das letzte Wort in Sachen Vernunft.[38]

Die Flammen der Revolution hatten die Versprechen der Aufklärung indessen verzehrt: sie in Praxis umgesetzt, darin aber zugleich aufgehoben. Zurück blieb ein schaler Nachgeschmack. Anderes schob sich an die Stelle ihrer geborstenen Ideale, und seine Freisetzung begann nicht in Frankreich, sondern an einer »Peripherie«. So tat sich ein merkwürdiger Widerspruch auf, den die Landeskinder nur zögernd gewahr wurden. Wiedereinsetzende Pilgerfahrten zur nunmehrigen Kaiserstadt und die scheinbar von ihnen ausgehende Bestätigung, immer noch – oder abermals – Nabel eines Kontinents und seiner Zivilisation schlechthin zu sein, verdeckten die herbe Wahrheit, daß sich der »Weltgeist« auf Wanderschaft begeben hatte und nicht um die heiße Sonne Napoleon rotierte wie davor um den vierzehnten Louis in Versailles und hernach um das Doppelgestirn Voltaire–Rousseau. Als das eine exzentrisch gescholtene Frau erstmals scharf aussprach, schockierte sie einen höchst ungehaltenen Kaiser. Er befahl, das Buch der Germaine de Staël *Über Deutschland* vom Jahre 1810 sogleich aus dem Verkehr zu ziehen. »Verbrennen heißt nicht antworten«, hat indessen schon Camille Desmoulins in ähnlicher Lage Robespierre entgegenhalten, und in der Tat trat eine zweite

Auflage aus sicherem Londoner Port 1813 ihre Runde um den Erdkreis an.

Madame de Staël war als Neckers Tochter nicht irgendwer. Schon im Salon ihrer Mutter begegnete sie der halben Pariser Aufklärung, und während der Revolution glänzte ihr eigener in der piekfeinen Rue du Bac als intimer Treffpunkt der Feuillants. Sie wanderte nach dem Tuileriensturm aus und nach dem Thermidor wieder ein. Um Wunderkind Bonaparte zunächst äußerst bemüht, stieß sie auf keine Gegenliebe, und zunehmende gegenseitige Aversion schaukelte sich zu offener Feindschaft hoch. Sie griff zu ihrer spitzesten Feder und er zum cäsarischen Blitzstrahl. Gespannt beobachteten die Genießer der Szene den ungleichen Zweikampf. Ungnade und Verbannung konnten der schwerreichen und mittlerweile zu Ruhm gelangten Schloßherrin von Coppet am schönen Genfer See wenig anhaben, obgleich sie die Pariser Luft nur ungern entbehrte.[39] Die Hüter des Gesetzes ständig auf den Fersen, liebte sie dennoch viel und unternahm ausgedehnte Reisen, die sie bis nach Petersburg führten. Ihre Leserschaft hielt sie mit bemerkenswerten Frauenromanen, *Delphine* (1803) und *Corinne* (1807), unvermindert in Atem.

Zweifellos verdankte die Emanzipierte, von Napoleon als »Mannweib« verhöhnt, die Gunst des Publikums ihrem Talent, der Frische und subjektiven Ehrlichkeit ihrer Darstellung, dem Engagement für ihren Gegenstand und dem Mut, ungewohnte Fragestellungen aufzugreifen. Hinzu kam aber, daß am französischen Dichterhimmel zum Jahrhundertbeginn kaum Sterne hell genug leuchteten, um sie zu überstrahlen. Da waren Männer, die sich längst verausgabt hatten, wie Bernardin de Saint-Pierre (1737–1814), Restif de la Bretonne und Marie Joseph Chénier; klassizistische Aufgüsse von glatten Konjunkturpoeten gleich Legouvé oder Delille; Stückeschreiber, die zwar die Theater füllten und sich für ihre leichte Kost oft die Dankbarkeit einer teils amüsierfreudigen, teils rührseligen Zuschauermehrheit erwarben, deren Namen und Piècen indessen heute allesamt längst vergessen sind: das stereotype Melodram eines Pixérécourt, in dem Gott der Tugend verläßlich zum Sieg über das Laster verhalf; ein historisierendes Drama, das sich in Heldenverehrung erging und damit bestens in den erwünschten Streifen paßte: ein *Peter der Große* von Carrion-Nisas, ein *Trajan* Esménards, ein *Kolumbus* Lemer-

Ihre Verbannung ist die natürliche Konsequenz des Weges, den Sie seit mehreren Jahren beständig verfolgen. Es schien mir, daß Ihnen die Luft dieses Landes ganz und gar nicht zusagte, und wir sind noch nicht genötigt, Vorbilder in den Völkern zu suchen, die Sie bewundern. Ihr letztes Werk ist nicht französisch. Ich bin es, der seinen Druck angehalten hat.

Polizeiminister Savary, »Herzog von Rovigo«, 3. Oktober 1810

ciers. Kultivierte Anpasser und Rückversicherer gleich Louis de
Fontanes (1757–1821) hüllten sich in den Mantel eines äsopischen
Akademismus, der ihnen erlaubte, Revolution wie Kaiserreich
ohne Schaden und sogar mit Ehren zu überstehen, ehe sie unter
der Restauration ihren wahren Gefühlen freien Lauf lassen konnten.[40] Ein Neuankömmling freilich war da, der, aus der Emigration heimgekehrt, kühnste Erwartungen weckte: der bretonische
Edelmann Chateaubriand, der sich zuerst zum Rettungsengel
vom Achtzehnten Brumaire bekannte, alsbald jedoch gegen den
ihn umwerbenden Kaiser Napoleon sträubte. Vom Parnaß zuse-
hends weggelockt, mauserte sich der Autor des *René* (1805) und
der *Märtyrer* (1809) zu einem der Bannerträger bourbonischen
Legitimismus im altaristokratischen Faubourg Saint-Germain.
Das Klima an der Seine ließ keine Lyrik ohne Schmalz oder
Augenzwinkern gedeihen.

Auch der Schweizer Landsmann und Schützling der Staël, Benjamin Constant, vergrub sich schnell bis zum Hals in Politik.
Anders als Chateaubriand, opponierte er wider die despotische
Machtausübung im Kaiserreich, nicht gegen seine soziale Natur:
1815 sollte er sogar dessen letzte Verfassung zu Papier bringen.
Sekundiert von seiner Freundin, wurde er zu einem der theoretischen Begründer eines vitalen großbürgerlichen Liberalismus als
gesellschaftliche Doktrin.[41] Für das schöngeistige Schrifttum
jedoch ging auch dieser begabte Literat verloren.

Madame de Staël erfaßte richtig, daß sich in den von Napoleons
Schatten erdrückten Federkünsten wenig oder nichts bewegte.
Ingrimmig hielt sie deshalb den Franzosen die so ganz andere
deutsche Goethezeit entgegen. Im Unterschied zu ihrem Vorbild,
dem Römer Tacitus, der die von ihm so eindrucksvoll geschilder-
te *Germania* nie zu Gesicht bekam, schöpfte die Staël aus unmittelbarer Anschauung. Sie holte sich ihre Auskünfte aus erster
Hand und nicht zuletzt in Weimar: bei Schiller, dem »Sturm und
Drang« seiner *Räuber* die Ehrenbürgerschaft der Französischen
Republik eingetragen hatten; beim alten Charmeur Wieland; ja,
beim Olympier am Frauenplan selbst. Und sie fing zur »Klassik«
als Beigabe die ersten weitausholenden Gebärden der deutschen
Romantik ein, die sie als Schwingenschlag im Morgenrot einer
sich erneuernden Literatur empfand. Beide verwob sie zu einem
vielleicht etwas zu schmeichelhaften und doch auch wieder einsei-

Links:
Madame de
Staël. Kreide-
zeichnung von
Jean-Baptiste
Isabey

Rechts:
Der Dichter
Chateaubriand.
Lithographie
von Hyacinthe
Aubry-Lecomte
nach Anne-Louis
Girodet-Trioson

tigen Bild: Politisch zwar nicht auf der Höhe und militärisch nach dem Knacks bei Jena vermutlich auch nicht, seien diese Deutschen aber nicht die Raufer und Saufer des Klischees, sondern das *Volk der Dichter und Denker.*

Geflügelte Worte gleich diesen haben ihre Geschichte und ihre Metahistorie dazu. Wer sie zuerst in Umlauf setzt, muß für später damit getriebenen Unfug nicht haften. Objektiv war die Bericht-erstattung der Madame de Staël gewißlich nicht und wollte es auch gar nicht sein. Bedenkt man es allerdings recht, schoß sie an der Wahrheit dennoch nicht allzuweit vorbei.

Deutschland – oder den deutschen Landen im Plural (*les Allemagnes* – nach damaligem Sprachgebrauch) – wurde im 18. Jahrhundert ein Primat in der Erziehungswissenschaft zugesprochen, wiewohl diese ihre Krönung erst im Werk des Schweizer Jakobiners Pestalozzi erfuhr. Über alle Grenzen und vor allen anderen gerühmt wurde, wie davor die italienische, so jetzt die deutsche Tonkunst, ein Händel in London, die Bachs über Deutschland verstreut, Gluck in Paris, das unwiederholbare Trio, das sich in Wien einfand: aus dem Burgenland Haydn, Mozart aus Salzburg und Beethoven aus Bonn.

Das geschriebene Wort hingegen brauchte länger, die Sprachbarriere zu durchbrechen und die Aufmerksamkeit auf sich zu lenken, die es wert war, in »Weltliteratur« eingespeist zu werden, obschon der Begriff ja von keinem anderen als Goethe stammte.

Übersetzt wurden allenfalls Bestseller gleich *Werthers Leiden.* Und wer las schon Deutsch außer in nördlichen und östlichen Breiten, von wo die Studenten nach Göttingen, Leipzig, Halle, Jena, Tübingen oder Wien eher denn nach Paris strömten.

Die Einmaligkeit der deutschen Literaturlandschaft am Jahrhundertbeginn erklärt sich aus doppelter Ursache.

Zum ersten war es der atemberaubende Widerstreit zweier Sehweisen und darauf gegründeter Kunstrichtungen, die hier ihre Heimat fanden und mit Höchstleistungen aufzuwarten vermochten; die sich gegenseitig durchdrangen und auch Verbindungen eingingen, die ihre Zuordnung – weniger bei Hölderlin als bei Kleist – gelegentlich erschwerten. Mit der deutschen Klassik kam auch Napoleon zurecht. Von Goethes Persönlichkeit zeigte er sich beeindruckt und sogar begeistert. Das beruhte auf Gegenseitigkeit. Der Schöpfer des *Faust* wollte nicht einsehen, warum man ihm verargte, des Kaisers Orden zu tragen, nur weil dieser die Leipziger Schlacht verlor. Die Romantiker hingegen, an der Jahrhundertwende in Jena und Berlin mit den Brüdern Schlegel und ihren Frauen, mit Tieck und Wackenroder noch kritisch nach beiden Seiten hin, wurden durch »Preußens Unglück« und den Volkswiderstand in Spanien aufgerüttelt, eindeutig Partei zu ergreifen. Die »Heidelberger« Görres, Arnim und Brentano, die Arndt, Kleist und Körner begannen zum Befreiungskrieg zu blasen.[42] Verzweiflung über die Schmach der Fremdherrschaft übermannte sie und führte auch auf Abwege: Sehnsucht nach Seelenfrieden und aufkeimende Deutschtümelei leiteten Wasser auf die Mühlen der wiederaufgewerteten »angestammten Gewalten«. Man bekämpfte – zusammen mit diesen – in Napoleon nicht mehr den Abtrünnigen und Totengräber der Freiheit, sondern den »Sohn und Fortsetzer« des gesellschaftlichen Umsturzes, der »organisch Gewachsenes« mutwillig zerstöre.

Kein Weltgericht, wohl aber die vordringende Gegenrevolution fragte nach den Gründen. Darin lagen die ihr mehr und mehr dienstbaren deutschen Romantiker im Strom der Zeit indessen gewissermaßen richtig. Sie fanden nicht wenige Weggefährten anderer Zunge und insbesondere jenseits des Kanals unter den gleich ihnen vom Ausgang der Revolution erschütterten englischen und schottischen Linken. Im Vorwort vom Jahr 1800 zu ihren *Lyrischen Balladen* hatten William Wordsworth und Samuel

Schlagt ihn tot! Das Weltgericht fragt euch nach den Gründen nicht.
HEINRICH VON KLEIST: DIE HERMANNS-SCHLACHT, 1808

Coleridge[43] die Große Hoffnung Frankreich manifest zu Grabe
getragen, um sich fortan mit Shelley und Keats in der romantischen »Seeschule« einem *Weltschmerz* des zerrissenen Individuums in der bürgerlichen Gesellschaft hinzugeben, für den Euphorion-Byron den tiefsten und echtesten Ausdruck fand.

Zum zweiten erklang im zeitgenössischen Deutschland nicht
allein die Stimme der Schöngeister. Zur Dichtkunst gesellte sich
die Denkkunst, wenn es erlaubt ist, darunter die Philosophie des
klassischen deutschen Idealismus zu verstehen.

Die »philosophes« der französischen Aufklärung waren Schriftsteller gewesen, die nachdachten. In Deutschland waren es Professoren, die Weisheitskunde von Berufs wegen vom Katheder
betrieben – schwerverständlich oft, trocken und pedantisch vielleicht, jedoch mit System. Ein Christian Wolff war nicht größer
als Voltaire, ein Kant nicht bedeutender als Rousseau. Sie waren
als Hochschullehrer jedoch Fachwissenschaftler. Sie brauchten
länger, um mit ihren Werken die Öffentlichkeit zu erreichen, Einfluß auf die Volksmeinung zu üben, Vorbehalte des Spießbürgers
auszuräumen.

Mittelbar jedoch schwangen sich diese deutschen Philosophenschulen – oder, wenn es denn sein muß, Schulphilosophien – dennoch zu einem moralischen Machtfaktor auf: die Kantianer des
»Tugendbundes« in Preußens Reformära; Fichte, der Kant hinter
sich ließ, 1807/08 als Verfasser der *Reden an die deutsche Nation*
und 1810 erster Rektor der – Humboldtschen – Universität zu
Berlin; Jean Paul, als meistgelesener unter den Schriftstellern, mit
seiner Kriegserklärung gegen den Krieg (in: *Deutsche Dämmerungen*, 1809); Schelling, sosehr er sich auch in romantische Naturphilosophie verstrickte, und Hegel, der sich lange bedachte, ehe er
Napoleon abschrieb. Dazu Herder, den seine den slawischen
Osten in weltbürgerlicher Weitherzigkeit aufschließenden *Stimmen der Völker* um vieles überdauerten, und Schleiermacher als
protestantischer »Kirchenvater«. Ward solcher Reichtum an
gleichzeitigen Denkanstößen, die das Spannungsfeld der Revolution herausgetrieben hatte und die so viele »Geisteswissenschaften«
des Jahrhunderts von der Philologie bis zur Historie befruchten
sollten, je gesehen? Was hatte das Kaiserreich an Gleichwertigem
entgegenzuhalten? – Ein Angebot machten die »Ideologen«,
Brückenbauer zwischen Aufklärung und Positivismus.

Der Wortschöpfung *Ideologie* hat Graf Destutt de Tracy (1734–1836) Kurswert verliehen für eine philosophische Lehre, die durch allseitige Analyse des Menschen ein Regelsystem für Moral, Recht und Staatskunst herausfinden wollte.[44] Sie knüpfte an Condillacs Sensualismus an, der alles Denken auf Sinneswahrnehmungen zurückführte, jedoch bei teilweisem Verzicht auf dessen Metaphysik, an deren Stelle der Arzt Cabanis (1757–1808) physiologische Erklärungen anbot. Ein Ansatz zu Verhaltensforschung steckte darin, in der sich natur- und geisteswissenschaftliche Methoden miteinander verbanden. Untersucht wurde die psychische Organisation des Individuums, der Inhalt seiner Vorstellungen, der Ideen, mit der Absicht, daraus praktische Normen abzuleiten.

Diese »Idéologues« waren eine Denkschule, hervorgegangen aus einem Gelehrtenkreis, der sich in den ersten Jahren der Revolution im Salon von Madame Helvétius, der wohlbestallten Witwe des gefürchteten Atheisten, im Pariser Nobelvorort Auteuil zu treffen pflegte und deshalb bisweilen als »Gesellschaft von Auteuil« apostrophiert wurde. Condorcet hatte noch dazugehört und der alte Volney. Nach dem Thermidor ließen sich Sieyès, Daunou und Laplace wieder blicken, auch, wie das Leben so spielt, Garat, der sich als Minister zwischen Gironde und Montagne – für einen Philosophen geschickt genug – hindurchgewunden hatte. Der Re-Emigrant Destutt de Tracy bestimmte, von Cabanis unterstützt, das Gesicht der Zeitschrift *Décade philosophique*[45], die es zu hohem Ansehen und der Gruppe neuen Zuzug brachte, darunter den vielversprechenden jungen Physiker François Arago. 1807 indessen mußte sie unter behördlichem Druck ihr Erscheinen einstellen.

Daß Napoleon die Idéologues mit metaphysischen Schaumschlägern gleichsetzte, sie unausstehlich fand und sich an ihnen rieb, mochte hingehen. Ihre klugen Reden irritierten den Pragmatiker, und es mißlang ihm obendrein, was seinen Ärger mehren mußte, ihre Reihen zu spalten. Von ihren »Köpfen« vermochte er lediglich De Gérando[46] zu sich herüberzuziehen. Das aber begründet noch nicht die Heftigkeit seines Dazwischenfahrens.

Der Streit tobte um so weniger um ein Theorem, als das Empire glaubte, ohne ein starr festgelegtes Staatsdogma auszukommen. Loyalität vertrug sich in ihm ohne weiteres mit weltanschauli-

Freund, aber wir glaubten, ein Korn zu säen, um den Elenden unserer Nähe zu nähren, und wir haben einen Baum gepflanzt, dessen Äste sich über den Erdkreis ausbreiten und die Völker der Erde ohne Ausnahme unter seinen Schatten rufen werden.
PESTALOZZI AN STAPFER, 24. MÄRZ 1808

chem Pluralismus. Napoleons Mißtrauen gegenüber der Ausrichtung der Idéologues war geweckt worden durch ihre »Anmaßung«, ihn lehren zu wollen, wie Politik zu machen sei. Er vermutete verkappte Hinterabsichten bei diesen gar zu gescheiten und dabei keineswegs weltfremden Präzeptoren aus eigener Berufung und ihren zahlreichen Bewunderern. Wie sich – zu spät für ihn allerdings – herausstellte, übertraf die Wirklichkeit noch die Ahnung. Destutt de Tracy war unbeschadet seiner Reformfreudigkeit in der Stille immer Royalist geblieben und säte sein »außerwissenschaftliches« Unkraut mit Bedacht und Erfolg. Im April 1814 erlebte er die Genugtuung, im Senat den Antrag auf Absetzung des Kaisers stellen und durchbringen zu dürfen. Was beweist, daß von beiden Seiten kein Kampf gegen Windmühlenflügel ausgefochten worden war.

Während die Auseinandersetzung der Idéologues mit dem Regime der persönlichen Macht solchermaßen hohe Wellen schlug, blieben zwei andere Denkbemühungen, obwohl im Endeffekt erfolgreicher, in der Kaiserzeit von der Öffentlichkeit – wie von der Polizei – beinahe unbemerkt: die »Utopien« des Hocharistokraten Claude Henri de Saint-Simon (1760–1825) und des ruinierten Kaufmannssohnes Charles Fourier (1772–1837).

Noch trugen sie keine Waren- und Wasserzeichen: ein Stichwort »Sozialismus« war dafür noch nicht aufgekommen. Das mag mit daran gelegen haben, daß sich beide Autoren erst schrittweise an ihr Ziel herankämpften und um ihre Formulierungen selbst noch rangen. Gemeinsam war ihnen, daß sie sich von der Revolution unbefriedigt zeigten und über deren bürgerliche Ordnung ebenso wie über ihren kleinbürgerlichen Egalitarismus hinausstrebten zu einer vollkommeneren gesellschaftlichen Organisation.

Saint-Simon, der seit 1803 über sie grübelte[47], jedoch erst unter der Restauration mit einer ausgefeilten Konzeption hervortrat, strebte eine Verteilung des Sozialproduktes nach Fähigkeiten und Leistungen an, Ausgleich der gesellschaftlichen Gegensätze unter den Produzenten, von denen er die Müßiggänger abhob, Leitung und Planung der Erzeugung durch eine Elite von Industriellen und Wissenschaftlern, Ausbeutung der Erde an Stelle der Ausbeutung des Menschen und Umwandlung des Staates aus einem Herrschaftsmittel in einen Versorgungsmechanismus.

Der Dialektiker Fourier stellte den »fehlerhaften Kreislauf« der bestehenden Wirtschaftsordnung mit all seinen Widersprüchen und unannehmbaren Härten in den Mittelpunkt seiner Kritik und skizzierte eine »dem Newtonschen Gravitationsgesetz analoge« gesellschaftliche Entwicklung, die im Resultat zu einer »sozietären Harmonie« führe, als deren modellhaft autonome Keimzellen er Lebens- und Wirtschaftsgemeinschaften, die »Phalanstères«, zu gründen vorschlug. Im Hauptwerk seiner Frühzeit, der *Theorie der vier Bewegungsformen und der allgemeinen Bestimmungen* (1808), schob er eine Revolution der Moral und der Erziehung in den Vordergrund, von der er sich das Emporwachsen der neuen Persönlichkeit versprach, der es – Mann und Frau gleichermaßen – zufiele, die »natürliche« und »gerechte« Gesellschaft herbeizuführen.

Saint-Simon wie Fourier setzten nicht auf eine Massenwirksamkeit ihrer Ideale.[48] Sie setzten auf die Logik ihrer Argumentation, auf Überzeugungsarbeit und – in umwerfender Naivität – auf Unterstützung durch einsichtige, vermögende oder einflußreiche Mäzene. Demzufolge beunruhigte ihr Perfektionismus die hartgesottenen Herrschenden nicht. Weltverbesserer, denen kaum jemand zuhörte, genossen als harmlose Träumer seit alters Narrenfreiheit, solange sie sich friedlich darstellten und der Gewalt entsagten, ihr sogar widerrieten. Es gab also keine Veranlassung, ihnen zu wehren, an einem Perpetuum mobile menschlicher Glückseligkeit zu basteln, dessen Plan Fourier 1803 zuständigkeitshalber sogar dem Justizminister zugeleitet hatte.

Im übrigen war Napoleon mit ihm darin einer Meinung, daß für die Organisation von Erziehung und Wissenschaft in seinem Reich in der Tat viel mehr getan werden müsse. Erst an den konträren Vorstellungen über die Art und Weise des Vorgehens schieden sich die Geister.

Daß Organisation und das Heranziehen von qualifiziertem Nachwuchs auf dem wissenschaftlichen Sektor alles entscheiden, hat Napoleon nicht behauptet. Wohl aber, daß ohne sie nichts in die richtige Richtung läuft. Und wenn er Organisation sagte, meinte er – wie überall – Zentralisation, Effektivität, Übersichtlichkeit wie auf dem Exerzierplatz. Ihr lag eine Idee zugrunde, der man eine fest bestimmte soziale Funktion schwer absprechen kann.

Das Kaiserreich setzte auf sorgfältig überwachte Elitezüchtung. Für die Volkserziehung wurde dagegen sehr wenig getan; man überließ sie mehr oder weniger dem Selbstlauf, lokalpatriotischem oder individuellem Eifer. Während sich Männer wie Chaptal, Champagny und La Rochefoucauld-Liancourt immerhin um die Errichtung von Gewerbefachschulen verdient machten, soll Napoleon mit Entrüstung protestiert haben: »Mutet man mir zu, mich auch noch um Klippschulen zu kümmern?« Sein Interesse setzte erst bei den höheren Lehranstalten ein, als deren Norm sich das staatliche »Lyzeum« durchsetzte. Es löste die als zu liberal und modernistisch gerügte »Zentralschule« der Republik ab und vermittelte wieder, darin dem deutschen Gymnasium vergleichbar, vor allem »klassische« Allgemeinbildung. Aristokratischen und kirchlichen ebenso wie privaten und regionalen Einflüssen – zumindest im Prinzip – entzogen, blieb es dennoch faktisch den Kindern der gehobenen Schichten vorbehalten, auf die es zugeschnitten war. Ausschließend und uniform gleich einem bürokratischen Uhrwerk, geregelt vom Lehr- und Stundenplan bis zur Schultracht, bereitete es für seine Schüler zielstrebig den Übergang zur Hochschule vor.

Der Student erinnerte in nichts an den wandernden Scholar oder an den »freien akademischen Bürger«. Auch er bewegte sich innerhalb eines geschlossenen Systems, das mit dem Universitätsgesetz vom 10. Mai 1806 und nachfolgenden Verfügungen seine unverrückbare Plattform erhielt – bis weit in unser Jahrhundert hinein. Noch auf Sankt Helena war Napoleon mächtig stolz auf sein Werk. Die kaiserliche »Universität von Frankreich«[49] bildete eine einheitliche Körperschaft, sozusagen mit einer Hauptniederlassung in Paris und 16 Zweigstellen im Lande, von denen nur wenige gleich Montpellier und Straßburg einen spezifischen Ruf genossen. Der Vorrang, den Richelieu der Pariser »Sorbonne« zugebilligt hatte, blieb folglich nicht nur erhalten, sondern erfuhr noch eine Verstärkung. Es änderte sich die Zahl der Fakultäten über das herkömmliche Maß hinaus. Theologie, Recht und Medizin behielten ihren alten Rahmen bei, Natur- und Geisteswissenschaften wurden voneinander getrennt.

Von Hochschulautonomie, von akademischer Selbstverwaltung konnte keine Rede sein; die »Universität von Frankreich« bildete eine Marschkolonne gleich anderen im militärisch »gestrafften«

Staat. Statuten und Disziplinarvorschriften behandelten Lehrende und Lernende mit gleicher Strenge. Es war festgelegt, was sie zu sagen und was sie zu tragen hatten: die Mitglieder des Lehrkörpers ein schwarzes Gewand mit einer an der linken Brustseite in blauer Seide aufgestickten Palme. Zur Vorlesung trugen sie auf schwarzem Talar aus Etamin eine Schulterschleife, deren Farben sich nach der Fakultätszugehörigkeit und deren Zierborten sich nach dem akademischen Dienstgrad richteten.

Wenig vermochten hingegen die gestrengen Sittenrichter wider das seit eh und je ausgelassene Treiben des jungen Völkchens im verwinkelten alten Stadtviertel am linken Seineufer, dem traditionsreichen »Quartier latin« im Umkreis der Sorbonne. Aufsässig war diese Studentengeneration, die auf Grund ihrer Herkunft keine alarmierenden Ursachen zur Klage hatte, nicht sonderlich. Ob freilich die Verpflichtung, die ihnen der kaiserliche Katechismus in seinem 7. Abschnitt auferlegte, den künftigen Staatsdienern wirklich aus der Seele sprach, wird man füglich offenlassen wollen.

Alles in allem hat das Ganze trotzdem einigermaßen funktioniert. Es begann für das Kaiserreich die hochqualifizierten und dennoch – bis auf Abruf – regierungstreuen höheren und hohen Beamten aller Sparten auszubilden; dazu den Nachwuchs für die einer bürgerlichen Gesellschaft unentbehrlichen freien Berufe wie Anwälte und Ärzte. »Reine« Forschung erwartete man vom Universitätsbetrieb, der ganz auf Lehre ausgerichtet war, um so weniger, als es dafür leistungsstarke und vielversprechende eigene Einrichtungen gab. Sie kamen insbesondere den »exakten« Wissenschaften zustatten, auf die sich die Forschung konzentrierte und denen die Zukunft gehörte.

Die Eulen
der Minerva

Am Aufschwung, den die »exakten« Wissenschaften am Ausgang des 18. Jahrhunderts nahmen und in das nachfolgende trugen, waren die Staatenlenker einigermaßen unschuldig. Zwar förderten sie da und dort, was ihre Wirtschafts- oder Wehrkraft zu heben versprach, und schon ein Leibniz hatte bei Akademiegründern in Berlin wie in Petersburg für seinen Leitspruch »theoria cum praxi« offene Ohren gefunden. Der unvergleichlich höhere Stellenwert, den die Naturwissenschaften im Zeichen der Aufklärung erreichten, ging indessen auf andere Ursachen als fürstliche Gönnerlaune zurück.

Die industrielle Revolution, die sich zuerst in England ankündigte und eine durchgreifende Umgestaltung der bislang ausschließlich von Handarbeit bestimmten Produktionsweise zur Folge hatte, bedurfte eines naturwissenschaftlichen Vorlaufs und trieb ihrerseits die Forschung voran, die sich damit unmittelbarer als je zuvor an den Problemen des gesellschaftlichen Lebens orientierte. Indem sie sich den Bedürfnissen der materiellen Produktion stellte, erlangte sie eine neue soziale Qualität. Wissenszweige, die ein Schattendasein geführt und sich von Spekulation genährt hatten, verselbständigten sich zu anerkannten Disziplinen. Und obgleich sie in die machtpolitischen Auseinandersetzungen ihrer Epoche selten eingriffen, leisteten sie mit der Steuerung von Basisprozessen einen unverzichtbaren Beitrag zum Aufbau der Grundlagen einer rationalen bürgerlichen Gesellschaft, die durch die Steigerung ihrer Arbeitsproduktivität bestach.

Der Vorsprung Englands war dank den sozialen und politischen Rahmenbedingungen, die die »Glorious Revolution« geschaffen hatte, ebenso uneinholbar wie unverkennbar. Die Britischen Inseln verfügten bereits über ein Fabriksystem, das die Kombination zweier entscheidender technischer Neuerungen, der Werkzeugmaschinen und des Dampfantriebs, zur Voraussetzung hatte.

Eine Intelligenz, die mit allen Kräften bekannt wäre, durch die die Natur bewegt wird, und mit den verschiedenen Stellungen aller ihrer Teile in irgendeinem gegebenen Moment – vorausgesetzt, sie wäre umfassend genug, um diese Daten der Analysis zu unterwerfen –, würde in ein und derselben Formel die Bewegungen der größten Körper wie des leichtesten Atoms zusammenfassen. Nichts würde für sie ungewiß sein; die Zukunft wie die Gegenwart wären gegenwärtig vor ihren Augen. Der menschliche Geist in der Perfektion, die er der Astronomie zu geben vermocht hat, bietet ein schwaches Abbild einer solchen Intelligenz.

LAPLACE: ESSAI PHILOSOPHIQUE DES PROBABILITÉS, 1814

Ohne die stürmische Entfaltung der Naturwissenschaften und die Übernahme ihrer Ergebnisse in die Fertigung wäre das ganz unmöglich gewesen. Die englischen Entdecker und Erfinder, Ingenieure und Konstrukteure, deren rühmlichste Schaffensperiode jetzt einsetzte, waren sich dessen durchaus bewußt. Stolz auf die Macht des Wissens sprach aus ihren Worten, wenn sie sich in freien gelehrten Gesellschaften – wie der *Lunar Society* in Birmingham oder der *Literary and Philosophical Society* in Manchester – mit den »Theoretikern« zusammenfanden und gemeinsam zum Geist eines Fortschritts bekannten, der die Geheimnisse der Natur wie der Gesellschaft, unbelastet von Rücksichten auf kirchliche Dogmen und sittenpolizeiliche Bevormundung, zu entschleiern begann.

In ihren Denkleistungen standen die französischen – wie auch die deutschen und italienischen – Pioniere unter den Gelehrten den englischen mitnichten nach. Die Rückständigkeit ihres gesellschaftlichen Umfeldes zwang sie jedoch, ihre Aufmerksamkeit weitgehend auf andere Gegenstände zu lenken. Sie mußte zuvor dem Bemühen gelten, aus jener »Alten Ordnung« auszubrechen, in der ihnen Hunderte Sperrtafeln verwehrten, die Frucht ihrer Forschungen in den Grundfonds der wirtschaftenden Nation auch unbehindert einzubringen. Die »Lumières« und die öffentlichen Gewalten begegneten und belauerten sich in durchaus begründetem wechselseitigem Mißtrauen.

Erst die Französische Revolution bereitete den Wissenschaften eine hoffnungsvollere Ausgangslage. Zweifellos waren die Gelehrten über sie geteilter Meinung. Dem einen gingen ihre »Verbesserungen« zu schnell, dem anderen zu weit; diesem erschienen sie zu geräuschvoll, jenem zu brutal. Mancher, der gleich dem Astronomen Bailly und dem Philosophen Condorcet voll guten Willens im ersten oder immerhin, wie der Chemiker Lavoisier, im zweiten Glied der Revolution angetreten war, verfing sich zu seinem Unheil in ihren unvorhersehbaren Kurven und Kehren. Liebgewordene Plüschsessel und Sinekuren gingen verloren, als die Jakobiner Akademien und Universitäten, in denen sich die uneinsichtigsten alten Zöpfe bis zuletzt verschanzt hielten, mit eisernem Besen durchkämmten und endlich schlossen.

Jedoch waren es gerade diese geschmähten Jakobiner, die die Männer der Wissenschaft aufriefen, ihre Kenntnisse als Waffen zur Verteidigung der Republik einzusetzen. Ein solcher Appell, sich nicht in schönen Worten allein, sondern mit überprüfbaren Taten ans Vaterland anzuschließen und ihr gesamtes Potential im Geiste des allgemeinen Volksaufgebotes vom August 1793 zu mobilisieren, war ein unerhörtes geschichtliches Novum, zu dem sich nur eine revolutionäre Gesellschaft fähig zeigte. Er wurde gehört und aufgenommen.

Mathematiker von Ruf gleich Lagrange, Laplace und Romme, der Chemiker Berthollet, der Mathematiker und Offizier des Genie-korps Carnot, der Physiker Coulomb und viele andere stellten sich in den Dienst der Republik. Gaspard Monge[50], Sohn eines ambulanten Scherenschleifers und zeitweilig ihr Marineminister, verfaßte – mit Vauquelin – einen Abriß der Stahlherstellung für die Waffenproduktion und machte sich als Direktor der Ge-schützgießereien und der Gewehrfabrikation nützlich. Die Che-miker Fourcroy und de Morveau übernahmen es, die in be-drohlichen Engpässen steckenbleibende Salpetergewinnung aus Kellern und Ställen zu organisieren, woran sich Zehntausende freiwillige Helfer beteiligten. Sie leiteten die Patrioten bei der Herstellung von Pulver an, »das den Blitz erzeugt, der die Tyran-nen tötet«. Chappes »optischer Telegraph« – ein Blinkzeichenre-lais, das die Nachrichtenübermittlung zwischen der Nordfront und Paris auf wenig mehr als eine Stunde verkürzte – bestand 1794 seine Bewährungsprobe. Ja, sogar die Kriegführung in der dritten Dimension, die Franz Joseph Lange aus Klein-Kembs, der sich in Lyon L'Ange nannte, mit einer Luftflotte für die Republik zu erobern vorschlug, nahm in der Schlacht von Fleurus am 26. Juni 1794 ihren Anfang, als eine »einsatzreife« Montgolfière – ein Heißluftballon – aufstieg, um die Bewegungen des Gegners aus der Höhe zu beobachten.

Indem die Revolution Standesvorrechte der »Edelgeborenen« zerbrach, demokratisierte sie die Bildungszugänge. Gewiß nicht in dem Umfang, wie das Erziehungsentwürfe volksverbundener Revolutionäre wie Michel Lepeletier oder Léonard Bourdon im Interesse der breiten Massen gefordert und erhofft hatten. Immer-hin aber fielen jetzt jene aus einem Gemisch von Borniertheit und Klassenverachtung errichteten Schranken, die der »zuständige« Minister im Ancien régime vor dem Schneidersohn, der einer der Größten im Reich der Wissenschaft zu werden versprach, mit

Eines Tages wird die Mathe-matik die Welt beherrschen.
NAPOLEON

dem einen lapidaren Satz herabgelassen hatte: »Fourier ist nicht von Adel und kann folglich nicht in die Artillerie eintreten, und wenn er ein zweiter Newton wäre.« So konnte – und mußte – die Französische Republik wissenschaftliche Einrichtungen gründen und auf das Kaiserreich vererben, die sich als ungemein fruchtbar und haltbar erwiesen: Die insbesondere von Lakanal angeregte *École Normale Supérieure*, an der die besten unter den Lehramtskandidaten namentlich auch in den naturwissenschaftlichen Fächern heran- und weitergebildet wurden; der *Conservatoire National des arts et métiers*, Urform eines Technischen Museums nach den Ideen des vielseitigen Kulturpolitikers Henri Grégoire – eine ständige Ausstellung von Maschinen und Erfindungen, mit Werkstätten und Laboratorien in den Gebäuden des Klosterkomplexes von Saint-Martin-des-Champs in der Sektion Gravilliers, dem ehemaligen Wirkungskreis des »roten Priesters« Jacques Roux; die *École Polytechnique* (1794/95) als von Carnot, Monge und Berthollet empfohlener neuartiger, den Zeitbedürfnissen gerecht werdender Hochschultyp, ausschließlich den Natur- und Ingenieurwissenschaften – im weiten Sinne – zugewandt, der in zahlreichen Technischen Hochschulen weltweite Nachahmung finden sollte – abzüglich des Generals, der seit 1804 als »Gouverneur« an ihrer Spitze stand; der in Artikel 298 der Verfassung »vom Jahr III« (1795) verankerte *Institut National* (in der Folgezeit *Institut de France* genannt), mit seinen 312 Mitgliedern weit mehr als nur »Akademie-Ersatz«: wirklicher und wirksamer Mittelpunkt, Koordinationszentrum der Forschungsarbeit auf allen Gebieten und im ganzen Lande, damit zugleich ein Hebel aktiver Wissenschaftspolitik, auf die der bürgerliche Staat nicht verzichten konnte und wollte.

So nimmt es nicht wunder, daß der Weltreisende Alexander von Humboldt, als »zweiter Entdecker Amerikas« gefeiert, seinen gigantischen *Kosmos* nirgendwo anders glaubte niederbringen zu können als in der Metropole des Grand Empire mit ihren unvergleichlichen Hilfsmitteln, Einrichtungen und Bibliotheken.

General Bonaparte war auf seine Wahl in die physikalisch-mathematische Klasse der angesehensten wissenschaftlichen Körperschaft im Jahre 1797 um so stolzer gewesen, als schon des Kadetten große Neigung der Mathematik gegolten hatte. Zum Ersten Konsul aufgestiegen, überließ er Carnot den Sitz, behielt indessen die

Anliegen der Wissenschaft – ebenso wie die Wissenschaftler selbst
– in »seinem« Reich teils lobend, teils zürnend scharf im Auge.
Die Männer, die Frankreichs Wissenschaft repräsentierten, emp-
fanden sich in jenen Tagen gewissermaßen als Bürger zweier Welten. Sie betrachteten sich gleich ihren Kollegen in anderen Breiten
unter Berufung auf die Unteilbarkeit des Fortschritts einer »Ge-
lehrtenrepublik« zugehörig, die erdumspannend war und insofern, dem gesamten Menschengeschlecht verpflichtet, alle Schlag-
bäume überquerte. Gleichzeitig hingen sie an einem Vaterland,
das sie erstmalig voll und bewußt forderte. Gesellschaftskritiker,
die Napoleon mangelnder Kaisertreue bezichtigte, mochte dieser
Zwiespalt in Konflikte stürzen. Hingegen störte das Kaiserreich
die Kreise der Naturwissenschaftler nicht. Im Gegenteil. Wenngleich Napoleon nicht jede ihrer Erkenntnisse aufgriff, besaß er
doch Verständnis genug für den öffentlichen Nutzen ihrer
Arbeit[51], um ihr sein Wohlwollen zu bekunden und ihr in Erwartung handfester Ergebnisse vielseitige Unterstützung angedeihen
zu lassen: Gelehrte zeichnete er mit Vorliebe aus und sorgte für
eine Verbesserung ihrer Lebensbedingungen. Gern ernannte er sie
– mit den entsprechenden Bezügen – zu Senatoren. Auf keinem
anderen Gebiet hielt der gefürchtete Dreinredner seine Zunge
gleich beherrscht im Zaume und verkniff sich Beckmesserei.
Gegenüber fachlichen Autoritäten spielte er seine Autorität nicht
aus. Mit ihnen suchte er – obgleich nicht zuletzt aus Gründen der
Selbstreklame – das Gespräch, und wenn ihm dabei trotz seines
Merkzettels blamable Schnitzer unterliefen, untergruben sie nicht
das Ansehen, das er unter den Gelehrten Frankreichs genoß. Er
beherzigte den römischen Spruch *Caesar non supra grammaticos*
– und fuhr damit durchaus gut.
Höchste Achtung genossen seit alters die Mathematiker, und
Frankreichs Sterne leuchteten an diesem Firmament ganz hell:
Monge (1746–1818), der mit der *Darstellenden Geometrie*, heute
einfacher Technisches Zeichnen geheißen, die »Sprache des Inge-
nieurs« und das unentbehrliche Hilfsmittel des Konstrukteurs
vom Bauwerk bis zum Maschinenelement schuf; Jean-Baptiste
Fourier (1768–1830, nicht zu verwechseln mit dem annähernd
gleichaltrigen »utopischen« Sozialisten Charles Fourier), der in
der *Analysis* eine Neubestimmung des für die gesamte Mathematik entscheidenden Begriffs »Funktion« einleitete mit der – noch

IM MODERNEN
SINNE, NACH LA-
VOISIERS STRENGER
DEFINITION:
*Wenn wir den
Ausdruck Ele-
mente verwen-
den, so drücken
wir unsere Idee
des letzten Punk-
tes aus, den die
Analyse durch
irgendwelche
Mittel erreichen
kann, um Körper
durch Zerlegen
zu reduzieren.*

heuristischen – Hypothese, daß alle – auch Sprünge machende, algebraisch nicht mehr wiederzugebende Funktionen durch eine (allerdings unendliche) Summe von trigonometrischen, das heißt aber stetigen Funktionen darstellbar sind.[52] Nicht selten dehnten große Mathematiker ihre Untersuchungen auf das Gebiet der Himmelsmechanik aus, die ihre Namen einem breiteren Publikum bekannt machten, das an Sternguckerei und was damit zusammenhing immer Gefallen fand. Zwar erreichten sie nicht die Popularität der Unentwegten, die selber Nacht für Nacht vor dem Fernrohr hockten: eines Herschel in England, der 1781 mit dem Uranus einen zusätzlichen Wandelstern unseres Sonnensystems am Himmel gefunden hatte; oder eines Piazzi, dem in Palermo in der Neujahrsnacht von 1800 auf 1801 ein Sternchen vor das Teleskop geriet, das ihm entwischte, aber nach einem Jahr genau an dem inzwischen von Carl Friedrich Gauß (1777–1855) in Göttingen berechneten und bezeichneten Himmelsort wiederaufgefunden wurde: die »Ceres«, erstentdeckter im munteren Schwarm der Planetoiden.

Dafür gelang Joseph Louis Lagrange (1736–1813) mit rechnerischen Mitteln der scharfsinnige, Newton berichtigende Nachweis, daß die Planetenbahnen zwar Schwankungen um eine Mittellage ausführen, das Planetensystem insgesamt jedoch stabil bleibt. Pierre Simon Laplace (1749–1827) krönte den konsequenten mechanischen Materialismus der französischen Aufklärung durch die fünf Bände seiner *Himmelsmechanik*.[53] Ihm zufolge war das Universum nichts anderes als eine – freilich überwältigend große – Anzahl von Materieteilchen: von Atomen, Massepunkten. Ihre Bewegungen, streng nach geltenden mechanischen Gesetzen ablaufend, riefen alle Veränderungen in der Natur hervor. Kennt der Astronom alle Anfangsbedingungen aller Partikel zu irgendeinem Zeitpunkt, Ort und Geschwindigkeit, so kann er – wenigstens dem Prinzip nach – durch Auflösung eines Systems von Differentialgleichungen alle Zustände des Universums in Vergangenheit, Gegenwart und Zukunft bis in jede Einzelheit berechnen. Daß der Kaiser an einen solchen Übermathematiker, der sich in der Literatur den Beinamen »Laplacescher Dämon« erwarb, nicht zu glauben vermochte, tat der Sache keinen Abbruch. Er widersprach einer Meinung, unterdrückte sie indessen – in diesem Falle – nicht.

Davon profitierte die der Mathematik eng verbundene Gilde der Physiker. Beide Wissenschaften hatten in der Revolution die Federführung übernommen bei der folgenreichen Einführung des metrischen Systems, das die »feudale Zersplitterung« der Maße, Gewichte und Währungen in einem von Paris ausgehenden Siegeszug quer durch die Kontinente mit Hilfe der Dezimale überwand. Die von der Nationalversammlung eingesetzte Kommission – mit Lagrange, Laplace und anderen –, die 1791 den zehnmillionsten Teil eines Viertels des Erdumfangs als »natürliches Grundmaß« der Länge festlegte und durch Bestimmung der Länge des Sekundenpendels unter 45 Grad geographischer Breite die Beziehung zur Zeiteinheit herstellte, verriet nicht nur ihre Beheimatung in den Naturrechtstheorien der Aufklärung. Sie nahm gleichzeitig schwierigste Gradmessungen zwischen Dünkirchen und Barcelona vor und verfertigte 1799 einen Maßstab aus Platin als Prototyp der neuen Längeneinheit, die man auf Vorschlag von Borda »Meter« – nach griechischem *metron* gleich Maß – benannte. Die Denkmünze, die aus diesem Anlaß geschlagen wurde, trug die von Sendungsbewußtsein zeugende Aufschrift *Für alle Zeiten, für alle Völker*.

Freilich wollte gut Ding Weile haben, und auch Napoleon überstürzte es nicht. Seine Grenadiere schrubbten vorerst noch ihre altgewohnten Meilen ab und faßten ihre Verpflegung nicht nach Kilo, Gramm und Liter. Gevatter Krämer und die sorgende Hausfrau gewöhnten sich nur langsam, danach zu wiegen und statt des Sou den Centime zweimal umzudrehen; aus der Alltagssprache war der »Groschen« – in Frankreich wie bei uns – schlechterdings nicht zu verdrängen. Doch sogar in den Naturwissenschaften selbst setzte sich ihr eigenes Kind, das metrische System, erst richtig durch, als es in Frankreich längst keinen Kaiser mehr gab.

Überhaupt brauchten die Physiker einen längeren Anlauf, um sich aus ihren traditionellen Schemata zu befreien. Lagrange war die formale Vollendung der theoretischen Mechanik, also die mathematische Behandlung der Mechanik der Massepunkte (einer »idealisierten« Mechanik), gelungen.[54] Ihm und seinen Zeitgenossen erschien sie immer noch, wie schon Newton, als Grundwissenschaft aller Physik in dem Sinne, daß alle physikalischen Erscheinungen letztlich auf Mechanik zurückgeführt werden könnten. Deren Erweiterung zur Behandlung der an Maschinen und insbesondere an Dampfmaschinen auftretenden Kräfteverhältnisse – mit Einschluß der Reibung – meisterte unter dem Bedürfniszwang der industriellen Revolution erst die nachfolgende Generation an der École Polytechnique.

Ähnlich stand es um die Optik. Zwar konnte der Engländer Young 1807 in einem berühmten Versuch die auf Newton zurückgehende »Korpuskulartheorie« des Lichts widerlegen und den Nachweis von dessen Wellennatur erbringen. Man glaubte ihm jedoch um so weniger, als im Jahr darauf Malus in Paris die Polarisation des Lichts durch Reflexion entdeckte, die mit der Wellennatur unverträglich zu sein schien. Man schrieb schon 1817, als Young die Lösung des scheinbaren Widerspruchs durch Annahme transversaler statt longitudinaler Wellen erkannte, und noch viel weiter ins Jahrhundert hinein spukte die Hypothese eines »Äther« genannten Mediums nach.

Zuoberst in der Gunst des Publikums sonnten sich die schon um 1770 durch Mesmer in Mode gekommenen »Elektriker«. Coulomb hatte 1785 bis 1789 in Paris herausgefunden, daß elektrische und magnetische Kräfte analog zum Gravitationsgesetz reziprok mit der Quadratur der Abstände abnehmen; Galvani hatte in Bologna 1789 seine aufsehenerregenden Froschschenkelexperimente durchgeführt und Volta in Pavia diese »tierische« Elektrizität aber widerlegt, als er mit verschiedenartigen Metallplatten dieselbe Wirkung erzielte, die bei Verwendung von Reibungselektrizität auftrat. 1799 verstärkte er sie durch Einbringung verdünnter Säure zwischen die Metalle: Der Weg zur »Batterie« war gefunden, und 1807 gelang Davy in London mit einer Batterie »voltaischer Säulen« die Schmelzflußelektrolyse. Während Volta als Napoleons persönlicher Gast in Paris herumgereicht wurde, erschlossen andere Gelehrte seiner Entdeckung ein räumlich wie inhaltlich immer ausgedehnteres Anwendungsgebiet: Nicholson und Carlisle in England, Berzelius und Hisinger in Schweden, Oerstedt in Dänemark.

Erstaunlicher noch die Umwälzungen in der Chemie. Ihre Wertschätzung hatte unter der Anrüchigkeit von »Alchimie« und Goldmacherei zu leiden, die ihr so lange anhaftete, wie allerlei Hochstapler vom Schlage Cagliostros ihren Hokuspokus mit dem »Stein der Weisen« und »Lebenselixieren« trieben, denen auch gekrönte Häupter wie Kaiser Leopold II. aufsaßen. Freilich

Lavoisiers Brennspiegel zur Erzeugung hoher Temperaturen, um chemische Substanzen thermisch zersetzen zu können Aus: Œuvres de Lavoisier, Bd. III, Paris 1865

gründeten sich sogar ernsthafte Arbeiten wie die von Georg Ernst Stahl in Deutschland oder Cavendish (1731–1810) in England, der auf den Wasserstoff stieß und die Zusammensetzung des Wassers feststellte, nur zum geringeren Teil auf schlüssige wissenschaftliche Theorie.

Zweifellos war schon die Sammlung von praktischen Erfahrungen und Erkundungen für die Chemie von hoher Wichtigkeit; ermöglichte doch ebendieser Empirismus neue Verfahren zur Gewinnung von Eisen und Stahl, stellte Hilfsstoffe für die Maschinerie der expandierenden Textilindustrie bereit.[55] Das zum Waschen der rohen Baumwollgewebe benötigte Soda gewann Leblanc in Paris seit 1790 in beliebiger Menge, reiner und vor allem kostengünstiger als das aus Ägypten oder Spanien eingeführte Naturprodukt, indem er Kochsalz mit Schwefelsäure zu Natriumsulfat umsetzte und dieses durch Erhitzen in einem Flammofen mit Kalk und Kohle in Soda verwandelte. Für ein Menschenalter verschaffte er damit Frankreich ein Weltmonopol in »Leblanc-Soda«. Etwa gleichzeitig löste Berthollet (1748–1822) das Problem des chemischen Bleichens durch Chlor, das er in Natrium- bzw. Kaliumkarbonat einleitete; schon 1789 gelangte sein Bleichmittel, Erstling aller »Weißmacher«, als »Eau de Javel« in den Handel. Chaptal erhöhte durch Zusatz von Zucker die

Haltbarkeit des Weins, wovon allerdings in der Folgezeit auch gewissenlose Panscher ausgiebigen Gebrauch machten.

Die strenge Wissenschaftlichkeit der Chemie enthoben schließlich Lavoisier in Frankreich und Dalton in England, auf der Gas-Chemie aufbauend, jeder Anzweiflung. 1789 veröffentlichte Lavoisier ein Lehrbuch, das man den Geburtsschein der neuen Chemie genannt hat. Darin verankerte er die von ihm zuerst in Versuchsreihen bewiesene Unterscheidung von chemischen Elementen einerseits und Verbindungen andererseits. Als »Schlüssel« zu letzteren erkannte er den – 1774 von Priestley in England gefunden – Sauerstoff: Seine Verbindung mit Metallen erzeugt die Gruppe der Basen, mit Nichtmetallen die Gruppe der Säuren, während durch Neutralisation von Säuren mit Basen die Salze entstehen.

Proust ergänzte – im Disput mit Berthollet – 1797 die Elementenlehre durch das Gesetz der konstanten Proportionen, in denen die Vereinigung zweier Elemente zur Verbindung erfolgt. Auf den Franzosen Gay-Lussac und den Italiener Avogadro ging die Bestätigung des Gesetzes auch für Gase zurück (1811), auf Dalton – unter anderem – die Bestimmung der relativen Atommasse des Wasserstoffes (H) als »1«. Berzelius berechnete die relative Atommasse aller damals bekannten rund 40 Elemente und wurde zum Namenspender ihrer gebräuchlichen Formelsymbole, Abkürzungen ihrer jeweiligen lateinischen Entsprechung. 1812 brachte er die Kennzeichnung »organische Chemie« auf für jenen weithin unerschlossenen Bereich, in dem man sich noch mit der Annahme einer »Lebenskraft«, der *vis vitalis*, aus der Verlegenheit helfen wollte, als das vergleichbare Gespenst der Anorganiker, das »Phlogiston«, schon längst aus ihrem Wortschatz verbannt worden war.

Wenn hingegen die Naturforscher an der Jahrhundertwende den Begriff *Biologie* prägten, so sprach daraus die Überzeugung, daß alle lebenden Organismen, ob Pflanze, Tier oder Mensch, gemeinsame Eigenschaften besitzen und also eine einheitliche »Wissenschaft vom Leben« über den getrennten Disziplinen Botanik, Zoologie und gegebenenfalls Anthropologie erforderten: ein wesentlicher Schritt nach vorn, der bedeutsames Neuland erschloß.

Mit dem Ziel der Aufdeckung eines »Schöpfungsplanes« tasteten

sich die Forscher, oft noch auf Irr- und Umwegen, an eine als vorgegeben betrachtete Ordnung der Natur heran. Sie suchten die
Lebewesen in eine Stufenleiter vom Niederen zum Höheren ein-
zuordnen und die Kriterien hierfür festzulegen. Andere sahen sie
als Variationen einiger weniger »Grundtypen« an. So Goethe, der
für die allgemeine Formwissenschaft den Begriff »Morphologie«
verwandte und anfänglich von der Hypothese einer Urpflanze
ausging, nach der er, auf Italienreise, in Sizilien sogar handgreiflich suchte. So auch der Anatom Georges de Cuvier (1769–1832),
der im Tierreich vier solcher Grundtypen unterschied und sein
Schema noch 1830 in einem aufsehenerregenden Streitgespräch
vor der Pariser Akademie gegen den Zoologen Geoffroy Saint-
Hilaire verteidigte, der einem einzigen gemeinsamen Bauplan den
Vorzug gab.

Am Ende geriet jedoch diese als vorgegeben gedachte Naturord-
nung selber in ein Kreuzfeuer des Zweifels. Der Entwicklungsge-
danke, der gleich einem roten Faden die Aufklärung durchzog
und mit der Revolution in die gesellschaftliche Realität übertrat,
fand nunmehr auch durch die Naturwissenschaften seine Bestätigung: Astronomie, Kosmogonie, Geologie und Paläontologie
zeigten, jede auf ihre Weise, daß auch Weltall und Erde eine
Geschichte aufwiesen. Eine *Allgemeine Naturgeschichte und
Theorie des Himmels* hatte Kant 1755 nur anonym zu veröffentli-
chen gewagt: »Sukzessive Fortsetzung der Schöpfung in aller
Unendlichkeit der Zeiten und Räume, durch unaufhörliche Bildung neuer Welten ... Allmählicher Verfall und Untergang des
Weltbaues ... Wiedererneuerung der verfallenen Natur.«

Der Königsberger Professor hatte mit seinen Ansichten über die
Geschichtlichkeit des Sonnensystems eine erste Bresche in die
noch weithin metaphysischen Naturkonzeptionen seiner Zeit
geschlagen. Laplace erntete 1796 mit seiner *Exposition du système
du monde*, die unter Mißachtung der biblischen Schöpfungsge-
schichte die Genesis unseres Planetensystems abhandelte, in seinen Hauptpositionen bereits die unverhohlene Zustimmung der
gelehrten Welt.

Daß die Erde selbst mit allem, was auf ihr lebte und webte, eine
Entwicklung durchlaufen haben mußte, zeigte eindringlich Buf-
fon, Intendant des Pariser Botanischen Gartens und von enzyklo-
pädischer Gelehrsamkeit, in den sechs Bänden seiner *Allgemeinen*

und Speziellen Naturgeschichte (1749–1788, von anderer Hand
1804 vollendet). Auf das Studium der Erdkruste gestützt, konnte
der Mineraloge Abraham Gottlieb Werner (1749–1817), Professor an der ersten aller Bergakademien, 1765 im sächsischen Frei-
berg gegründet, ein großangelegtes System der Erdgeschichte entwickeln. Er wurde zum »Vater der Geologie« als selbständiger
Wissenschaft.

Auch die Fossilien lieferten Beweise für die Evolutionstheorie.
Cuvier, von Napoleon wie nach ihm von den Bourbonen mit
hohen Staatsämtern bedacht und mit Ehren überhäuft, baute die
Paläontologie entscheidend aus. Man lernte, aus wenigen Kno-
chenresten auf ein ganzes urzeitliches Tier, das nie ein Mensch
erblickt hatte, rückzuschließen. In der Deutung scheiterte Cuvier
indessen. Er konnte sich die Sprünge in der Abfolge der Fossile
nur durch Erdkatastrophen – »Kataklysmen« – mit nachfolgen-
der teilweiser oder vollständiger Neuschaffung erklären. Näher
kam der Wahrheit Lamarck (1744–1829), der unter Zurückwei-
sung der Katastrophentheorie in seiner Entwicklungslehre auf
gleitende Übergänge zwischen den Fossilen aus verschiedenen
Erdzeitaltern durch evolutionäre Anpassung an veränderte Um-
weltbedingungen schloß.

So flogen denn die Eulen der Minerva nicht nach den Plänen und
Zeitplänen des Empire von Land zu Land. Seine Grenzpfähle
waren nicht ihre Grenzpfähle, seine Ambitionen nicht ihre Ambitionen, seine Taten und Untaten so verschieden von den ihrigen
wie sein Stil. Die beidseitige »Periodisierung« und deren Zäsuren
deckten sich nicht. Wie sollten sie das zwischen den unvermeidlichen Langfristen jeder exakten Wissenschaft und einem erzwun-
genen Kurzzeitprogramm der politischen Herrschaft des Degens!
Dennoch waren im Mutterland der Revolution ebenso wie bei
jenen, die es bekämpften, die Fortschritte in Kenntnis und
Erkenntnis der Natur als unaufhaltsame und unwiderlegbare
Bekräftigung einer bürgerlichen Weltaneignung aus der »Kaiserzeit« nicht wegzudenken.

Paris, Paris!

Landesväter wie Landesmütter frönten nicht ungern der noblen Passion, ihre Hauptstadt durch ansehnliche Gebäude zu verschönern, die kommenden Geschlechtern von ihnen künden sollten: ihrer würdige Domizile im Stile der Zeit samt dazugehörigen Marställen, Denkmäler für den Vorfahr und Kirchen zur Verehrung des Höchsten Wesens, dessen Stellvertretung auf Erden sie für sich beanspruchten. Auch Zweckbauten waren es, die von Fürsorge zeugen wollten; ob Spitäler, Theater oder Brücken. Manche Fürstlichkeiten suchten sich darin zu überbieten. Große Architekten nutzten die günstige Auftragslage zur Umsetzung ihres Talents in beseelten Stein.

Seltener befaßte sich der Gebieter mit Stadtplanung; am ehesten noch dort, wo die Residenz jungen Datums war wie St. Petersburg an der Newa, oder eine Kunstschöpfung gleich dem badischen Karlsruhe. Ein geruhsamer Flecken konnte im Gefolge von politischen Machtverschiebungen zur Großstadt heranwachsen und einen anhaltenden Zustrom erfahren, der die Anlage netter Wohngebiete nach dem Reißbrett erzwang wie die Berlinische Friedrichstadt. Vielerlei gab es dabei zu bedenken: Bauordnungen und die Erhaltung von Grünflächen, Wasserzufuhr und Kloake, Straßenpflasterung und -beleuchtung, für die um 1808 in England die Gaslaterne aufkam; nicht zuletzt die Aufbringung der Investitionsmittel und die Schaffung von Anreizen für potentielle Bauherren unter dem Adel und der Bürgerschaft.

Geschichtlich gewachsene Agglomerationen im Ausmaß von London oder Paris hingegen spotteten jeder durchgreifenden urbanistischen Bemühung. Es nimmt daher nicht wunder, wenn sich die Silhouette der Seine-Metropole von 1815 insgesamt nur unwesentlich von jener unterschied, die sich den Revolutionären 1789 dargeboten hatte.

Wohl erhöhte sich die Zahl ihrer Einwohner von weniger als

Die Allée des Orangers im Tuileriengarten. Kupferstich von Schwartz nach Müller, 1812

600 000 auf über 700 000 – ein Wachstum, das auch mehrere Orte in der Bannmeile auszeichnete.[56] Die traumhafte Vorstellung Napoleons von einer »großartigen Hauptstadt der Hauptstädte« aus klassizistischen Palästen und repräsentativen öffentlichen Gebäuden aber ging so wenig in Erfüllung wie die Grundvoraussetzung dafür: der »Große Frieden« französischer Couleur. So fehlte es immer am Geld und an der Zeit, nicht minder an der inneren Ruhe und Sammlung für eine Totalvision der Stadtplaner und die Schaffung von Baufreiheit. 1804 plagte Napoleon sogar einmal die merkwürdige Grille, seine Residenz nach Lyon zu verlegen, um seinem »zweiten Herrschaftsbereich« Italien näher zu sein; solche Reminiszenzen an Verhältnisse im römischen Gallien (dessen Verwaltungssitz Lugdunum zeitweilig gewesen war) verflogen indessen rasch.

Worauf der Kaiser hinauswollte, zeigten die von ihm in Auftrag gegebenen Objekte. Sie lagen nahezu sämtlich im besseren Mittelwesten von Paris, der noch nicht so dicht verbaut war wie das Gewirr des historischen Stadtkerns; schon gar nicht wurden dafür die plebejischen Faubourgs im Osten in Betracht gezogen. Die Madeleine-Kirche, bereits unter Ludwig XV. begonnen und während der Revolution vernachlässigt, sollte nach den Plänen Vignons zum säulenbewehrten »Tempel des Ruhms« stilisiert werden, wozu sie ihr erhöhter Standort vorauszubestimmen

Die Rue de Rivoli in Paris. Mit dem Bau dieser Straße, die an einen der frühen Siege Bonapartes erinnert, wurde 1805 begonnen. Lithographie, um 1830

schien. Percier und Fontaine errichteten dem Kaiser 1808 an der Place du Carrousel einen Triumphbogen, dem jedoch ein zweiter von Chalgrin, Blickfang der Prachtallee Champs-Elysées an der Place d'Étoile, von Rude geschmückt, als eines der Wahrzeichen von Paris den Rang ablaufen sollte. Eine Säule mit reliefierten Bronzeplatten auf der Place du Vendôme, auf welche Napoleons Standbild gehievt wurde, vollendete Gonduin 1810, und vor dem »Hôtel des Invalides« fand ein Löwe von San Marco in Venedig seine unerbetene neue Heimat.

Der Lustwandler, der sich im vorbildlich gehaltenen Tuileriengarten erfrischt hatte, mochte anschließend den Obelisk bestaunen, den der aufmerksame General Bonaparte den Parisern aus Ägypten zugeschickt hatte. Die Arkadengänge der neuangelegten Rue de Rivoli luden nach ausgiebigem Einkaufsbummel durch ihre Luxusboutiquen zum Verweilen in exquisiten Cafés und Konditoreien ein. Brücken über den Fluß (unter denen es auch zwei jüngsten Datums gab) wurden auf die Namen glorreicher Schlachtorte getauft, was den feurigen Marschall Blücher nach seinem Einmarsch in Paris zu dem Versuch veranlaßte, den aus seiner Sicht anstößigen Pont d'Jéna in die Luft zu sprengen.

Trieb den Fremden die Neugier, nach langer Abwesenheit das Sündenbabel seiner stürmischen Jugendtage wieder aufzusuchen, so konnte er auf seinem Streifzug durch die Stadt immerhin man-

Wer in der Maison de la Commune, dem ehemaligen Hôtel de Ville, das Zimmer sich zeigen lassen wollte, wo Robespierre erschossen ward und sein Bruder sich zum Fenster herausstürzte, täte einen vergeblichen Gang, denn das ganze Innere desselben ist verändert worden, seitdem man vor kurzem die Präfektur von Paris von der Place Vendôme nach diesem Gebäude hin verlegt hat.

PINKERTON: NEUE VERBESSERUNGEN

che Veränderung feststellen teils zum Guten, teils aber auch nicht. Zahlreiche Brunnen waren in vielen Stadtteilen gegraben und damit die Mühsale der Wasserholer erleichtert worden. Ein Kanal verband seit 1805 den Ourcq mit der Seine, um die Nordostviertel mit hinlänglichem Naß zu versehen. Auch für die Befestigung der Seine-Kais in der Stadtmitte wurde Beträchtliches getan.

Gelang es dem Wanderer[57], einen Blick hinter die Prunkfassaden zu werfen, mußte er – vielleicht mit Verwunderung – feststellen, daß aber auch über dem, was ganz gewöhnlicher Alltag schien, oft ein ordnungsbesessener Kaiser den Taktstock schwang, um Erinnerungen an die Revolution sachte aus dem Stadtbild zu löschen. Das Panthéon wurde 1806 in eine Kirche zurückverwandelt, die der Hofmaler Gros 1811 mit einer *Apotheose der heiligen Genoveva* zierte. Der düstere Große-Temple-Turm, letzte Lebensstation des sechzehnten Louis, diente bis 1808 als Staatsgefängnis, mit dem noch Toussaint L'Ouverture, Pichegru, Cadoudal und sogar Moreau Bekanntschaft machten; danach aber riß man ihn ab. Das Rathaus wurde restauriert und umgebaut, das heruntergekommene Erzbischöfliche Palais – einst ein Hauptquartier der militanten Sansculotterie – hingegen nur notdürftig geflickt, die »Terrasse des Feuillants« und das von scheuen Blicken gestreifte Jakobinerkloster in der Rue Saint-Honoré eingeebnet.

Der Residenzcharakter ging, wenn nicht gerade eine der großen Militärparaden abrollte, ein Sieg oder verheißungsvoller Friedensschluß mit Musik und Feuerwerk zu feiern war, in einer so großen und von Natur lebhaften Stadt ein wenig unter. Spürbar war er allenfalls in einem Teilabschnitt des Zentrums beiderseits der Seine, wo sich die Ministerien drängten. Für Betrieb sorgten der Hof in den Tuilerien, der Gesetzgebende Körper im Palais Bourbon am Flußufer und der Senat schon etwas abseits im Palais Luxembourg, während der Revolution Gefängnis, zu dem aber dafür ein ausgedehnter, sehr beliebter Park gehörte. Rathaus und Polizeipräfektur befanden sich im Umkreis, die Börse und die Bank von Frankreich, der Oberste Gerichtshof und Hôtel-Dieu, das größte unter den von Chaptal reformierten Spitälern Frankreichs. Auch Notre-Dame wäre hinzuzurechnen, weil das Te deum bei hochoffiziellen Anlässen in der mächtigen Kathedrale gesungen zu werden pflegte und nicht in der – nach späterer Maßstäben – unvergleichlich schöneren, aber viel zu kleinen Sainte-Chapelle. Man erspähte hierherum erklärlich viel Uniformierte – Militär, Beamte, bestellte Ordnungshüter zu Wagen, zu Pferde und, wer mußte, auf Schusters Rappen.

Ansonsten bestimmten unzählige Kram- und Bedienungsläden, Kleinwerkstätten, Schenken und Kaffeehäuser das Straßenbild. Auch die teuren Großrestaurants warben weniger durch glänzende Fassaden als durch die Reichhaltigkeit ihres Angebots aus Küche und Keller.

Draußen auf den meistenteils schmalen und winkligen Gassen, deren Sauberkeit sich in der Kaiserzeit nicht besserte, flutete es von morgens früh bis abends spät. Das Gewerbe stand wieder in Blüte. Die Kriegsbedürfnisse und die zeitweise weitgehende Abriegelung der verhaßten englischen Konkurrenz, der ungezügelte Konsumtrieb der Neureichen und ihrer Nachahmer, die locker sitzende Börse der Fremden und die Festigkeit des Franken sorgten für Aufträge. Gebaut wurde nach der langen Flaute der neunziger Jahre viel, und auch der Mittelstand beteiligte sich daran. Die Bürgersleute richteten sich neu ein, kleideten sich anders, wollten sich wieder schmücken und herausputzen: Wie sollten da für Maurermeister und Zimmerer, Tischler und Tapezierer, Schneider und Schuhmacher, Textilhersteller und -verkäufer, Waffen- und Goldschmiede, Weißnäherinnen und Putzmacherinnen, Verschönerungskünstler und so viele andere nicht erkleckliche Brocken vom Tisch des Kaiserreiches fallen?

Trotzdem hat sich das napoleonische Paris nicht zur »Industriestadt« entwickelt. Der handwerkliche Kleinbetrieb behauptete durchaus das Übergewicht. Er bestritt in der Hauptsache die vielen Luxus- und Modezweige, in denen die Stadt sich hervortat. Zu einem guten Teil war ihre Herstellung von »Pariser Artikeln« nicht weniger Fremdenindustrie als die vielen kleinen Pensionen und Herbergen, die *hôtels garnis*, in denen zugereiste wie zugewanderte Junggesellen trotz spärlichstem Mobiliar und Komfort oft als Dauermieter hängenblieben; die großen Gasthöfe blieben den bemittelten unter den Besuchern auf Zeit vorbehalten.

Streng überwachte die Fremdenpolizei das Absteigen von Reisenden. Durch ihr Netz konnte wohl so leicht keiner schlüpfen, hing doch von ihrer Gunst auch Gedeih oder Verderb der Wirte ab. Wer vom Hotel- oder Gasthofbetrieb unbelästigt sein wollte,

Der Fleck, wo der Versammlungsort der Jacobiner stand, ist jetzt in einen für das Quartier Saint-Honoré bestimmten Marktplatz verwandelt.
PINKERTON: BRUCHSTÜCKE

Alles ist hier Wohlduft, alles Geheimnis, alles Kleinod bei den Papierhändlern, die wir seit Entstehung des neuen Regimes sich setzen haben sehen.
MERCIER: PAPIERLÄDEN

Die Bonbons und Dragées von der feinsten Art, à l'ananas, à la rose, bijou und dergleichen, waren sehr viel feiner als die Berliner, und die Kästchen, Dosen und Schächtelchen, worinnen man dergleichen den Damen zu präsentieren pflegt, von großer Mannigfaltigkeit und Zierlichkeit. Die mitFruchtgelées gefüllten Confituren waren auch von großer Feinheit. Daß dabei Bonapartes Bildnis überall angebracht war, versteht sich von selbst ...

REICHARDT: VERTRAUTE BRIEFE AUS PARIS 1802 BIS 1803

konnte sich, bares Geld vorausgesetzt, bei längerem Aufenthalt in der Hauptstadt eine meist möblierte Wohnung auf Zeit mieten. Leerstehende Quartiere gab es genug, auch wenn es der übergroßen Mehrheit der städtischen Bevölkerung an billigem Wohnraum mangelte.

Expandierende Manufakturherren bevorzugten für ihre Etablissements die Provinz, wo die industriellen Standortverhältnisse zumeist günstiger und die Löhne – manchmal nicht unbeträchtlich – niedriger lagen. Ihre Interessen deckten sich mit jenen der Regierung, die kein Hehl daraus machte, daß sie eine übermäßige Ballung von Arbeitern in der Hauptstadt aus mehrfacher Ursache fürchtete und ihr entgegenzuwirken trachtete. Obwohl sich die Arbeiterschaft während der gesamten Kaiserzeit gegenüber dem herrschenden Regime in politischer Hinsicht ausgesprochen friedfertig, im geringsten Falle aber gleichgültig verhielt, wurde Napoleon seine Allergie gegenüber den *classes dangereuses*, den »gefährlichen Klassen«, nie los. Zu tief hafteten die revolutionären Massenszenen, deren Zeuge er 1789 und 1792 geworden war, in seinem Gedächtnis: Was gut war für den Leutnant, taugte noch lange nicht für den Kaiser. Hinzu traten praktische Überlegungen der Administration: Für Ruhe und Ordnung im hochgradig sensiblen Nervenzentrum Paris zu sorgen, verlangte nicht nur gezielte Instruktionen an die Polizei. Es bedeutete gleicherweise, hungrige Münder mit billigem Brot zu stopfen, Arbeitslosigkeit, wann immer sie auftrat, mit staatlichen Mitteln zu bekämpfen, der Ausbreitung von Seuchen zu wehren, deren Hauptherde die übervölkerten Keller und Dachspeicher der Elendsquartiere bildeten; also Einschränkung, nicht Anschwellung der Slums. In der Konsequenz blieb Paris vom Wald der Fabrikschlote einigermaßen verschont.

In eigener Person kümmerte sich der Kaiser um die Kulturbelange seiner Untertanen und insbesondere der anspruchsvollen Hauptstädter. Auch darin sollte möglichst wenig dem steuerlosen Zufall überlassen werden. Sogar die großen Gemäldeausstellungen, die alle zwei Jahre stattfanden, organisierte – damals ein Unikum – die Regierung.

Die Bedeutung der Massenmedien erkannte Napoleon sehr wohl und dürfte der erste gewesen sein, der eine systematische »Zeitungspolitik« betrieb. Das Recht auf Information wurde aner-

11 Madame
Récamier,
Gemälde von
François
Gérard, 1802
(Musée du
Petit-Palais,
Paris)

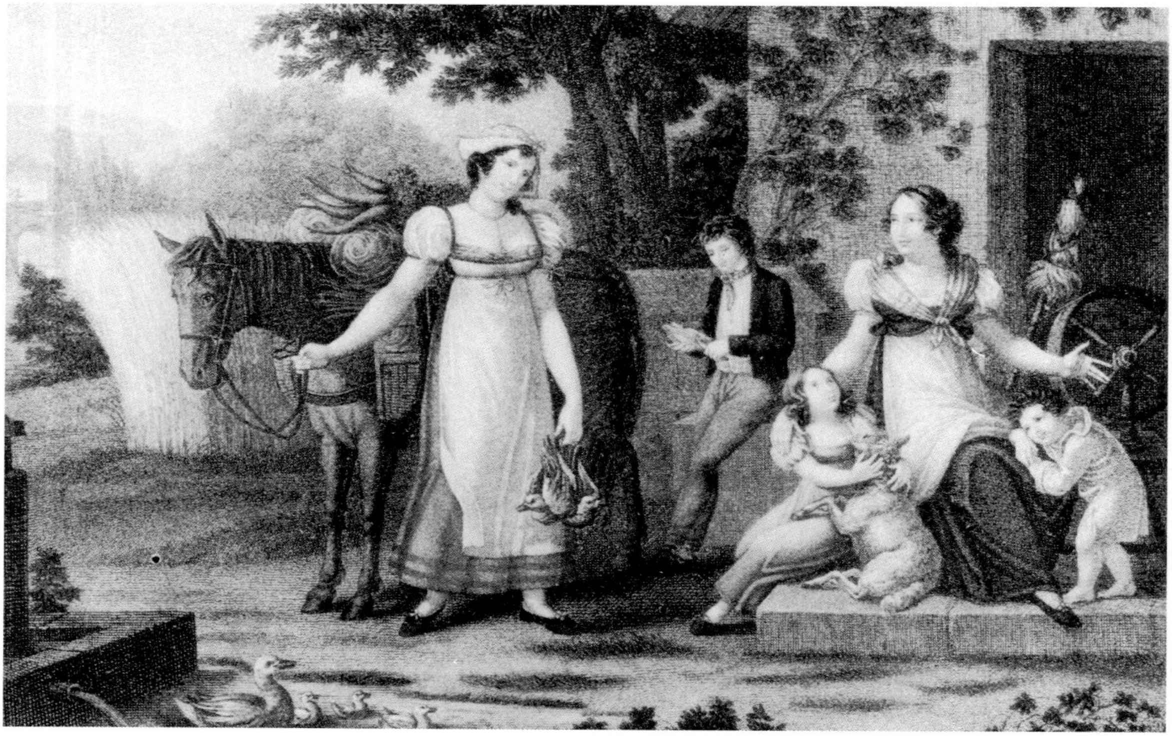

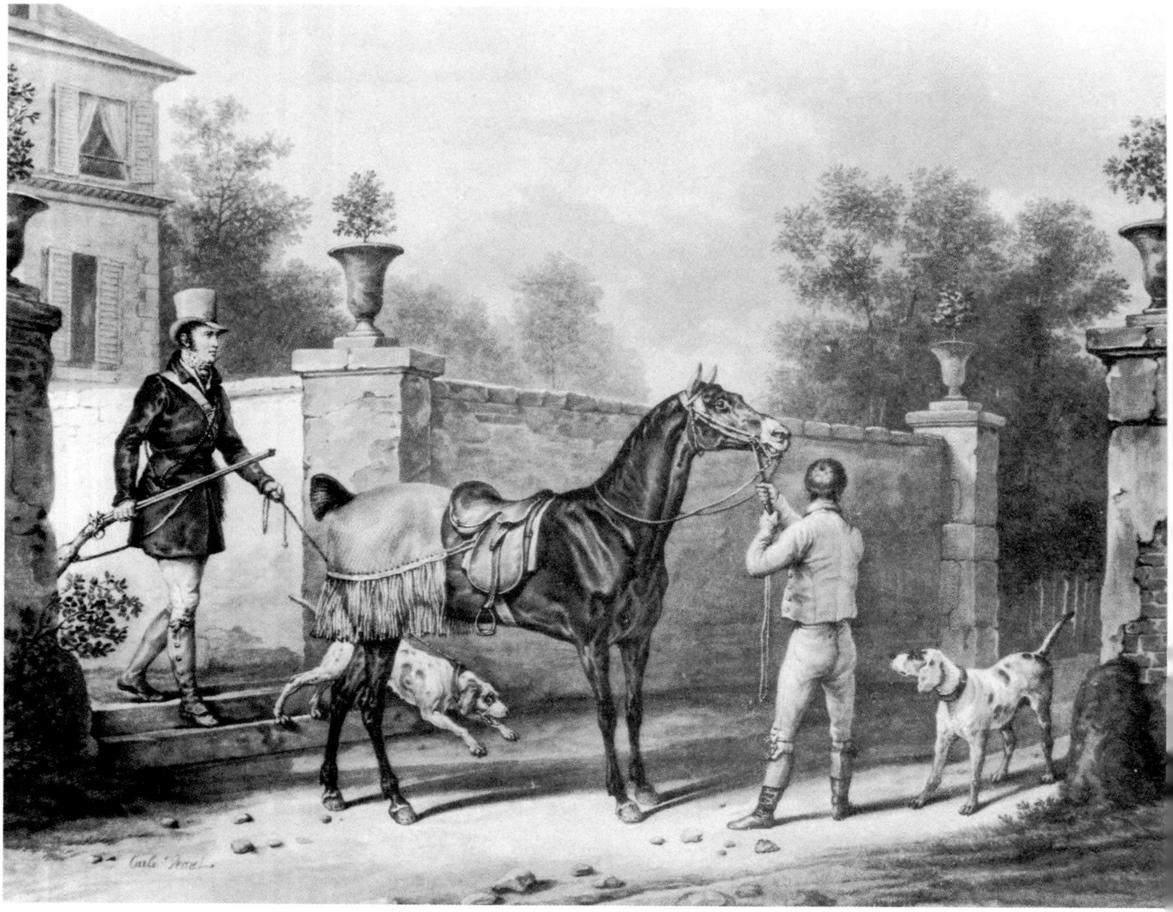

12 Aufbruch zum Markt. Farbstich von Duthé nach Blaisot (oben)

13 Aufbruch des Jägers. Aquatinta von Jean-Pierre Jazet nach Carle Vernet(unten)

14 Die Pariser Börse, errichtet ab 1808 nach Plänen von Brongniart. Kupferstich von Barrière d. Ä. (rechts oben)

15 Die Kornhallen in Paris, errichtet 1762–1765. Kupferstich von François-Louis Couché (rechts unten)

16 Travestie des »Schwurs der Horatier« von Jacques-Louis David. Der heroische Vorgang aus der römischen Geschichte, berühmtestes Exempel republikanischer Bürgertugend und kampfbereiter Einigkeit, ist hier in eine Tuchhandlung versetzt worden. Der Eid wird, statt auf ein Schwert, auf die Elle geleistet. Lithographie eines unbekannten Künstlers (unten)

17 Théodore Géricault: Jägeroffizier der Kaiserlichen Garde beim Angriff, 1812. Von Anfang an orientierte sich der junge Schüler des Klassizisten Guérin an der Kraft und Sinnlichkeit eines Rubens. Sein Reiteroffizier auf dem Schlachtfeld – der Anblick eines schönen Pferdes soll die Bildidee ausgelöst haben – bietet ein Furioso von Bewegung, Farbe und Licht. Dieses Bild wurde auf der Ausstellung von 1812 mit einer Goldmedaille ausgezeichnet. Zu Géricaults noch unbewußtem Programm gehörte die Beschäftigung mit zeitgenössischen Stoffen, während die Antike als Ausgangspunkt und Ziel wahrer Kunst galt. (Musée du Louvre, Paris)

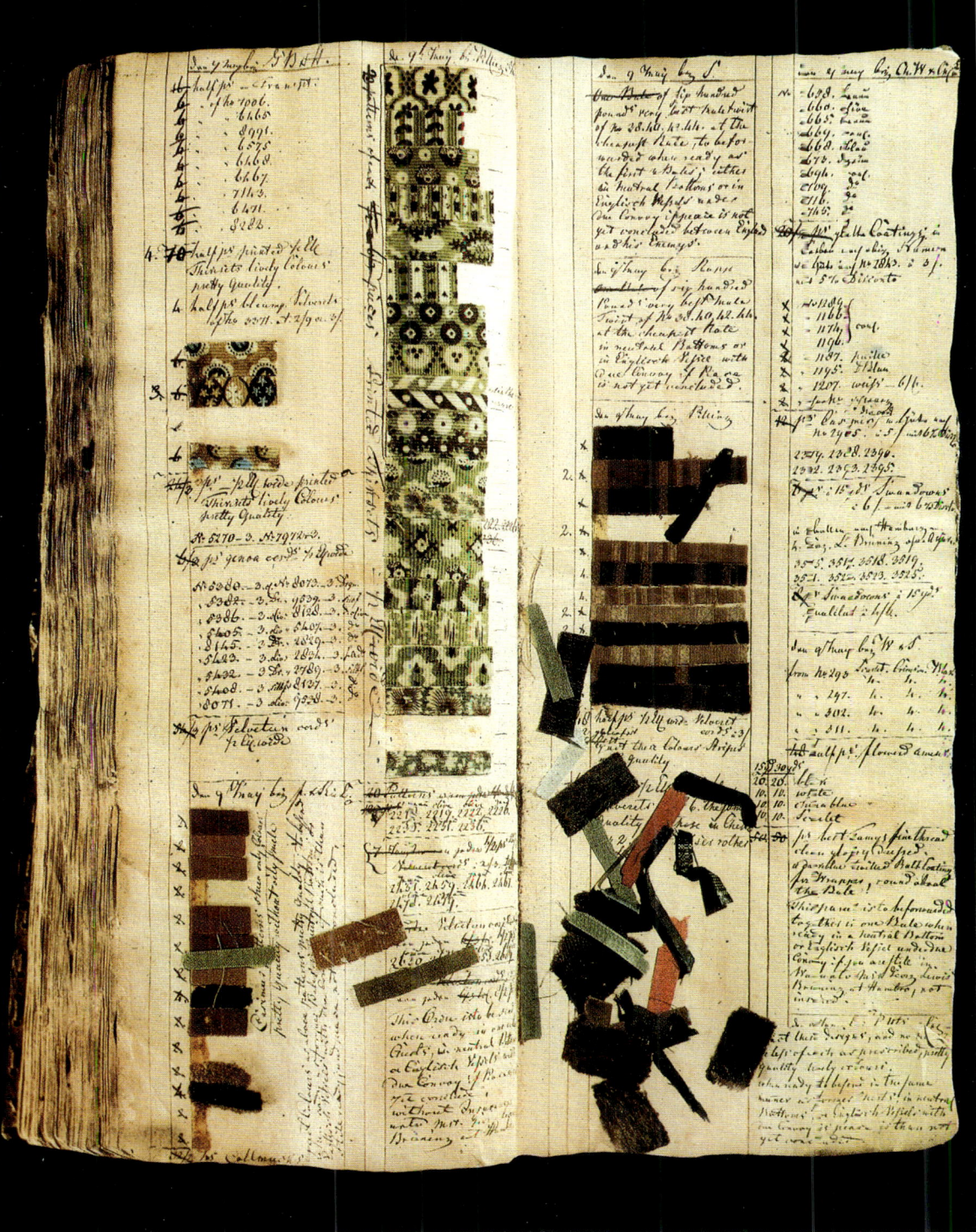

18 Bestellbuch eines unbekannten deutschen Textilkaufmanns (1787–1803). Die Eintragungen auf der aufgeschlagenen Doppelseite vom Mai 1801 lassen schon die Störungen im Handelsverkehr mit England erkennen. Die Tuchsendungen aus Manchester sollen, solange England mit Frankreich im Kriege steht, entweder mit neutralen Schiffen oder unter Begleitschutz transportiert werden. (Stadtgeschichtliches Museum Leipzig)

19 Inneres der als Remise für die Armee verwendeten Dominikanerkirche in Lyon. Lithographie von Jean-Baptiste Arnoult nach François Bellay de Lyon (links)

20 Die Steinbrüche des Montmartre. Lithographie, 1804 (unten)

21 Reisende Vertreter des neu eingeführten Impfverfahrens. Kolorierter Kupferstich von Depeuille, 1800 (oben)

22 »Schule für wechselseitigen Unterricht« in Metz. Zehn- bis elfjährige Kinder bringen Veteranen der Armee das Lesen bei. Lithographie von Jean-Henri Marlet, um 1810 (unten)

LA VACCINE EN VOYAGE.

23 »Mein wahrer Ruhm liegt nicht in den vierzig Schlachten, die ich gewann, denn die Niederlage von Waterloo wird die Erinnerung an ebensoviele Siege auslöschen. Was nicht zerstört werden wird, was ewig leben wird, ist mein Code civil.« Diese Sätze schrieb Napoleon in der Verbannung auf Sankt Helena. Tatsächlich blieben die unter seiner Herrschaft durchgeführten Rechtsreformen maßgeblich für die Entwicklung des französischen Zivil- und Strafrechts. Sie wurden darüber hinaus nicht nur zum Vorbild für die Zeitgenossen, sondern übten auch später noch erheblichen Einfluß auf die Rechtsetzung anderer Nationen aus. Abgebildet ist der Einband der Originalausgabe des Code Napoléon von 1804 (Bibliothèque Nationale, Paris)

kannt und sogar zur Pflicht erhoben. Es sollte nur auf die rechte lammfromme Weise geübt werden.

Um dem Volk »Verwirrung« zu ersparen, wurde die Anzahl der zugelassenen Blätter in Raten verringert. In Paris hatte von über 300 in den besten Tagen der Revolution ein rundes Drittel den 18. Brumaire überlebt. Danach wurden es weniger und weniger, bis der Kaiser herausfand, daß fünf den legitimen Bedürfnissen der Hauptstadt – und ein paar weitere der Provinz – vollauf Genüge täten.[58] Da in allen annähernd dasselbe zu stehen beziehungsweise nicht zu stehen hatte, war das nicht einmal ganz unrichtig; um so weniger, als der Pariser, davor ein leidenschaftlicher Zeitungsleser, auf Grund dieses Umstandes häufig auf die eintönige Pressemusik von Hofberichterstattern ganz verzichtete. Die Auflagenhöhe hinkte demzufolge hinter den garstig stachligen Blättern aus London, die er aber nicht halten durfte, weit zurück.

Für die Zeitungsleute wurde es ein hartes Brot, zumal den wenigen übriggebliebenen unlauterer Wettbewerb erwuchs: »Erster Journalist des Reiches« wurde Napoleon selbst. Er griff zur Feder, um im halbamtlichen *Moniteur* bestimmten Anlässen von Bedeutung seine maßgebliche Interpretation sogleich vorzugeben. Da sich aus ihr Orientierungspunkte für seine Absichten herausfinden ließen, manchmal darin auch versteckte Offerten enthalten waren, wurden die Leitartikel in allen Hauptstädten aufmerksam unter die Lupe genommen. Der Pariser hingegen, der auf den Lauf der Ereignisse ohnehin keinen Einfluß nehmen konnte, machte sich weniger daraus. Ein Indiz dafür: Außer unter Offiziellen, die über Winke von oben stets und rasch im Bilde sein wollten, setzte sich der *Moniteur* in der Hauptstadt lachhaft schlecht ab.

Bis ins letzte Dorf drangen hingegen, wenn im Krieg etwas los war, die gestochenen kaiserlichen Bulletins, als deren an seiner Handschrift erkennbarer, selten ehrlicher, jedoch sehr geschickter Verfasser ebenfalls oft Napoleon zeichnete; er war sich als sein eigener Propagandachef nicht zu schade. Präfekten und Unterpräfekten sorgten für ihre landesweite Verteilung, der Pfarrer verlas sie von der Kanzel, und der Maire ließ sie obendrein noch austrommeln. Der Pariser fand sie außer in der Presse auch als Maueranschlag vor. Sie waren von sozusagen suggestiver Allgegenwärtigkeit. Solange im Felde alles zum besten stand, erreichten

Zeitungshändler.
Lithographie
von Carle Vernet,
um 1820

sie ihren erzieherischen Zweck in Staatsbürgerkunde. Als dann allerdings die Zeit der Niederlagen kam, half darüber auch kein Bulletin im besten römischen Cäsarenstil hinweg.

Der Pariser lebte nicht von Brot und der kulturvolle Pariser nicht von Zeitung allein. Zuallererst brauchte er Luft, und die konnte die Regierung – glücklicherweise – wirklich nicht dosieren. Jeden, dem es im Gewühl der engen Gassen zu stickig und zu muffig wurde, trieb es nach eigener Lust und Liebe zur Freizeit ins Grüne, so bemessen letztere für viele Werktätige sein mochte. Die Wohlhabenden fuhren aus. Der Durchschnittspariser – falls es ihn in dem Gemisch von gebürtigen und zugewanderten je gab – ging zu Fuß oder mietete, wenn es hoch kam, eine Fahrgelegenheit.

Am Sonntag gehörte die Landpartie, die man mit Kind und Kegel in die Fluren der Umgebung unternahm, beinahe schon zum guten Ton. Waldluft wurde geatmet, auf der Wiese gespielt, die Einkehr nicht vergessen. Die Ausflügler bevorzugten die reizvolle Marne-Insel bei Charenton, die Weinberge von Menil-Montant und den nahe gelegenen Hügel Montmartre mit schöner Aussicht auf Paris und die Ebene von Saint-Denis: ein Fleckchen, dessen Reiz sich der Boheme damals noch nicht erschlossen hatten. Weiter bot sich Saint-Cloud an, dessen verwaistes Schloß erst Napoleon wieder prächtig hergerichtet und dessen Park er zur Besichtigung freigegeben hatte. Man konnte die Wälder im Tal von Montmorency erwandern, Meudon oder Sèvres aufsuchen, wo die Porzellanmanufaktur Tausende von Vasen, Schüsseln, Tellern und Tassen für die kaiserliche Tafel oder zu Staatsgeschenken verfertigte, teils aber auch zu mäßigem Preis als gediegenes Hausgeschirr zum täglichen Gebrauch lieferte. Im »Gotha« der Porzelliner rangierten die Muster von Sèvres gleich hinter denen von Meißen, die in Frankreich »porcelaine de Saxe« geheißen wurden. Wochentags mußte man mit einer abendlichen Promenade vorliebnehmen, die beim männlichen Geschlecht oft an der Theke des Stammlokals endete. Währenddessen machte sich die Pariserin – insonderheit, wenn sie noch nicht vergeben war – nach letzter Mode für den Bummel schön. Sie wollte nicht nur sehen, sondern gesehen werden; es fehlte nicht an jungen – oder auch weniger jungen – Männern auf Jagd nach einem galanten Abenteuer; manchmal wurde eine Hochzeit daraus. Am liebsten erging sich die Jugend – einschließlich der reiferen – auf jenen Ringstraßen, den

Spaziergänger in einem öffentlichen Garten. Lithographie von Jean-François Bosio, um 1800/1805

Boulevards, die die Stadt im Norden und Osten begrenzten. Sie waren nach Schleifung der befestigten Wälle angelegt worden, breit und meistenteils mit Bäumen bepflanzt, die den Bürgersteig von der Fahrbahn trennten. Fast zu allen Jahreszeiten ging es auf ihnen munter und zugleich geschäftig zu. Verkaufsbuden und fliegende Händler priesen ihre Waren an. Volksbelustigungen, die es in den meisten Stadtvierteln auf öffentlichen Plätzen gab, häuften sich hier. Auf ihnen produzierten sich Schausteller und Gaukler, Glücksspieler und Wahrsagerinnen, fahrendes Volk. Es wurde zum Tanz aufgespielt, und Bänkelsänger erfreuten die lauschende Menge mit ihren spritzigen, oft selbstimprovisierten Chansons.
Unter den Flanierern war die Anzahl der Fremden beträchtlich – Provinzler und Ausländer, die Paris ihre Reverenz erwiesen. Der Ausbau der gepflasterten Poststraßen, den Napoleon unter militärischen, wirtschaftlichen und verkehrstechnischen Gesichtspunkten vorantrieb, erleichterte den Entschluß zu einer Reise. Vierzehn solcher Reichsstraßen erster Ordnung (nach einem Dekret von 1811) liefen strahlenförmig auf Paris zu, darunter Fernstraßen aus Amsterdam, Hamburg, Mainz, Rom, Mailand und Bayonne. In der Haupstadt spien die ungefederten Kutschen Post, Fracht und durchgeschüttelte Passagiere aus.
Zu den dort gebotenen Überraschungen zählten neuerdings attraktive öffentliche Bäder. Vorhanden waren solche – vor allem

*Fluctuat nec
mergitur!*
WAPPENSPRUCH
DER STADT PARIS:
IHR SCHIFF KÄMPFT
MIT DEN WELLEN,
DOCH ES SINKT
NICHT!

»türkische« – seit langem in verschiedenen Teilen der Stadt. Jetzt aber genügten sie dem Ansturm der Badelustigen nicht mehr, und es entstanden neue, deren hauptsächlichste auf großen platten und bedeckten Fahrzeugen auf der Seine schwammen. Eine findige Unternehmergesellschaft hatte sie in treffender Einschätzung des langfristigen Pariser Badebooms (mitverursacht durch Rousseaus »Zurück zur Natur!«) monopolisiert. »Die Bains Vigier«, die besuchtesten darunter, bezeugte der Brite John Pinkerton, »bilden ein hölzernes Gebäude, ungefähr der Größe eines Kriegsschiffes von 140 Canonen, und sind in eine doppelte Abteilung gesondert. Sie enthalten 140 Badezimmerchen, die zu gewissen Tageszeiten, besonders von fünf Uhr morgens an bis neun so besetzt sind, daß man manchmal stundenlang warten muß, bis man sein genommenes Billet anzubringen Gelegenheit findet. Da die Aufwärter und Aufwärterinnen von den Badegästen bezahlt werden, so rechnet man, daß diese Bäder des Jahres nicht leicht weniger als fünfzigtausend Franken oder zehntausend Pfund Sterling ihren Unternehmern reinen Gewinst abwerfen.« Er vergaß nicht hinzuzufügen, daß »beide Geschlechter getrennt sind und auf das vollkommenste für den Anstand gesorgt ist. Man tritt in eine lange Galerie, auf die die Türen der Badezimmerchen ausgehen, die nach der auf der Seite für die Damen hin nur vermittelst einer kleinen viereckigen Glasscheibe die Aussicht haben, was indes dem Auge und der Neugier keinen weiteren Vorteil bringt, da die Schönen selten in der Galerie auf und ab zu spazieren pflegen.«

Über den Nutzen des Badens – und Schwimmens – waren die Meinungen bis hinauf in die Kreise der Ärzteschaft geteilt. Es war noch gar nicht so lange her, daß man die Berührung mit dem Wasser für gesundheitsschädlich hielt und deshalb sparsamsten Umgang mit ihm empfahl. Die verheerenden Auswirkungen solcher Wasserscheu auf das leibliche und seelische Wohlbefinden wurden nun von einigen eingeräumt; sie warnten jedoch, in eine gegenteilige Übertreibung zu verfallen.

Ging man morgens ins Bad, so abends ins Theater. Auch das war – allerdings aus anderer Ursache – nicht völlig problemlos; war es eigentlich nie. Bevormundet sind die Bühnen und ihre Stückeschreiber immer worden, vor und in der Revolution, nur auf unterschiedliche Weise. Auch das Kaiserreich wachte über die gute Sitte, so wie es sie verstand: keine Obszönitäten und keinerlei heikle Tagesfragen, keinen Jakobinismus und keinen Royalismus auf den Brettern, die die Welt bedeuten! Verherrlichung machte es nicht zur Bedingung. Diese war Zugabe von Kriechern. Für seine Schreibe kam kein Autor hinter Gitter wie unter vorausgegangenen Regierungen. Der Schauspieler genoß seine Aufnahme in die honorige bürgerliche Gesellschaft.

Der Pferdefuß des unersättlichen Ordnungstriebes: 1807 legte ein Dekret fest, daß Paris *acht* Theater wohl anstanden, keins mehr und keins weniger. Der Spielplan wurde für jedes einzelne genau festgesetzt: für die seit 1802 im Palais-Royal beheimatete *Comédie-Française*, über deren Organisation Napoleon noch 1812 – vom Moskauer Kreml aus! – ein wohlwollendes Dekret erließ; für das *Odéon*, die *Große* und die *Komische Oper* wie für das leichtere Genre, das die Variétés, die *Gaîté*, das *Vaudeville* und das *Ambigu-Comique* pflegten. Zweifellos hatte das auch sein Gutes. Dem häufigen Bankrott windiger Theatergründer, die ihre Darsteller und ihre Gläubiger um ihr gutes Geld betrogen, wurde vorgebeugt, während die Säle nun fast immer voll, wenn nicht ausverkauft waren. Trotz der oft schmalen literarischen Kost ging das große Publikum mit.[59] Unter den Aktricen besaß es seine Lieblinge, denen es – inbesondere in der Comédie-Française – über Jahre unentwegt die Treue hielt: vergötterten die einen Mademoiselle Georges, so die anderen mit gleicher Beharrlichkeit Mademoiselle Duchesnois.

Mehr noch als vom Sprechtheater fühlte sich die Menge vom Musiktheater angezogen, auf dem Sterne der Opernkunst glänzten: Spontini und Cherubini, Napoleons Favorit Païsiello – eine italienische Phalanx des Belcanto; dazu die Franzosen Méhul und Lesueur, Grétry und Dalayrac, deren Weisen straßauf, straßab geträllert und mitgepfiffen wurden. Auch um die Startänzer des Opernballetts – Vestris, Gardel und Duport – bildeten sich unter den Besuchern wahre »Zirkusparteien«.

Beschwingt und leichtlebig wie eh und je, voller Mutterwitz, in einem verträglichen Ebenmaß von Tugenden und Lastern seine eigene Legende pflegend und zugleich belächelnd, öffnete sich dies Paris gastfreundlich nach allen Seiten. Zugleich blieb es eine Ansammlung von hunderttausend biederen Familienburgen, in denen früh zu Bett gegangen wurde; die von Napoleon Notiz

nahmen und sich sodann ihren eigenen Angelegenheiten zuwendeten. War es mehr als nur Residenz, Verwaltungszentrum, größter Umschlagplatz und Jahrmarkt der Eitelkeiten?[60]
Zweifellos. Es hatte die Entscheidungsschlachten der Revolution durchgefochten. Auf seinem Boden war die Kaisermacht errichtet worden. Von hier strömten die Triebkräfte aus, die in Wohl und Wehe Frankreichs Zukunft formten. Weit nachdrücklicher, weit einheitlicher als je zuvor wurde von hier aus »herzlos« administriert, drückte sich die Unterordnung der Provinz unter die Metropole aus. Das napoleonische Regime hat das seinige dazu getan. Die Reserven der Nation indessen – und das verkannte es nicht – ruhten auf dem flachen Land, das eigener Mittelpunkte bedurfte. Das Präfektoralsystem diente – unter anderem gewiß – auch dem Zweck, die Départements lebensfähig und lebenswert zu erhalten. Es wachte darüber, daß deren Hauptorte materiell und geistig nicht verkümmerten. Dazu kam Napoleon die Idee, einen Teil der Kunstschätze, die er von seinen Feldzügen als »Trophäen« heimgebracht hatte und an denen sich die Pariser im Louvre ergötzten, in die Départementsstädte weiterzuleiten. Er selbst wählte geeignete Gemälde aus, die in unaufdringlicher Weise auch für den Kleinstädter und Landbewohner sichtbare Zeichen der kaiserlichen Erfolgsbilanz setzten. Illustrierte Werbung durch Gründung von Provinzialmuseen war die eine Seite, die indessen gleichzeitig in breiteren, bisher dafür nicht ansprechbaren Schichten Freude an der Kunst und Verständnis für sie weckten.
Geistiges Zentrum der Nation ist Paris desungeachtet geblieben; von seiner magnetischen Anziehungskraft büßte es keine Dezimale hinter dem Komma ein. Die Frage war, ob es sich aber auch über Frankreichs Grenzen hinaus als solches zu behaupten vermochte, so wie seine Tuilerien Hort und Horst der augenblicklich stärksten Machtballung auf Erden waren oder die Sammlungen im Louvre zum Mekka der bildenden Künste wurden. Die Pariser Buchdrucker konnten es als erste aus gutem Grund bestreiten. Ihre Gesamtzahl wurde durch Polizeiverordnung vom Jahre 1810 von fast 200 auf 60 Konzessionäre herabgesetzt, die den Eid zu leisten hatten, »niemals etwas zu drucken, was wider ihre Pflicht gegenüber dem Kaiser und gegen die Interessen des Staates verstößt« – eine lässige Manier, der Nachzensur die unerfreuliche

Arbeit zu erleichtern, doch gewißlich kein Anreiz, Philosophie
aus dem Boden zu stampfen oder Weltliteratur nach der Seine zu
ziehen.

Andere Pariser unterlagen der optischen Täuschung, sintemal
Liebeserklärungen an die Adresse ihrer Lutetia aus Ost und West,
aus Nord und Süd nicht verstummen wollten. Die Anziehungskraft, die von ihr ausging nach all ihren Taten und Untaten,
erlosch mit Napoleons Abgang nicht. Ihr Charme eroberte in der
Berührung 1814 sogar die Herzen der Eroberer. Allein ihr Name
schon tönte gleich einer Verheißung: Paris, Paris! Junge russische
Offiziere nahmen sie auf und verpflanzten sie in ihren Dekabri-
stenaufstand hinein, der 1825 einem folgenträchtigen Turnus von
Revolutionen in ihrem großen fernen Land präludieren sollte ...

Der Modeteufel

Selten leistete sich die Mode in vergangener Zeit so heftige Brünge und Sprünge, einen so raschen Wechsel von Suchen und Verwerfen, wie in dem Jahrzehnt, mit dem sich das 18. Jahrhundert verabschiedete. Die Führungskräfte der Revolution waren und blieben bemüht, weithin sichtbar »das Hemd zu wechseln«, andererseits jedoch einen Rückfall in Traditionen der ständischen Kleiderordnungen zu meiden.

Begonnen hatte die Auseinandersetzung sogleich im Frühjahr 1789 mit der scheinbar nichtigen Querele beim Zusammentritt der Generalstände um das anzulegende Kostüm. Das vorgeschriebene einfache schwarze Tuch, das die Vertreter des Dritten Standes von den farbenprächtig herausgeputzten Privilegierten abheben und an ihren geringeren Rang gemahnen sollte, wurde sehr bald zum Ehrenkleid der bürgerlichen Revolutionäre. Hitzige Debatten in Nationalversammlung und Presse für oder gegen eine einheitliche Nationaltracht zeigten, wie ernst Toilettenfragen sodann im Zeichen der Freiheit und Gleichheit genommen wurden und welche Erregung in diesen Jahren so manchen französischen Patrioten erfaßte, wenn schon das Tragen der Culottes, der Kniehosen des Ancien régime, in gravierenden Fällen als hinreichend für eine Anklage beim Revolutionstribunal galt. Nur aus dem Haß auf alle feudalen Kleiderzwänge ist jener egalitäre Fanatismus zu verstehen, der den großen David und ihm gleichgesinnte Künstler bewog, ein fränkisches Nationalkostüm zu entwerfen und auf Volksfesten Revolutionstrachten durch Schauspieler-Mannequins zu kreieren. Wie gering allerdings der Erfolg solcher und anderer Bemühungen blieb, der Mode zu befehlen, zeigte allein schon die handgreifliche Abwehrschlacht der Pariser Marktfrauen, als ihnen 1793 unduldsame und gar behoste Geschlechtsgenossinnen der *Gesellschaft revolutionärer Republikanerinnen* die rote Mütze als verbindlichen Kopfschmuck aufzwingen wollten.

Mit dem Todesurteil über Hof und höfische Etikette, begleitet
von einem republikanischen Herstellungsverbot für luxuriöses
Modebeiwerk, schien Paris, dessen erstes Modejournal 1785
erschienen war[61], seinen Weltruf als Modezentrum einzubüßen.
Der bis dahin vergleichsweise bescheiden anmutende englische
Hof rückte dadurch in der Modeführung unversehens an die Spit-
ze. Der gesamte europäische Hochadel blickte nunmehr zum
Palast von St. James auf. Doch im Gegenzug verstärkte sich bei
Befürwortern der bürgerlichen Umwälzung eine Vorliebe für die
freiere französische Art, sich zu kleiden. Die Abschaffung der
Kleiderordnungen wurde zu einem festen Punkt im Kampfpro-
gramm der freiheitlichen Kräfte Europas wider die äußeren Scha-
len feudalen Privilegs. Mit Tituskopf und in französischem
Gewande wurde Bürgerstolz vorgeführt, während die Höfe in
Petersburg, Wien, Berlin, Dresden, München und anderswo mit
wiederherausgesuchten, längst verstaubten Edikten darauf dräng-
ten, wenigstens die alte Fassade aufzumöbeln. »Es ist weltkun-
dig«, heißt es aber – noch 1822 – in der *Allgemeinen deutschen
Real-Enzyklopädie für die gebildeten Stände*, »daß man unter
allen Zonen den Befehlen der Londoner Schneider mit eben der
Bereitwilligkeit gehorsamt, mit welcher man die Vorschriften der
Pariser Putzmacherinnen befolgt. Beide befinden sich im Besitz
der Herrschaft der Welt, und teilen sie gewissermaßen in zwei
Hälften.«
Treffender ließ sich die angebahnte und schließlich durchgesetzte
»internationale Arbeitsteilung« an der Spitze des Metiers nicht
umreißen. Beide Modeorakel reflektierten auf unterschiedliche
Weise den Siegeszug einer gesellschaftlichen Neuordnung, die
auch grotesker Verrenkungen nicht entbehrte. Die bürgerliche
Mode mußte durch karikatureske Experimente hindurch, bevor
die heftigen Pendelausschläge zu einem normalen Rhythmus fanden.
Bereits in den letzten Revolutionsjahren hatten sich Überspannte
wie Mitläufer an Revolutionssymbolen wie der blauweißroten
Riesenkokarde, der kurzen Jacke zum röhrenhaften langen Bein-
kleid der Sansculotten, den Holzpantinen und der phrygischen
Freiheitsmütze oft mehr aus Snobismus, Angeberei oder Verstel-
lung berauscht als aus echter Anteilnahme und dem ungespielten
Drang nach öffentlicher Herauskehrung revolutionärer Gesin-

*Wenn es eine
Musikmanie,
eine Tanzmanie
gibt, so gibt es
auch eine
Uhrenmanie.
Man trägt sie in
Ringen, und
diese Embryo-
kleinode zeigen
sogar richtig die
Zeit an. Noch
nicht genug das!
Die Damen von
hohem Fluge
tragen sie am
Halse als
Geschmeide.*
Louis Sébastien
Mercier:
Antikenmanie in
den Möbeln

nung. Léonard Bourdon gefiel sich zum Ärger des unverändert
nach Väterart sorgfältig gekleideten Pedanten Robespierre darin,
im Konvent zum Zeichen seiner Forschheit den Hut aufzubehal-
ten. Erst nach dem Thermidorumsturz setzten jedoch die *Mer-
veilleusen* – die Wunderbaren – und die *Incroyables* – die Un-
glaublichen der »Goldenen Jugend« dem Modespektakel im
Antiklimax zur »Schreckensherrschaft« die Krone auf: Man
knöpfte Jacken und Westen schief, kleidete sich bewußt liederlich,
zog zu weite Stiefel an, blähte sich mit überdimensionierten Hals-
tüchern kropfähnlich auf und benamste das Ganze wiedergewon-
nene Freiheit. Ein Knüppel, der bisweilen auf Jakobiner- und
Sansculottenrücken niedersauste, ersetzte den Zierdegen des
edlen Nichtstuers.

Der endlich im Sattel sitzende Bourgeois sonderte sich mit extra-
vaganten Stoffen und Schnitten ebenso von der »grauen Masse«
ab, wie vordem der glitzernde Hofstaat von der »Kanaille«. Auch
Emporkömmlingen an der Seine wurde die Londoner Hofgesellschaft zum Inbegriff der Eleganz. Wahr ist, daß sich die Briten von
überspitztem Kleiderreglement längst getrennt hatten und bei der
Einhüllung ihres Körpers zu funktionsgerechteren Formen vor-
angeschritten waren. Bereits von bürgerlichem Erwerbssinn
gezeichnet, bevorzugten sie unter dem Einfluß von Puritanismus
und Quäkertum Zurückhaltung und Gediegenheit, die in gedeck-
ten Farbtönen, in Qualitätstuchen und hervorragender Verarbeitung bestand. Die »robe à l'anglaise« demokratisierte für das
Auge die Mode, ohne sich dem Verdacht »pöbelhafter« Gleich-
macherei auszusetzen. Alte Klassenvorrechte des Adels verflüch-
tigten sich, aber nur, um ihren Platz einer Hierarchie des Geldes
zu räumen, in der sinnlose Verschwendung und Protzentum
gegen gesundes Geschäftsgebaren verstießen. Der *Gentleman* zog
mitnichten alles an, was er sich leisten konnte: Mehr zu sein als zu
scheinen, erhöhte seine Kreditwürdigkeit.

In Frankreich verschwand die »genormte« Revolutionstracht als
Alibi der Volksverbundenheit endgültig, als nach dem Brumaire
die Konsuln und andere hohe Staatsbeamte zusamt den zahlreichen in die Vertretungskörperschaften gewählten – oder vielmehr
ernannten – Vätern und Stiefvätern des Vaterlandes in Festgewän-
der schlüpften, die sie der römischen Antike absahen: eine Ver-
kleidungsposse, die 1804 im Paukenschlag der Kaiserkrönung

*Zwei Blätter
aus der Serie
»Incroyables«.
Kolorierte
Kupferstiche von
Georges-Jacques
Gatine nach
Zeichnungen von
Carle Vernet,
1810*

gipfelte. Meister ihres Fachs nähten: Leroy für Napoleon, Madame Raimbaud für Josephine. Erlesenste Stoffe und Stickereien bekundeten neureiches »Wir haben's ja« zuerst durch die höchsten Repräsentanten der Kaiserära, gewissermaßen als soziale Modevorführung der glücklichen Sieger, noch sehr gespreizt im Umgang mit der frisch errungenen Macht. Die Kostüme der Römischen Republik, die schon der Konvent in Schwung gebracht und das Direktorium phantasievoll weiterentwickelt hatte, wechselten mit der Szene zu jenen des augusteischen Prinzipats, bereichert um die goldenen Bienen, die ein nicht sonderlich gut beratener Napoleon der altfränkischen Symbolik der Merowinger entlehnte.

Die Damen der Notabeln, ab 1808 des kaiserlichen Neuadels, verfeinerten den Wechsel der politischen Ereigniskulisse durch Anpassung auf ihre Art. Die allerreichsten hielten sich dafür persönliche Schneiderinnen, nachdem Josephine mit Mademoiselle Minetti den Anfang gemacht hatte. Das »griechische« Hemdkleid mit extrem hoher Taille und wiederbelebter Schleppe wurde zu einer so zarten Körperbedeckung, daß sie sich ausschließlich für den Aufenthalt im Salon oder zur Pose vor der Staffelei eignete. Dünne Chemisekleider erreichten unter Verzicht auf herkömmli-

*Das National-
kostüm der
Menschheit ist
die Nacktheit.*
JEAN PAUL

che, aber jetzt störende Dessous eine Durchsichtigkeit, die im
Volksmund als »Nacktmode« bezeichnet wurde. »Seide wurde
erfunden, damit die Frauen nackt in Kleidern gehen können«, wie
ein arabisches Sprichwort sagt.

Die Damen der besten Gesellschaft, von zweifelhaften Geschöpfen zu schweigen, verschmähten oft sogar Unterröcke und
Mäntel, was bei winterlichen Temperaturen einer Entscheidung
wider die Natur gleichkam und damit einer völligen Trennung
von der Kleidung der schlichteren Bürgersfrau. Um Bonmots nie
verlegen, sprach man statt von »gut angezogen« von »gut ausge-
zogen«. Als artiges Gesellschaftsspiel bürgerte sich bald das Ab-
wiegen der Kledage einer Dame von Welt ein: Mehr als 16 Lot –
ein reichliches halbes Pfund – durfte ihr Gewicht einschließlich
Schuhe und Schmuck nicht betragen, den Rekord soll die reizen-
de Gattin des Schweizer Heereslieferanten Hamelin gehalten
haben, die sich im Tuileriengarten mit nur einem Gazeschleier
angetan erging, bis sie zudringliche Gaffer von der Bildfläche
trieben. Unschlagbar blieben natürlich Balletteusen, die es sich
in unlauterem Wettbewerb erlauben durften, gleich Mademoiselle Saulnier als Venus im *Urteil des Paris* ganz hüllenlos aufzu-
treten.

Sozusagen als Mantelersatz diente der lange Kaschmirschal, der
von London aus um 1800 die Herzen der Damenwelt des Festlan-
des eroberte. Sie »trugen« ihn nicht, sondern »drapierten« sich
mit ihm, ihn »à l'Iphigénie platt über die Frisur hängend«.[62]
Madame Gardel erteilte darin regelrechten Unterricht, und kaufen konnte man ihn am besten bei Corbin in der Rue de Richelieu.
Obwohl Napoleon den Import aus England mit Strafen belegte,
blieb er damit nicht nur bei Josephine erfolglos, die mehr als 300
Stück davon besaß, keines unter 15 000 Francs (gleich dem Jahres-
einkommen eines hohen Beamten). Auch daß Majestät den einen
oder anderen im ersten Wutanfall zerschnitten haben sollen, schuf
keine Abhilfe. Etwas entlastet wurde die französische Zahlungs-
bilanz erst, als sich 1812, von Wien kommend, der quadratische
»Türkenschal« die Gunst der modebewußten Schönen und damit
den Markt zuzuwenden wußte. Auch das lange verpönte Acces-
soire des Ancien régime kam wieder zu Ehren. Die mit flüssigen
Duftstoffen gefüllten »Riechäpfel« zwar gerieten außer Gebrauch. Die geradezu nach alchimistischen Geheimrezepten

gemischten Parfüms wurden statt dessen in Fläschchen aus Glas oder Metall gefüllt, die man mit Stickereien oder Metallkörbchen einfaßte. Größter Beliebtheit erfreuten sich Essenzen aus Moschus, Ambra, Myrrhen, Rosen, Iris und Veilchen, aber auch aus Nägelein, Zimt, Zitronen, Rosmarin, Majoran und Anis. Das Monopol der Pariser Hersteller auf die gefragtesten Wohlgerüche blieb ungebrochen.

Es blitzte nur so von edelsteinbesetzten Kämmen, Nadeln, Spangen, Diademen und anderem Schmuck. Antik gestaltet oder sogar original antik, von den Männern als Kriegsbeute herbeigeschafft, wurde er nicht selten in schon peinlicher Häufung angelegt: Bänder und Reifen um Hände und Füße, Ringe an Fingern und Zehen, Ketten sechs- bis siebenmal um den Hals geschlungen, Ohrringe und Pendeloques. Anläßlich seiner Krönung zum »König von Italien« in Mailand (1805) ließ Napoleon, der für seine Person mit der historischen »Eisernen Krone« der Lombarden vorlieb nahm, für seine Gattin 82 antike Gemmen mit 2275 Perlen vom Juwelier Nitot zu einem Schmuck verarbeiten, der aus einem Diadem, einem Kamm, einem Halsband, Ohrringen und zwei Armbändern bestand; er soll allein vom Gewicht her nicht tragbar gewesen sein.

Puffe und Muffe, Rüschen und Spitzen – darunter die unvergleichlichen aus Alençon, Chantilly und natürlich die spinnwebfeinen aus Brüssel (aus welchen der Betzhimmel de Madame Récamier bestand), signalisierten den Auslauf der letzten Beschränkungen, die eine spartanische Tugendauffassung der ungalanten Jakobiner dekretiert hatte. Die römische Sandale wurde gegen einen absatzlosen Slipper eingetauscht. Die Nivellierung der Tanzsitten – statt Menuett auf der einen und Ländler auf der anderen Seite jetzt da wie dort Walzer – erforderte einen leichten, aber festsitzenden Schuh. Im Kreuzbandschuh der Tänzerinnen hat er sich in seiner damalige Gestalt bis heute erhalten.

Bei den Herren der Schöpfung ging eine Veränderung vor sich. Noch 1803 witzelte ein deutscher Autor[63] aus Paris: »Es wimmelt von Engländern hier, die durchaus Pariser Stutzern ähnlich sein wollen. Nichts ist hundibrastischer als ein nervichter Brite, wenn ihn sein Schneider französisch aufgezäumt hat, er sich bäumt und sträubt in ungewohntem Zeuge, wie ein ungebroche-

La cravate,
c'est l'homme.
BALZAC

nes Pferd im Schlittengeschirre.« Gar bald aber drehten die Söhne Albions den Spieß um, und es war insbesondere einer, der sich mit spielerischer Leichtigkeit zum unangefochtenen *Arbiter elegantiarum* aufschwang: der »Dandy« George Bryan Brummell (1778–1840), genannt Beau Brummell, Freund des Prince of Wales und Vertrauter bei dessen Streichen. Zwar kam der Tag, an dem sie sich überwarfen, und jener noch schwärzere, an dem Beau Brummell – 1816 – vor seinen Gläubigern nach Calais flüchten und sich – bis zu seinem Tod in einem Armenasyl der Normandie – mühsam durchschlagen mußte. In den »Kaiserjahren« jedoch feierten ihn die französischen Modebeflissenen als ihr Idol. In »Dandyclubs« rivalisierten sie eifersüchtelnd um feinste Nuancen im Sitz der Halsbinde und andere schicke Details der Aufmachung.

Diese glich zwar nicht mehr der papageienartigen Gewandung des französischen Altadels. Sie war dezenter, unauffälliger. Sie wartete jedoch mit durchaus vergleichbaren Extravaganzen auf, und länger als drei Wochen trug ein Dandy, der auf sich hielt, seine Kleider nicht. Bemerkliche Güte des Materials und akkurater Sitz wurden auch in Frankreich die Insignien bürgerlicher »Modedemokratie«: Jeder durfte sich so kleiden, wie er wollte, ohne es zu können. Man erkannte seinesgleichen auch ohne Kleiderordnung – am »Preisschild« und am Schneider. Röcke besorgte man sich bei Catin, Beinkleider von Acerby, die üppigen Westen von Thomassin – letztere mit einem Zugeständnis an die »gute« alte Zeit. Sie waren aus Samt und Seide, mit Grazie bestickt. Zur Wiedereinführung der aristokratischen Kniehosen und der dazugehörigen wadenzierenden weißen Strümpfe hatte Napoleon selber – zum Kummer der Dünnbeinigen – das Startzeichen gegeben, weil ihm solches zu einem properen Hof zu gehören schien. Damit schwamm er aber auf lange Distanz wider die Zeit.

Um gutsitzende Handschuhe zu haben, wurde von Beau Brummell berichtet, er habe die Hand, die Finger und den Daumen bei drei verschiedenen Firmen extra anfertigen lassen. Der Verschleiß war enorm: Ein Gentleman wechselte sie bis zu fünfmal am Tag. Kein Wunder, daß es der Kaiser, der auf Schonung seiner zierlichen Hand bedacht war und deshalb ganz weiches Leder oder Stoff bevorzugte, beispielsweise 1806 auf fast 300 Paar brachte. Ihm allerdings war nicht nur ein Sieg, sondern auch ein Handschuh immer zu irgend etwas gut: Streifte er ihn in der Schlacht ab, so gab er damit das Zeichen zum Angriff.

Die Seele des Mannes verkörperte sich in der Krawatte. Sie wurde gewissermaßen die »Achse« der Herrenkleidung. Die vielfältigen Varianten, in denen man sie binden konnte, standen stellvertretend für Gemütsstimmung und Charakter. Den letzten Schrei holte man sich jeweils aus der Unterweisung durch Monsieur Demarelli. Das gute Stück mußte blütenweiß erstrahlen und wurde ebenfalls täglich mehrmals gewechselt. Daraus entwickelte sich ein – an sich begrüßenswerter – Wäschekult und Reinlichkeitstrieb.

Ging der Kavalier aus, trug er im Kaiserreich nicht mehr den Knotenstock, der höchstens noch Freimaurern als geheimes Erkennungszeichen diente, indem sie das dickere Ende in einer verabredeten Weise hoben oder senkten. Der übliche Spazierstock war schlanker und schöner, oft mit Schildpatt verziert; Napoleon besaß sogar einen, in den eine Spieluhr eingebaut war. Für den Salonbesuch wurde er gegen ein Abendstöckchen vertauscht, das man spielerisch durch die Finger gleiten ließ.

Die Schnupfdose bestand häufig aus Gold; von Napoleon zum Zeichen seiner Huld verschenkte waren oft mit Brillanten reich besetzt. Als Herrenschmuck galten außer dem Ring am Finger ausschließlich die Krawattennadel, gegebenenfalls die Agraffe am Hut und eine Taschenuhr als zulässig. Glücklich durfte sich preisen, wer eine echte »Breguet« besaß oder erwarb. Denn die Berühmtheit des Feinmechanikers, nach dessen Tod die Vorherrschaft im Chronometerbau unwiderruflich an die emsigen Schweizer im Jura verlorenging, hatte auch ihre Schattenseite: Schon zu Abraham Louis Breguets Lebzeiten (1747–1823) überschritt die Zahl der unter seinem Namen herausgebrachten Nachahmungen beträchtlich des Meisters handgefertigte Wunderwerke an technischer Konzeption, sauberer handwerklicher Fertigung und schlichter Harmonie der Gesamtansicht; sie hatten ihren Anteil daran, daß die Rubine und ab 1800 allmählich die Sekundenzeiger eingeführt wurden.

Der Kleinbürger kleidete sich – mit entsprechenden Kostenabstrichen bei der Anschaffung – nach dem Bilde des Bourgeois. Nicht selten trug er die von Reichen ausrangierten und beim

Schneidermeister in Zahlung gegebenen Sachen. Zur Standard-
ausstattung gehörten über der Unterwäsche lange Pantalons mit
Hosenträgern, die farbige Weste, auch Gilet genannt, der kurze
englische Frack als Leibrock in verschiedenen Ausführungen und
Farben, am liebsten Braun, Grün und Blau (»bleu foncé«),
schließlich die Redingote – ein frackähnlicher Gehrock – dazu der
Carrick, ein capeartiger Umhang für unfreundliches Wetter, der
als »Blüchermantel« unter den Kutschern vieler Nationen noch
eine ausgedehnte Existenz – fast als »Dienstkleidung« – fristen
wird. Als Kopfbedeckung dienten der Zwei- oder Dreispitz und
zunehmend die Angströhre: der Zylinder; den Tschako nahmen
viele Damen in Beschlag. Als Fußbekleidung bevorzugte der
Mann pumpsartige Schuhe, Escarpins geheißen, oder in Anlehnung an das schneidige Militär die immer beliebter werdenden
Stiefel mit und ohne Stulpen. Ungern wurde dagegen beim Zivil
der Schnauzbart des napoleonischen Grognards gesehen; man ließ
sich lange, volle Koteletten stehen, die »Favoris«, und rasierte den
Rest.

Die Masse des Volkes wurde von alledem herzlich wenig berührt.
Sie trug ihre Arbeitskleidung wie eh und je. An ihr glitt das Kaiserreich fürwahr als »Episode« vorüber. Die Kleider vererbten
sich von Generation zu Generation, bei der Dorfbevölkerung vor
allem streng geschieden in eine Alltags- und eine Feiertagsklei-
dung. Je nach dem Geldbeutel wurde der »Sonntagsstaat« ausstaf-
fiert, ohne die Tradition der im 18. Jahrhundert entstandenen
Landschaftstrachten zu durchbrechen. Der Landmann legte ihn
als Schaustück bei Festlichkeiten oder zum Kirchgang an und gab
ihn an den Hoferben weiter. Zur Arbeit wurden billige Leinen-
oder Wollstoffe so lange getragen, bis sie buchstäblich »vom
Leibe« fielen. Ihre Herstellung und Verarbeitung erfolgte weitgehend innerhalb der Familie beim »Hausschneider«. Form- und
Farbgebung blieben über viele Jahrzehnte fast unverändert. Hingegen ließen Länge und Härte der napoleonischen Kriege die
Mode nicht ungeschoren.[64] Der Armee wurde eine immer um-
fangreichere Kollektion von Uniformen angeboten, und auch die
Beamtenschaft war ja bekanntlich vom Kaiser angewiesen, sich
uniformiert zu präsentieren, je nach Stellung und Dienstrang. Es
verschwanden aber mit der Zeit die gar zu unpraktischen Spiele-
reien mit griechisch-römischem »Erbe«. Dafür bürgerte sich der

Caricatures Parisiennes.

Le Goût du Jour. N° 44.
Les Mélomanes ambulants.

Reisende
Musikfreunde.
Kolorierter
Kupferstich von
Pierre Martinet

weder antike noch heroische schwarze Regenschirm für Herren
ein, der das Vorrecht der Dame auf Schutz vor Sonne und Wetter-
unbilden mittels ihres entzückenden kleinen »Parasols« durch-
brach. Terrain eroberte sich der Pelz für Handschuhe, Muffe und
als Besatz. Die ersten wirklichen Pelzmäntel tauchten jedoch erst
1808, aus Rußland kommend, in Paris auf und fanden Nachahmung. Die Einfuhr von englischer oder von England gehandelter
Überseeware wurde generell verboten. Als Kampfmaßnahme
gegen den frontal unangreifbaren Gegner verordnete Napoleon in
seinem weiten europäischen Einflußbereich die ausschließliche
Verwendung von Stoffen französischer Herstellung. Arbeiter und
Handwerker trugen jetzt häufig abgelegte Militärkleidung, weil
sie aus strapazierfähigerem Material bestand. In Deutschland ent-
faltete sich unter dem Eindruck der Kriegsverhältnisse bei den
Vaterlandsschwärmern und insbesondere unter der studentischen
Jugend ein gegen Frankreich gerichteter romantischer Zug, der
zum Rückgriff auf die »altdeutsche Mode« mit hochgeschlosse-
nem schwarzem Leibrock und dem offenen »Schillerkragen« am
Hemd führte.

Mit der Niederlage Napoleons und der Rückverlegung der politischen Hauptkampflinie von den Schlachtfeldern in die fürstlichen
Ballsäle der Kongreßstadt Wien machte die Donaumetropole für

ein kleines Weilchen nicht nur Musik- und Tanz-, sondern auch Modegeschichte, gewissermaßen als drittes Modezentrum der Welt. Sosehr sich einige Altkonservative auch mit Feuereifer darum bemühten, eine Neubelebung der alten feudalen Mätzchen mußte ihnen mißlingen. Die bürgerliche Mode blieb über Wien hinaus, wo sie Empire in Biedermeier überleitete und dieses aus der Taufe hob, in ihren wesentlichen Konturen ein volles Jahrhundert tonangebend. Sie drang sogar in Klimazonen vor, für die sie sich nicht im geringsten eignete.

Für bestimmte Kleidungsstücke hatte bereits eine Konfektionierung eingesetzt, und Magazine wie das von Quénin le jeune für Herren oder von Madame Teillard für Damen hatten es darin längst zu einem gewissen Ruf gebracht. Die voranschreitende industrielle Umwälzung aber beschleunigte diese Entwicklung ungemein und bescherte dem Verbraucher bis zur Jahrhundertmitte den kompletten Anzug von der Stange. Ihn zu erleben, blieb Napoleon erspart.

Gaumenfreuden
der Kaiserzeit

Im Bemühen, das Kochen in den Rang einer Kunst zu erheben, mögen es in alten Tagen die Chinesen am weitesten gebracht haben. Von den hundert und mehr Gängen eines Galadiners, das Eunuchen im Reich der Mitte nach Rezepten, die sie als Staatsgeheimnis hüteten, für den Himmelssohn zubereiteten, wußten Abendländer jedoch kaum etwas. Bekannter schon waren die scharfgewürzten wie die honigsüßen Köstlichkeiten des Orients. Anleihen, die die italienische Küche bei Byzantinern und Arabern aufnahm, brachten ihr im Europa der Renaissance die anerkannte Führung ein. Eine Florentiner Prinzessin aus dem Hause Medici, die 1533 den künftigen König von Frankreich ehelichte und einen Schwarm von exquisiten Köchen – gewissermaßen als lebendige Aussteuer – in ihrem Troß mit sich führte, verpflanzte den Sinn für edlere kulinarische Versündigungen nach ihrer neuen Heimat. Als Rabelais *Gargantua und Pantagruel* in die Welt setzte und Luther seine derben Tischreden zelebrierte, überwog beim Mahle noch die ungezügelte Lust des Völlers an der Menge des Verzehrs: »Warum rülpset und fürzet Ihr nicht, hat Euch das Essen nicht geschmecket?« Gegen Ende des 17. Jahrhunderts aber hatten Männer wie Pierre de la Varenne oder Pierre de Lune sogar ihre italienischen Lehrmeister übertroffen. Ihre Kochbücher erlangten Standardcharakter und wurden noch bis weit ins 18. Jahrhundert hinein immer wieder nachgedruckt.

Fortan kultivierte man in den privilegierten Schichten der *douce France* die Tafelfreuden, und die literarischen Quellen des »Großen« 18. Jahrhunderts sind reich an Berichten über diese muntere Seite des gesellschaftlichen Lebens. Unter hochgestellten Persönlichkeiten wurde es Mode, nach dem Vorbild des Herzogs Philipp von Orléans in kleiner Privatküche neue Gerichte zu »komponieren«, die man womöglich mit dem eigenen Namen schmückte, um dadurch auf die Nachwelt zu kommen, wie es dem

Marquis de Béchamel durch seine berühmte Soße gelang. Auch der Marschall du Plessis-Praslin sah den seinigen in der »Praline« fortleben, die in Wahrheit allerdings sein Koch im Jahr 1772 »erfand«. Noch während der bourbonischen Restauration standen »Hobbyköche« wie Ludwig XVIII. (1814/15–1824) und sein Haushofmeister, der Herzog d'Escars (korrekter: des Cars), in dieser Tradition; sie ließen sich bei ihrem Tun nicht einmal von Audienz heischenden Ministern stören. Auch als der Herzog dafür büßen mußte, indem er am Genuß einer schwerverdaulichen Tunke verschied, brachte das den König, der die Kostprobe überlebte, nicht aus der Fassung; es ist überliefert, daß er sein Bedauern in die Worte kleidete: »Dieser arme d'Escars! Ich habe immerhin einen besseren Magen als er.«

Jedoch sollte der gemeine Mann, der *roturier*, im Frankreich des 18. Jahrhunderts an den Segnungen der neuen Kochkunst ebenfalls teilhaben. Schon François Massialot hatte mit seinem *Cuisinier royal et bourgeois* (1619) in diese Richtung gezielt. Vollends traf es auf Menon zu, dessen für Hausfrauen abgefaßtes Kochbuch *La cuisinière bourgeoise* (1746) zu einem Dauerbrenner wurde.

Eine Reihe von Veränderungen brachte sodann auch auf kulinarischem Gebiet die Revolution mit sich.

Unsicherheiten und Währungsschwund ließen den Handel mit Lebens- und Genußmitteln dahinsiechen, und manch einer im Paris zu Beginn der neunziger Jahre wünschte sich, wie die Fischweiber der Stadt Johann Friedrich Reichardt nach seinen »Vertrauten Briefen über Frankreich« (1793) gestanden, die alte Regierung zurück, denn unter ihr sei »es besser gegangen und mehr Geld und Nahrung unter den Leuten gewesen«. Vollends die für die Feinschmeckerei unentbehrlichen Delikatessen waren auch für Geld und gute Worte kaum mehr zu beschaffen, und so mußte Balthasar Grimod de la Reynière (1758–1837) rückschauend klagen: »Es steht bedauerlicherweise fest, daß während dieser ganzen schrecklichen Zeit kein einziger schöner Steinbutt auf den Markt gekommen ist.« Sorgen hatte der Mann!

Nachdem sich die Verhältnisse jedoch eingespielt hatten, besannen sich einschlägige Lebensmittelproduzenten und -händler aufs Geschäft, und so lieferten die Provinzen wieder ihre Spezialitäten von der Périgorder Trüffel bis zur Gänseleber (die Jean Joseph

In einem Pariser Café. Lithographie von François Bellay nach Louis-Léopold Boilly

Klose, Koch des Marschalls Contades in Straßburg, zu einer »göttlichen« Pastete gemischt hatte) in die Hauptstadt, wo sie unter den trotz allem noch Zahlungskräftigen reißenden Absatz fanden.

Für die hohe Tafelkultur war es zunächst jedoch gravierender, daß die Revolution vor allem diejenigen Kreise hart schüttelte, die sich in der Pflege der anspruchsvolleren Gaumenfreuden hervorgetan hatten. Wer aus dieser Crème der alten Gesellschaft den Umsturz überstanden hatte, hielt sich entweder im Ausland auf oder bevorzugte ein Leben in Unauffälligkeit. Wer immer noch über provozierend viel Besitz oder Vermögen verfügte, stellte das in der Gleichheitsrepublik aus Vorsicht nicht zur Schau. Vorüber war es somit erst einmal mit den opulenten Schmausereien in den Palais zahlreicher Adliger und einiger reich gewordener Großbürger, die Gelegenheit boten, mit den Künsten des Leibkochs zu prahlen und sich gegenseitig zu übertrumpfen; mit Banketten, zu denen die Gastgeber ganze Scharen von Feinschmeckern zu leiblichen und geistigen Genüssen versammelt hatten, denen geladene Künstler, Gelehrte und Schriftsteller, nicht zu vergessen die als »lustige Seele aller Tafelrunden« geschätzten weltfreudigen Abbés, die letzte Würze gaben.

Unter den Thermidorianern, endgültig unter dem Direktorium formierte sich sodann die neue »gute Gesellschaft«, und es stellte sich binnen kurzem heraus, daß sie nicht minder wohlleben wollte.

Sie war nun freilich gemischt genug und blieb es unter Konsulat und Kaiserreich. Da gab es Napoleons Offizierskorps, in dem sich wohlerzogene ehemalige Hofleute ebenso tummelten wie ungeschliffene Bauernburschen; es gab die noch einmal davongekommenen stammbaumstolzen Altaristokraten, deren Aktien nun wieder stiegen, und frischgebackene Edelleute aller Grade von des Kaisers Gnaden; dazu wendige Streber verschiedenartigster Sorte, solide Bankiers und Neureiche, die durch Heereslieferungen auf die Schnelle heißes Geld gemacht hatten. Die Eßgewohnheiten, die sie mitbrachten, waren demnach höchst verschieden. Der Aufwand jedoch, den sie nach den »frugalen« Jahren der Tugendideale trieben, stand bei allen in einem direkten Verhältnis zu dem Sozialprestige, das sie erworben oder wiedererworben hatten. Man wollte es sich – und mehr noch den anderen – »beweisen«.

Daß dabei die festlich gedeckte, mit Silber, Kristall und Blumenschmuck beladene Tafel nicht zu kurz geriet, versteht sich fast von selbst. »Denn das gute und große Diner«, kommentierte Reichardt[65], »geht den Parisern jetzt nicht bloß über ein Gedicht, sondern auch über ganz andere Dinge ...« Die »neueste französische Üppigkeit« erinnerte ihn an den »nie zu erschöpfenden Reichtum der Griechen und Römer aus den Zeiten, die sich die Franzosen jetzt in jeder Rücksicht zu ihrem höheren Muster vorgestellt zu haben scheinen«. Daß nach dem 18. Brumaire auch noch »bei jeder Veranlassung weit mehr und weit raffinierter getrunken wurde als ehedem«, wie er zu bemerken meinte, mochte auf mehr zufälligen persönlichen Eindrücken beruhen. Ein Anstieg des Alkoholismus in Frankreich in dieser Ära der bürgerlichen Parvenus ist nicht feststellbar.

Auch Herren der Regierungssphäre taten sich als großzügige Gastgeber hervor. Sie praktizierten dabei zugleich die zwar nicht neuerfundene, jedoch um 1800 in Frankreich auf eine höhere Stufe gehobene »politische Gastronomie« – um einen Ausdruck von Brillat-Savarin zu verwenden –, die in unterschiedlichen Formen bis zum heutigen Tag ein probates Mittel gut ölender Diplomatie geblieben ist. Lebrun bot reichliche, jedoch vergleichsweise einfallslose Kost, und auf ähnlichem Niveau bewegte sich zumeist das Tischgespräch. Talleyrand wurde als Verdienst zugeschrieben, den geriebenen Parmesankäse auf der Suppe und dazu ein Glas trockenen Madeira eingeführt zu haben. Cambacérès, zunächst Zweiter Konsul, danach Erzkanzler Napoleons, bewirtete jeden Samstag fünfzig Gäste exquisit in seinem Hause und gab jeden Dienstag ein intimes Diner. Seiner Tafel wurde nachgerühmt, in Paris, wenn nicht in ganz Frankreich die erlesenste zu sein.

Diese neue Gesellschaft nahm Belehrungen, die ihren Gaumenkitzel zu steigern vermochten, mit Vergnügen entgegen. Das erkannte Grimod und machte es sich zunutze. Er hatte nach der Revolution nicht viel mehr übrigbehalten als den Hang zur Feinschmeckerei, durch den er sich schon vor 1789 einen Namen gemacht hatte; jetzt stellte er ihn mit »gastrosophischer« Schriftstellerei in den Dienst einer aufgeschlossenen Leserschaft. Zwischen 1803 und 1812 erschienen acht Bände seines berühmten *Almanach des gourmands*, 1806/07 das *Journal des gourmands et des belles, ou l'épicuricien français*, denen weitere Schriften folgten. Er nahm seine Sache so genau, daß er sogar das Angebot der Kaufleute prüfte und in seiner Zeitschrift Lob und Tadel unter Nennung von Namen austeilte. Damit wurde er gleichsam zum Schiedsrichter über den »gehobenen« Pariser Viktualienhandel und gründete schließlich gar eine »Jury der Koster«, deren Vorsitz er übernahm.

Auch andere versuchten sich mit Erfolg im Genre. Joseph Berchoux veröffentlichte 1801 sein Gedicht *La gastronomie*, das dem bis dahin nahezu unbekannten Reimschmied zu Tagesruhm verhalf, und 1807 erhielt die Nation auch ihr »Kaiserliches Kochbuch« in Gestalt von Alexandre Viards *Cuisinier impérial*. In welch hoher Gunst solche »Produkte der angenehmen Pariser Literatur, erzeugt durch den Hauptgegenstand des Pariser Wohllebens«, standen, schildert wiederum der aufmerksame Reichardt, dem als Deutschen das Andersartige des Pariser Alltags besonders ins Auge fallen mochte.

Die Revolution beeinflußte die Gastronomie der Hauptstadt jedoch noch auf eine ganz andere, und zwar nachhaltige Weise: Sie verhalf der Restaurantkultur zu einem raschen und außerordentlichen Auftrieb.

Es sind zwei poetische und ein prosaisches Werklein, die jetzt das ganze galante und lesende Paris beschäftigen und in wenigen Wochen neue Auflagen erleben ... Wirklich sind dies jetzt die interessantesten Lektüren der Pariser Männer von der großen, neuen Welt, und selbst ihre Weiber nehmen hier an dem edlen Geschäft der sogenannten unedlen Sinne lebhafteren Anteil als bei uns.

REICHARDT, VERTRAUTE BRIEFE AUS PARIS

Sicherlich gab es in Frankreich bereits um 1770 Speisewirtschaf-
ten, die gegenüber den üblichen Schenken und Kneipen oder den
wenigen Gasthöfen mit gemeinschaftlicher Wirtshaustafel und
festem Menü, der »table d'hôte«, einen Fortschritt im Niveau der
Beköstigung darstellten. Deren Zahl und bald auch Qualität stieg
jedoch in Paris nach 1789 gewaltig an. Es waren nämlich im Gefolge des gesellschaftlichen Umbruchs viele adlige, geistliche und
auch großbürgerliche Haushalte nach Flucht oder Ruin ihrer
Herrschaften aufgelöst und deren Köche, oft Meister ihres Fachs,
dadurch brotlos geworden. Diese mußten sich nach neuen
Erwerbsmöglichkeiten umsehen, was zu dem Zeitpunkt gar nicht
leicht war. Es wimmelte von entlassenen »Domestiken«. Einige
unternehmungslustige unter ihnen versuchten ihren Lebensunterhalt zu verdienen, indem sie sich selbständig machten und –
zunächst kleine – Lokale eröffneten, in denen sie kräftige (»re-
staurierende«) Suppen reichten. Später erwarben sie die Lizenz,
ihr Angebot zu erweitern. Für ihre Wirtschaften kam die dem italienischen »ristorante« nachgebildete Bezeichnung Restaurant
auf.
In ihren Räumen wurde nicht nur gegessen und getrunken, sondern auch politisiert. Sie wurden in Konkurrenz zu den herkömmlichen Kaffeehäusern zu Treffpunkten von Leuten unterschiedlicher Parteifärbung. So versammelten sich bei Barrère die
Jakobiner, was einen französischen Emigranten veranlaßte, dem
Grafen Trauttmansdorff in Wien leicht übertreibend zu flüstern,
es sei unmöglich, die Revolution zu verstehen, wenn man nicht
bei Barrère gespeist hat.
Der nachrevolutionären Gesellschaft kamen diese Speisewirt-
schaften aus anderen Gründen sehr zupaß. Zum einen konnte
man sich von dort ganze Menüs in die Wohnung bringen lassen,
und sogar ein Souper ließ sich auf diese Weise arrangieren. Sodann
gab es viele, die überhaupt kein eigenes »standesgemäßes« Haus
mehr führten oder darin jedenfalls vorerst noch kurztraten und
daher lieber auswärts aßen. Auch Männer der neuen Ordnung,
darunter die Offiziere, die oft Junggesellen waren, nutzten die
bequeme Möglichkeit, je nach Maßgabe des Geldbeutels zu einem
guten Mahle zu kommen, von solchen ganz zu schweigen, die –
aus der Provinz oder dem Ausland – besuchsweise in Paris
anlangten und daselbst ihren Hunger und Durst zu stillen hatten.

»Ich gestehe«, schrieb Reinhardt, »daß mir diese Lebensweise für diejenigen, die es bezahlen können, bei weitem die angenehmste für Paris zu sein scheint. Man ißt da für sein Geld, bei völliger Unabhängigkeit und ganz nach seinem Sinn und Willen, wäre man auch ein großer Gourmand, ebenso gut und fein bewirtet, als man es bei den größten Tafeln, oft mitten unter der lusttötenden Langeweile, nur immer sein kann.« Und fügte sehr richtig hinzu, daß es einen auch nicht viel teurer komme als der Aufwand, den eine Privateinladung mit sich bringt.

Es gab in Paris Hunderte Restaurants für breiteste Schichten, auch für solche mit schmalem Portemonnaie, die zu dieser Zeit dennoch auf etwas bessere und reichlichere Nahrung Wert legten: »Friseure, Bediente und Stallburschen«. Unerschwinglich blieben sie freilich den zahlreichen Armen. Acht bis zehn Hauptgerichte von Fleisch und Fisch von geringerer, doch gar nicht schlechter Zubereitung waren auf einem geschriebenen Zettel angekündigt, mit den Preisen daneben. Man bezahlte dafür – einschließlich des Weins natürlich – seine zwei bis drei Livres, was etwa einem halben Tageslohn entsprach. Daneben blühten Spezialrestaurants auf: vom unterirdischen Bierkeller, darin das Militär verkehrte, bis zur Gaststätte für Seefische, Krabben und Muscheln; auch wieder für Austern, die im Ancien régime von den Schlemmern mit besonderer Vorliebe geschlürft worden waren. Immerhin konnte Grimod unter dem Konsulat schon wieder ungestraft von sich geben: die Erfahrung habe gezeigt, daß Austern erst nach dem fünften oder sechsten Dutzend aufhören, ein Vergnügen zu sein ... Das Angebot der fahrenden Pariser Restaurateure war natürlich wesentlich reichhaltiger als das der kleinen Traiteure. Zu ihren berühmtesten zählten Beauvilliers, der in diesem Metier schon 1782 begonnen hatte, die Brüder Véry und die Frères Provençaux, die eine mediterrane Geschmacksnote einbrachten. Bestens empfohlene Häuser am Platze waren ebenfalls Méot, Robert, Rose, Legacque, Henneveu und Baleine.

Diese renommierten Speisewirte sicherten nicht nur der hohen französischen Kochkunst ihren bleibenden Ruf. Sie pflegten zugleich die Kunst des Servierens. Vérys Speise-, Wein- und Spirituosenkarte, alles mit Preisen versehen, steckten sich damals schon beeindruckte Gäste zur Erinnerung ein und bewahrten sie so für die Nachwelt. Reichardt, dem sie »für unser einen fast ein

Vérys Speisekarte:

8 verschiedene potages
14 hors d'œuvres
11 verschieden zugerichtete bœufs
10 moutons
16 verschieden zugerichtete Schüsseln von veau de Pontoise
27 verschiedene Entrées de volaille
6 Patisseries
16 Arten Poissons
13 verschiedene Braten
29 Entremets
26 Dessertsachen an frischen und gekochten Früchten und Käsearten und dergleichen
55 Sorten französische und ausländische feine Weine
25 Sorten feine in- und ausländische Liqueurs

REICHARDT, VERTRAUTE BRIEFE AUS PARIS

komplettes Küchen-Lexikon« schien, addierte mit Bewunderung und staunte, daß von den auf ihr angeführten 150 Speisen nur 17 gerade nicht vorrätig oder schon ausgegeben waren.

Was man in einem guten Pariser Restaurant um 1800 – und danach erst recht – als Stammangebot fand, hat auch Brillat-Savarin selbst, die erste »Autorität« auf diesem Felde, in einer Übersicht zusammengestellt: »Wenigstens 12 Suppen, 24 Hors d'œuvres, 15 bis 20 Speisen von Rindfleisch, 30 von Geflügel und Wildbret, 24 von Fisch, 15 Braten, 12 Pasteten, 50 Zwischenessen, 50 Desserts. Außerdem kann der künstliche Feinschmecker dies mit wenigstens 30 Arten von Wein nach seiner Wahl vom Burgunder bis zum Tokayer und Capwein benetzen, ebenso mit zwanzig oder dreißig Arten feiner Liköre, ohne den Kaffee und die gemischten Getränke zu zählen, wie Punsch, Glühwein, Cardinal und ähnliche Dinge.« Die Zutaten dafür stammten aus vieler Herren Länder, und das stützte Brillat-Savarins These, daß »eine Mahlzeit, wie man sie in Paris haben kann, ein kosmopolitisches Ganzes ist, wo jeder Weltteil durch seine Erzeugnisse vertreten ist«.[66] Sogar die von der nachfolgenden Kontinentalsperre verursachten Engpässe vermochten ihr kaum Abbruch zu tun.

Der Epikureer Anthelme Brillat-Savarin (1755–1826) ist als Sachbuchautor in die Weltliteratur eingegangen. Der Justizrat, der schon der Konstituante angehört hatte, trug das Material für seine Physiologie des Geschmacks über Jahre und Jahrzehnte zusammen. Er ist dazu tagaus, tagein durch sein geliebtes Paris geschlendert, hat Gasthöfe inspiziert und frequentiert, selbst an Anrichte, Herd und Backröhre experimentiert, das Kochbuch um viele Seiten bereichert. Sein Stolz war ein Hefekuchen in Ringform, der, mit Rum getränkt und mit ausgesuchten Früchten gefüllt, warm gegessen wurde.

Sein Werk war noch längst nicht abgeschlossen und zu Papier gebracht, als das Kaiserreich stürzte. Er schrieb es der Pariser »Gourmandise« zu, daß Frankreich dennoch vom Staatsbankrott gerettet wurde, weil die Besatzer ihren Verlockungen nicht widerstehen konnten und durch ihre Schlemmereien mehr in die Staatskasse einbrachten, als die enormen Kontributionen ausmachten, die die Sieger aus ihr herauspumpten. So klingt seine launige Schilderung: »Als die Briten, die Germanen, die Teutonen, die Cimbern und die Skythen in Frankreich einbrachen, brachten sie

Ein bürgerliches Eßzimmer. Farbradierung von Louis Philibert Debucourt nach einem Gemälde von Martin Drolling, 1821

eine seltene Eßlust und Mägen von ungewöhnlichem Kaliber mit. Sie begnügten sich nicht lange mit der Hausmannskost, die ihnen eine erzwungene Gastfreundschaft vorsetzte; sie lechzten nach feineren Genüssen. Bald war die Hauptstadt nur ein ungeheurer Speisesaal. Sie aßen, diese Eindringlinge, in den Gasthöfen und Restaurants, in den Kneipen, Pinten und Schoppenwirtschaften, ja selbst in den Gassen. Sie füllten sich mit Fleisch, Fischen, Wildbret, Trüffeln, Pasteten und besonders mit Früchten ... Oberflächliche Beobachter wußten nicht, was sie zu diesem steten Fressen ohne Hunger und ohne Ende sagen sollten. Aber die echten Franzosen lachten und rieben sich die Hände. Sie haben angebissen, sagten sie, und heute Abend werden sie uns mehr Taler zurückgeben, als ihnen der Staatsschatz heute Morgen Franken auszahlte.« Die Pariser Speisewirte nutzten ihre Chance; vor allem Beauvilliers und Véry waren während der Besatzungszeit bei den Herren der Heiligen Allianz gefragt. Was sie ihnen an Genüssen boten, wissen wir aus einem Bericht des Dichters August von Kotzebue, der Vérys Speisekarte ebenso ehrfürchtig referierte wie wenige Jahre zuvor sein Landsmann Reichardt.
Die Fürstlichkeiten Europas konzentrierten ihre Anstrengungen darauf, französische Köche abzuwerben. Am meisten hatte es

ihnen Antonin Maria Carême angetan, der zwölf Jahre in Talleyrands Diensten stand, jedoch auch für Cambacérès[67] und den Prinzen Condé Bankette ausrichtete. Mit Hilfe dieses »Küchenwunders« hat Talleyrand dann auf dem Wiener Kongreß 1814/15 auch Große Politik gemacht. Napoleon oder nicht Napoleon – das war hier nicht mehr die Frage.

Zugegeben, in der Geschichte der Gastronomie, der französischen Küche, hat er ohnehin kein Ruhmesblatt gefüllt. In ihr war ihm höchstens die Rolle eines Komparsen zugedacht. Der Bonaparte aus Korsika hielt es zeitlebens mit solider bürgerlicher Nahrung, und als er zu Jahren kam, verleidete ihm überdies sein fatales Magenleiden jede schmerzhafte Extravaganz.

Die Leute durchschauten sehr bald, daß der neue Landesvater weder ein Vielfraß gleich Ludwig XVI., noch ein *gourmand* – ein Leckermaul – und auch kein *gourmet* – kein Schmecker und Kenner war. Eher verdiente er, ein kulinarischer Spartaner genannt zu werden. Brillat-Savarin ordnete ihn unter diejenigen ein, »welche zu gleicher Zeit zweierlei Dinge tun möchten und nur essen, um sich zu füllen«. Langes Tafeln galt ihm als Zeitvergeudung, die er sich nicht leisten zu können meinte. Er aß nicht länger als eine Viertelstunde, ließ sich auch alle Speisen zugleich auf den Tisch stellen und mißachtete beim Essen deren angestammte Reihenfolge. Zudem soll er wenig gekaut und alles förmlich in sich hineingeschlungen haben. Auch setzte er sich an der Hoftafel zuweilen über das Zeremoniell hinweg und kehrte den »kleinen Korporal« heraus, indem er auf Messer und Gabel verzichtete.

Dabei hatte der Kaiser durchaus befähigte Leibköche im Dienst und besoldete sie auch großzügig. Sein letzter Küchenmeister, Laguipère, der auf dem Rückzug von Moskau 1812 den Tod fand, war immerhin ein Mann von solchem Ruf, daß ihm Carême noch 1828 sein Werk *Le cuisinier parisien* widmete. Offenbar hatten jedoch die Kochkünstler in den Tuilerien und Saint-Cloud zu wenig Gelegenheit, ihr Können an den Tag zu legen, und so hielt es sie meist nicht lange bei diesem Herrn. Am ehesten konnte sich wohl noch Lecomte entfalten, denn seine Stärke war die Zuckerbäckerei, und er modellierte für die kaiserliche Tafel aus Marzipan, Biskuit und Blätterteig historische Ereignisse, mit denen er seinen Brotgeber womöglich mehr ergötzte als mit anderen Speisen.

Brillat-Savarin tadelte mit Strenge Napoleons auffällige Unregelmäßigkeit in seinen Mahlzeiten. Vermutlich trugen die Umstände seiner häufigen Kriegszüge dazu bei. Die Intendanz wußte sich jedoch dagegen zu helfen. Sie berücksichtigte, daß er sofort und so heiß wie nur möglich zu essen begehrte, sobald er Appetit fühlte, und richtete seine Feldküche so ein, daß sie an jedem Ort und zu jeder Stunde unverzüglich beim ersten Befehl Geflügel, Kotelett und Kaffee vorsetzen konnte. Als Bonaparte im Jahr 1800 gerade erst frischgebackener Konsul war, klappte das allerdings noch nicht so richtig, und so mußte für den nach der langen Schlacht von Marengo überaus Hungrigen von einem Adjutanten in Eile eine Henne in improvisierter Mischsoße hingezaubert werden. Dem vom aufreibend knappen Sieg erschöpften Heerführer mundete der Zufallstreffer indessen so sehr, daß er »Huhn à la Marengo« auch weiterhin auf seinem Tisch zu sehen wünschte und ihm damit – bis heute – zu einem Stammplatz in jedem besseren Kochbuch verhalf.

Weniger Glück war einem Vorschlag beschieden, der vom anderen Ende der Empiregesellschaft im Jahr 1808 erfolgte: Charles Fourier, der »utopische« Sozialist, dem Lebens- und Wohngemeinschaften von jeweils etwa 2000 Menschen in einem Gebäudekomplex vorschwebten, mußte auch deren Beköstigung überdenken und entwarf so die erste Gemeinschaftsküche. Die Botschaft stieß auf taube Ohren – und überlebte dennoch Bonapartes Huhn.

Wer gut essen will, geht zum Zweiten Konsul; wer viel essen will, zum Dritten, und wer schnell essen will, zum Ersten.

BONAPARTE

Sex bürgerlich

Wenn Moralisten des 18. Jahrhunderts über Sittenverderbnis wehklagten, zielten sie vornehmlich auf geschlechtliche Ausschweifung, Inbegriff der »lockeren« Sitte. Die Höfe gingen mit schlechtem Beispiel voran; der französische an der Spitze, der die Mätressenwirtschaft unter Ludwig XV. und seiner – freilich klugen – Madame Pompadour zur kultivierten Norm verfeinerte, die bis in deutsche Winkelresidenzen gelehrige Nachahmer fand. Hagestolze wie Friedrich II. von Preußen erregten unliebsames Aufsehen; seine Abstinenz forderte bissige Kommentare heraus, und die Hochgeborenen atmeten geradezu erleichtert auf, als der Neffe und Nachfolger, Friedrich Wilhelm II., seine Huld wieder den Evastöchtern – und das im Plural – zuwandte. Wo Frauen das Zepter schwangen wie an der Newa, oder doch die Zügel führten wie in Spanien, drehten sie den Spieß um – zu einer nachsichtig bewitzelten Günstlingsherrschaft der Potemkin und Godoy.

Personen von Stande – ob weltlich oder geistlich – gaben sich erdenkliche Mühe, mit solcher Entwicklung Schritt zu halten. Beneidete Schwerenöter und galante Damen füllten die Blätter der Skandalchronik mit ihrem Bettgeflüster. Das niedere Volk hingegen wünschte man in christliche Zucht genommen und beklagte dessen ungezwungene Umgangsformen samt deren Folgen: Lebensgemeinschaften, die ohne das heilige Sakrament der Ehe eingegangen wurden, und »unehelichen« Kindersegen, zu dem manch ein zum Zölibat verurteilter, doch von der Versuchung überwältigter Kleriker sein Scherflein beitrug. Am Bestand und Erhalt der Familie als kleinster Ordnungszelle war feudaler Regierung nicht allein in Frankreich aus wirtschaftlicher und sozialer Erwägung gelegen.

Die Revolution hingegen brachte einen »römisch« geprägten Tugendanspruch zur Geltung: die *vertu* des *citoyen* als streitbar umgemünzten mittelständischen Ehrbegriff. Er forderte zwar

Eine Mutter à la mode – Eine Mutter, wie sie alle sein sollten. Aquarellierter Kupferstich von Alexis Chataigner, um 1800

keinen asketischen Verzicht, sagte aber einer Unzucht auf Seitenpfaden als des neuen Menschen und freien Bürgers unwürdig den Kampf an. Republikanische Ordnung verstand sich als einfach und reinlich. Der wahre Patriot, der gute Sansculotte stellte sich als treusorgender Familienvater vor. Kleinbürgerlicher Rigorismus vertrug sich schlecht mit fleischlichem Laster. »Der Verderbte ist konterrevolutionär«, schleuderte ein bis ins Mark erschütterter Robespierre mit jakobinischem Pathos dem großzügigen Genießer Danton und den Lebemännern seines Umkreises entgegen. Im Sündenspiegel des Sittenrichters der Pariser Commune, »Anaxagoras« Chaumette, brannten der Strich, die Spielhölle, die Schlüpfrigkeit: Brutstätten der Fürstenknechte und Vaterlandsfeinde.

Danach entschädigte das Directoire für soviel verordnete – oder gespielte – Enthaltsamkeit außerhalb des ehelichen Schlafzimmers doppelt und dreifach. Die Orgie triumphierte, und der Warnruf des »Volkstribuns« Babeuf verpuffte ins Leere: »Ihr seht nicht, daß euch diese schamlosen Weiber, diese Abenteuerinnen edler Rasse, die euch heute die Ehre erweisen, sich in euren bürgerlichen Armen zu prostituieren, den Garaus machen werden, sobald es ihnen gelungen ist, die Dinge in das alte Fahrwasser zu lenken.«

Doch nochmals änderten sich die Gewohnheiten. Die begehrte Tallien heiratete nach Auflösung ihrer Liaison mit der Finanzhyäne Ouvrard in dritter Ehe einen Grafen Caraman, der es bis zum Fürsten von Chimay brachte. Die Witwe Josephine Beauharnais, die ihrem weiten heißen Herzen noch als Madame Bonaparte ein paar verschwiegene Torheiten erlaubte, wurde gar Kaiserin und lief damit der gefeierten englischen Schönheit Emma Hamilton den Rang ab, die Lord Nelson, dem Gegenspieler Napoleons zu Wasser, in Neapel das schwere Los eines Seehelden als seine »letzte Liebe« versüßte. Das erforderte – wer wollte es leugnen – die Anlegung neuer Maßstäbe.

Napoleon verriet darin noch auf dem Gipfel seiner Macht eine gewisse Unsicherheit.

Er selber war zum Schürzenjäger nicht geschaffen und hatte andersgeartete Eroberungsflausen im Kopf. Mit seiner verblühenden Frau vertrug er sich noch leidlich. Zwar leistete er sich einige Seitensprünge[68] mit jüngeren Geschöpfen: mit Pauline Fourès und Marguerite Josephine Weimer, die auf der Bühne als »Mademoiselle Georges« auftrat; mit den Sängerinnen Giuseppina Grassini und Emilia Pellapra, den Hofdamen Duchâtel und Dénuelle, mit der ihm ehrlich zugetanen polnischen Gräfin Maria Walewska (1789–1817). Sie alle blieben jedoch Episode und wahrten die äußeren Formen. Zudem dienten sie mehr als der Triebbefriedigung der Selbstbestätigung seiner Zeugungskraft, nachdem die kinderlose Ehe dem unorthodox in seine Funktion katapultierten Monarchen den dringend benötigten Thronerben vorenthielt. Erst recht war seine späte Trennung von Josephine (1809) ein Akt dynastischer Strategie, nicht der Lüsternheit, auch wenn sich der Volksmund andersherum spitzte: Der junge General habe eine ältere Kurtisane zum Weibe genommen, der vierzigjährige Kaiser eine zwanzigjährige Jungfrau – Marie Louise von Österreich[69], die ihn zu dem falschen Zungenschlag verleitete, den geköpften Louis Capet als seinen »armen Onkel« zu bedauern. Schlecht, ganz schlecht für den »Erben der Revolution«, der – nach Meinung vieler zu sehr – in die Pantoffeln des bürgerlichen Mustergatten schlüpfte und nur zu gern ausspannte im Spiel mit dem endlich geborenen »legitimen« Wunschkind, dem »König von Rom«, der nie eine Krone tragen sollte ...[70]

Das zahme Vater-Mutter-Kind-Idyll zerrann. Die folgsame Prinzessin aus dem Hause Habsburg und nachmalige Herzogin von Parma weinte dem endlich vom Schauplatz verbannten Schlach-

24 *Jean-Baptiste Regnault: Freiheit oder Tod, 1793. Nicht minder abstrakt oder radikal als der revolutionä-*
re Kalender oder andere kulturelle Kundgebungen der Jakobiner, die auch Bonaparte in ihren Reihen sahen,
illustriert diese Komposition die politische Lage mit Hilfe von Bildbegriffen der Aufklärung: Der Genius
Frankreichs, Träger des Lichtes, schwebt zwischen allegorischen Figuren der triumphierenden Freiheit (mit
dem freimaurerischen Symbol des Lots als Sinnzeichen für Gleichheit in der einen, der Jakobinermütze in der
anderen Hand, das republikanische Liktorenbündel zu Füßen) und des Todes (dessen einziges zusätzliches At-
tribut neben der obligatorischen Sense der Lorbeerkranz ist). Die Abstufung zwischen Freiheit und Tod wird
durch den Kontrast zwischen Hell und Dunkel noch gesteigert. Das Bild ist die kleinere Variante einer später
verlorengegangenen monumentalen Fassung, die der Maler »der Nation« schenkte. Regnault, Davids Rivale
als Maler wie als Lehrer, sollte, wie dieser, auch unter dem Kaiserreich weiterhin erfolgreich sein. Ein neun
Meter langes Bild »Triumphzug Napoleons zum Tempel der Unsterblichkeit« zeugt davon ebenso wie einige
heitere und anmutige mythologische Akte. (Kunsthalle Hamburg)

25 Louis-Léopold Boilly: Das Publikum des Salons von 1808 vor Davids Krönungsbild, um 1815. Seit Ludwig XIV. wurden in einem Salon des Louvre jährlich die neuen Arbeiten der Künstler öffentlich gezeigt. Nach der Revolution durften hier nicht mehr nur Maler mit akademischem Privileg ausstellen. Boilly hat David ausdrücklich um Erlaubnis gebeten, die Situation in dieser heiteren Sittenschilderung verewigen zu dürfen. Unter den Diskutierenden sind viele zeitgenössische Künstler, darunter Gérard und Gros. (Gegenwärtiger Standort des Bildes unbekannt) (oben)

26 Place Vendôme in Paris. Eine Reiterstatue Ludwigs XIV. ersetzte man erst durch ein Standbild der Freiheit, 1806 durch die 43 m hohe Bronzesäule, deren Reliefs die Feldzüge von 1805 zeigen. Radierung von Jean Duplessi-Bertaux nach Zix, um 1810 (links)

27 Jacques-Louis David: Madame de Verninac, 1799. Der französische Klassizismus hat sich weit eindrucksvoller in weiblichen als in männlichen Bildnissen verwirklichen können. Diese junonische Erscheinung im dünnen Kleid à l'antique hat viele Schwestern in der Malerei um 1800, auch außerhalb Frankreichs. Heitere Ausgewogenheit, eine glücklich gefundene Mitte zwischen Repräsentation und Intimität machen den Zauber solcher Bilder aus. Die karge Ausstattung entspricht auch einem ethischen Ideal von bürgerlicher Schlichtheit und strenger Wahrheit. Dabei bewertete David dieses Werk weitaus geringer als seine Historiengemälde. Als die schöne Frau des Präfekten von Lyon sich malen ließ, war ihr Bruder gerade ein Jahr alt: Eugène Delacroix, der noch zu Lebzeiten Davids dessen Kunstdoktrin überwinden sollte. (Musée du Louvre, Paris)

28 Jacques-Louis David: Leonidas bei den Thermopylen, 1800–1814. Die Arbeiten an diesem Bild erstreckten sich über die ganze napoleonische Periode. Die Darstellung der heroischen Niederlage eines griechischen Heeres im Perserkrieg erscheint nachträglich wie eine melancholische Vorahnung. (Musée du Louvre, Paris) (oben)

29 Antoine Gros: Bonaparte besucht die Pestkranken von Jaffa, 1803/04 (Ausschnitt). Nach der mittelalterlichen Tradition heilten die französischen Könige durch Handauflegen. Daran schien Bonaparte, der das Bild noch als Erster Konsul in Auftrag gab, anknüpfen zu wollen. (Musée du Louvre, Paris) (links)

30/31 Anne-Louis Girodet-Trioson: Atalas Begräbnis, 1808. Chateaubriands Erzählung »Atala« (1801) versetzte zwei christlich erzogene Indianer in eine Romeo-und-Julia-Situation und diente mehreren Künstlern als Anregung (oben). Daß der Maler auch bei weniger romantischen Vorlagen die Steigerung ins Epische betrieb, zeigt sein Bild Aufstand in Kairo, 1810 (unten). Dargestellt ist der letzte Moment der Erhebung vom Oktober 1798 gegen Bonapartes Truppen, die Vernichtung der Araber im Hof der Azhar-Moschee. (Beide Musée du Louvre, Paris)

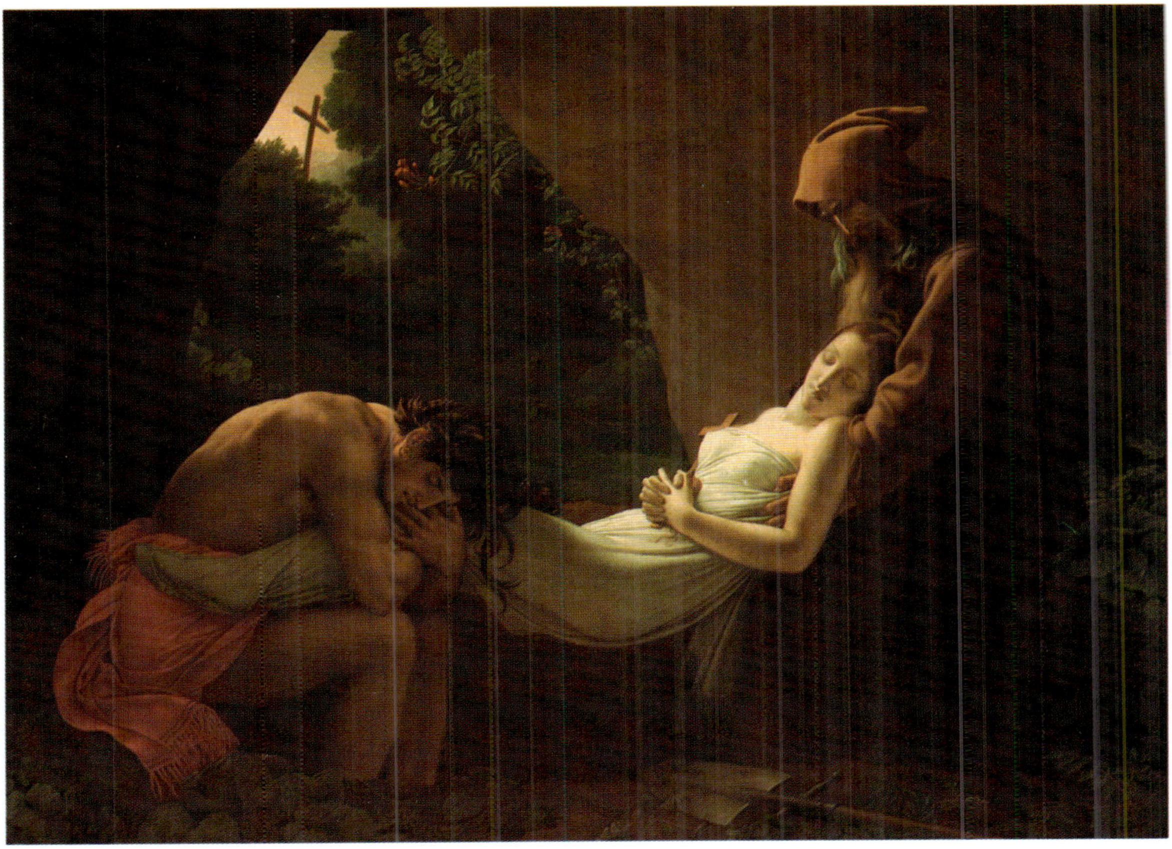

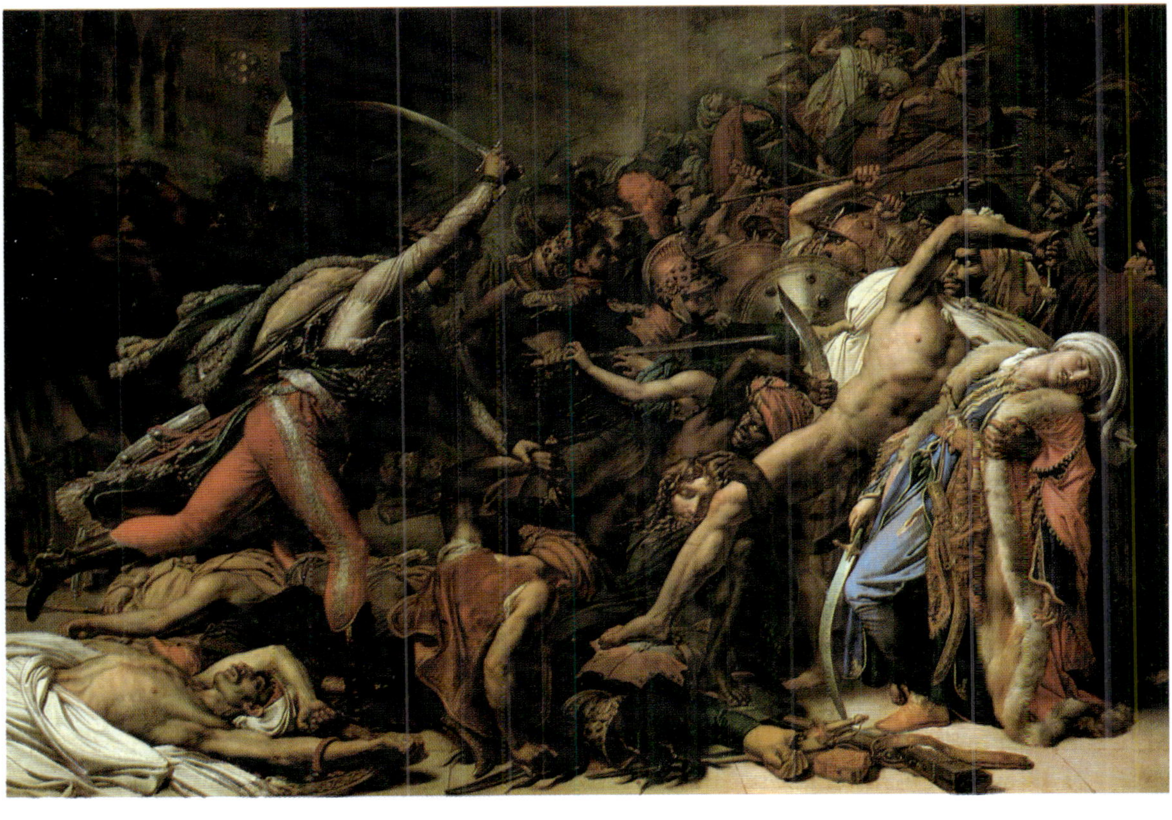

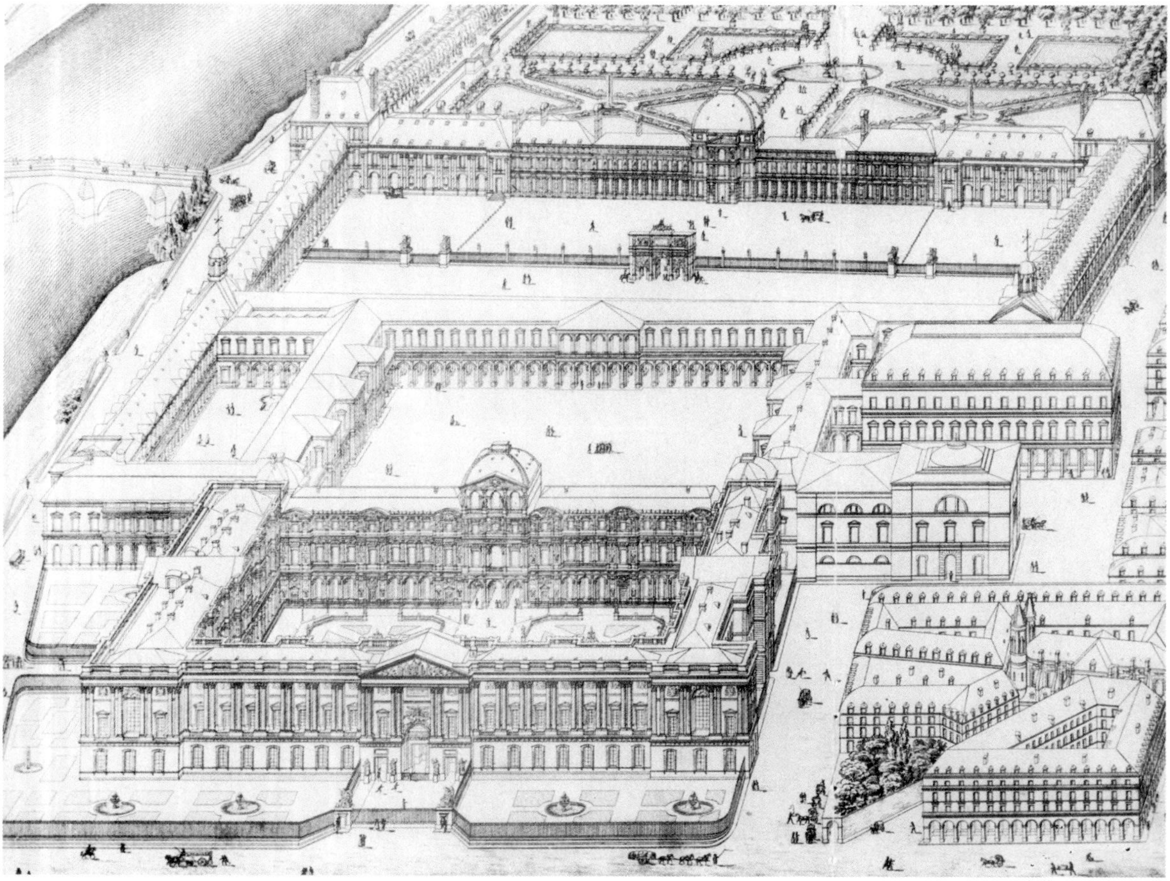

Arc de triomphe de l'Etoile
Côté de Neuilly

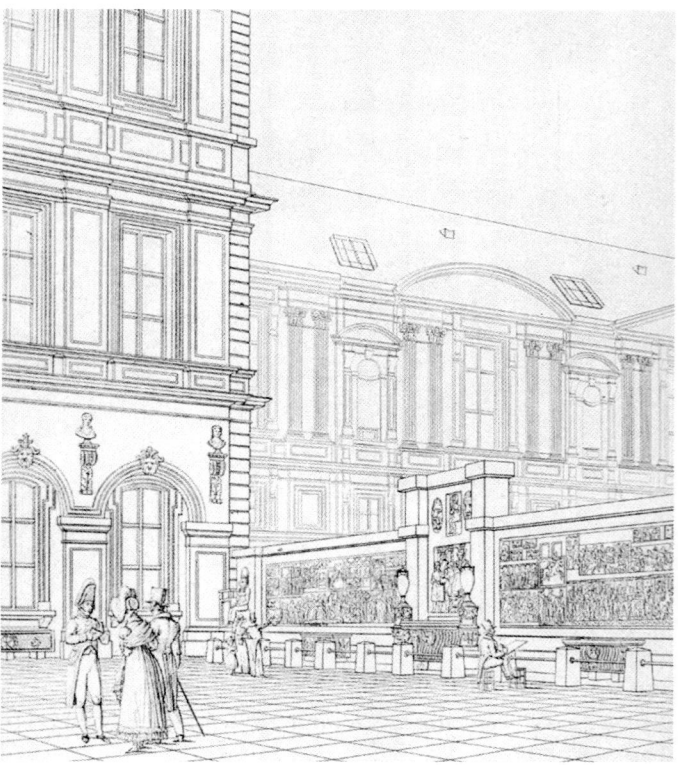

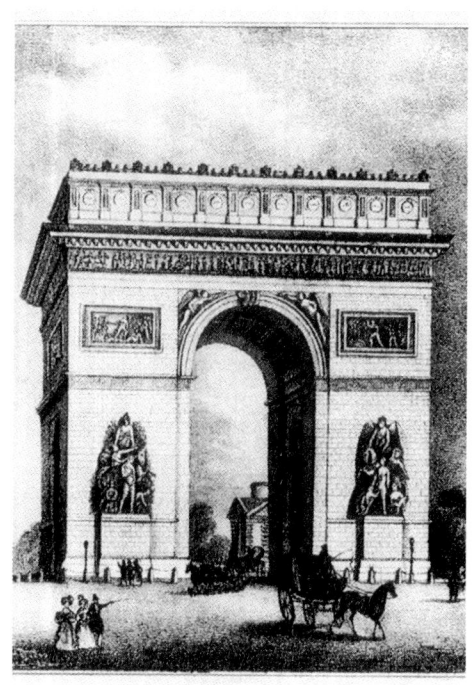

35 Die große Treppe des Museums im Louvre. Kupferstich von Auguste Hibon nach Christophe Civeton

32 Der Louvre (vorne) und die unter Napoleon umgestalteten Tuilerien (darüber). Entwurf zur Verbindung beider Palais. Kupferstich von Auguste Hibon nach Mathieu Prosper Morey. Das Projekt blieb ein Torso und wurde erst später verwirklicht. (oben)

33 Der Triumphbogen auf der Place de l'Etoile. Lithographie nach einer Zeichnung von Naunheim. Das kolossale Bauvorhaben wurde 1807 nach Jean-François Chalgrins Entwürfen begonnen, vollendet wurde der Bau allerdings erst 1823-36. (unten links)

34 Der Hof des Antikenmuseums im Louvre. Kupferstich von Auguste Hibon nach Christophe Civeton (unten rechts)

36 François Gérard: Ossian beschwört die Geister der Helden, 1. Fassung 1801 (Ausschnitt). Die romantisch-düsteren Gesänge, die dem sagenhaften Barden Ossian zugeschrieben wurden – und die sich später als eine sehr freie Bearbeitung von Folklore durch den Schotten Macpherson erweisen sollten – faszinierten seit den siebziger Jahren des 17. Jahrhunderts ganz Europa. Sie zählten auch zu den Lieblingslektüren Napoleons. Die »ossianische« Stimmung von Nebel und Mondlicht, Trauer und Kampfesleidenschaft – lyrisch gefühlsbetont im Unterschied zur homerischen Epik – findet in der französischen Malerei um 1800 häufigeren Ausdruck. Gérard führte diese Komposition, die zuerst als Auftrag für Bonapartes Schloß Malmaison entstand, zwei- oder sogar dreimal aus. Vergleichbare Bilder malten u. a. Anne-Louis Girodet-Trioson und Jean-Auguste-Dominique Ingres. Der Ossianismus erweist sich als ein Weg aus dem Klassizismus in die Romantik. (Musée National du Château de Malmaison)

tenlenker keine Träne nach. Sie tröstete sich über seinen – beziehungsweise ihren – Verlust in der Umarmung des vom Wiener Hof eigens hierauf programmierten Grafen Neipperg. Die gewundenen Pfade der österreichischen Staatsräson rechtfertigten im nachhinein die instinktive Skepsis des Plebejers Babeuf.

Doch schon den Sittenkodex des napoleonischen Kaiserreiches hatte schließlich ebensolche Staatsräson diktiert.[71] Die Definition des Denkriesen Immanuel Kant (der selber freilich zeitlebens im Zustand der Jungfräulichkeit verharrte), daß die »Ehe ein Vertrag zum gegenseitigem Geschlechtsgebrauch« sei, wurde in der Praxis für unzureichend, weil unvollständig erachtet. Ganz oben war das Institut der Ehe zuerst einmal ein Politicum und weiter unten ein Oeconomicum. Gewiß, nicht jedermann, nicht jede Frau ließ sich auf solche Weise schnöde verhökern. Sogar Napoleon selbst kam damit nicht bei allen seinen Marschällen und nicht einmal bei jedem seiner Brüder durch. Männer- und Frauenstolz bewiesen sich auch vor diesem pinselfrischen Fürstenthron. Im großen und ganzen beherrschte aber doch der Gedanke der gesellschaftlichen Zweckmäßigkeit und nicht freie Partnerwahl die Knüpfung des – wenn möglich – ewigen Bandes und die Gründung eines gesegneten Hausstandes: Die Bonapartes sollten in Europas Fürstenkonsortium einheiraten, der kaiserliche Neuadel sich mit altem Aristokratenblut vermengen, die Mischehen zwischen den Völkern des »Grand Empire« ermutigt werden, um sie in sanftere Fesseln zu schlagen; wobei der Kaiser sehr zu deutschen Mädchen riet und auf ihre besonderen Vorzüge hinwies.

Die bürgerliche Ehe wurde von seinem Gesetzbuch geregelt, dem bei aller Vortrefflichkeit für seine Zeit von Männern für Männer gemachten *Code Napoléon*. Natürlich schloß er »Liebesheiraten« nicht aus, die der neuen wie vordem der alten Gesellschaftsordnung trotzten. Das Gesetz aber stellt mit seinen Bestimmungen über den Ehekontrakt, die alleinige Rechtsfähigkeit und Vermögensverwaltung des männlichen Familienvorstandes und die Entmündigung der an Herd und Bett gefesselten Frau für Stadt und Land die Weichen: Geheiratet – oder auch geschieden – wurden ihm zufolge Aussteuern, Mitgiften, Erbansprüche, Beziehungen und soziale Aufstiegschancen.

Auf lange Sicht wirkte sich das negativ auf das Bevölkerungswachstum aus. Frankreich war zum Leidwesen seiner Regieren-

den, die der Erscheinung hilflos gegenüberstanden, Europa auch
in der »Familienplanung« um einiges voraus. War bewußte Senkung der Kinderzahl bisher wesentlich auf die vermögenden
Oberschichten beschränkt geblieben, so machte sich von jetzt an
ein tendenzieller Fall der Geburtenrate auch beim wohlhabenden
Mittelstand und bei Landwirten bemerkbar, die eine Besitzersplitterung in der zweiten Generation in Grenzen zu halten suchten. Die Finanzierbarkeit einer guten, karriereverheißenden Ausbildung des Nachwuchses spielte in ihren Überlegungen eine
bedeutsame Rolle. Noch traten sie nicht in Gestalt einer dramatischen Abfallkurve in Erscheinung, solange Kinderreichtum der
Unterschichten das Defizit annähernd auszugleichen vermochte.
Sie leiteten jedoch ein immer bedenklicheres demographisches
Zurückbleiben Frankreichs im weiteren Verlauf des Jahrhunderts
ein.
Ehe und Ehestatuten als kanalisierte Lust waren das eine. Geliebt
wurde auch außerhalb derselben, und sicher bisweilen aufregender. Vor sublimen Seelenergüssen, in welchen erste Regungen
romantischer Liebesbekundung wahrnehmbar waren, konnte die
Staatsgewalt gleich Cupido die Augen schließen. Hölderlins *Diotima*, Schlegels *Lucinde*, Karamsins *Arme Lisa*, Chateaubriands
Atala, die *Corinne* der Madame de Staël, Kleists *Käthchen* oder
Goethes *Gretchen* wühlten Gefühle und Gewissen von Empfindsamen auf, nicht die öffentliche Ordnung.
Argwohn weckte härtere erotische Kunst, und sein berühmtestes
Opfer wurde der Marquis de Sade (1740–1814). Er hatte sich
schon in der Revolution verrechnet, als er 1791 auf günstige Aufnahme seiner gewagten *Justine* (»oder die Mißgeschicke der
Tugend«) hoffte und statt dessen weitschallende Empörung unter
den Saubermännern auslöste. Vorübergehend von Robespierres
Sektion »Piques« zum Sekretär gewählt, danach jedoch dem
Revolutionstribunal nur sehr knapp entronnen, geriet er bei
General Bonaparte nochmals an den Falschen, als er sich erkühnte, dem »Gemahl einer Kokotte« die Neuausgabe seines Buches
(mit freigebigen Kupfern ...) 1797 zu dedizieren. Perversitäten
waren das letzte, was der prüde Ordnungsstifter gebrauchen
konnte. Sicher krankhaft überreizt, doch ebensowenig geistesgestört wie sein zeitweiliger Mitgefangener, der querköpfige republikanische General Malet, beschloß de Sade auf Betreiben der

ehrenwerten Familie seinen strapaziösen Lebensweg durch die Haftanstalten aller drei Regime nach einem letzten zehnjährigen Zwangsaufenthalt im Irrenhaus von Charenton. Niemand dachte daran, für den Namenspatron des »Sadismus«, den moralisch Aussätzigen, von dem Ansteckung auszugehen schien, einen Finger zu rühren oder ein gutes Wort einzulegen.

Wohlfeiler kam der andere »Meisterpornograph« der Jahrhundertwende davon. Nicht der vielgereiste Venezianer Giovanni Giacomo Casanova (1725–1798) ist gemeint, der in einem böhmischen Schloß als Bibliothekar des Grafen Waldstein seine Jugendsünden ohne Zahl in Reue zu Papier gebracht und, von der Gicht geplagt, die Milch der frommen Denkungsart eingesogen hatte. Auch Restif de la Bretonne, fälschlich als »Rousseau der Gosse« geschmäht, hatte zwar seine Glanzzeit als Schriftsteller mit *Monsieur Nicolas* (1797) hinter sich, wurde jedoch immer noch, obgleich meist im geheimen, von Lesern beiderlei Geschlechts mit Heißhunger verschlungen. Der Freund und Darsteller der leichten Mädchen von Paris, der etwas von ihrem bezwingenden Charme wie ihrem unter Flitter verborgenen Elend für die Nachwelt festhielt, blieb in seiner reizvollen Mischung von Dichtung und Wahrheit unübertroffen. Sein erstaunlich sozialkritischer Einsatz aber verblaßte; die nicht mehr »zeitgerechten« utopisch-kommunistischen Anspielungen in seinen früheren Werken waren vergessen. Das wohl machte ihn unverdächtig. Als Napoleon den Thron bestieg, war Leichtfuß Restif siebzig und verarmt. Das Geheimnis, wessen Fürsprache ihm ein Jahr darauf gnadenhalber zu einer Stelle – ausgerechnet bei der Polizei! – verhalf, konnte der schon 1806 Verstorbene nicht mehr preisgeben. Befand sich vielleicht sein Verehrer – oder seine Verehrerin – unter der zweitausendköpfigen Menge, in der ihm Literaten, Gräfinnen und Gunstgewerblerinnen in unvoreingenommener Buntheit das letzte Geleit gaben?

Beigetragen haben mag zu der Anteilnahme, daß eben in jenen Tagen ein uralter Grundsatzstreit zu neuem Austrag kam. Seit Menschengedenken waren sich die meisten Regierenden wie ihre Kritiker darin einig gewesen, die Prostitution als ein – bedauerlicherweise – unvermeidliches Übel zu dulden. Sechstes Gebot hin und her: als Ventil war sie nicht zu entbehren. Sie schützte »Besitzrechte« des Bürgers an Frau und Tochter vor unerwünsch-

Gewisse andere Krankheiten, deren Namen man nicht gern ausspricht, sind in einem Lande, wo so viel, wenngleich nicht sehr tiefgeliebt wird (...), natürlicherweise nichts Seltenes. Man sagt, wenige junge Leute entrönnen diesen etwas unholden Gaben. Es mangelt in Paris keineswegs an Instituten ganzer weiblicher Fakultäten, die sich vortrefflich darauf verstehen, sie zu inokulieren. Die Straßen, besonders um das Palais-Royal herum, sind mit ihnen angefüllt, und ihre Priesterinnen streifen – besonders des Abends – in diesem Centro des Vergnügens rudelweise umher, künftige Patienten für ihre Praxis zu bekommen.
JOHN PINKERTON: ZUSTAND DER MEDIZIN

*Spaziergang
der Stutzer und
Kurtisanen unter
den Arkaden des
Palais-Royal in
Paris. Gemälde
von Louis-
Léopold Boilly,
1804*

ten Herzensbrechern, deren Nachfrageüberhang auf den Markt
der (gegen bar) käuflichen Liebe abgelenkt wurde. Verschiedener
Meinung war man über das Wie.

Die Prostituierten kann man nicht als Randgruppe bezeichnen.
Allein in Paris wurde ihre Zahl – in Abhängigkeit von den zugrunde gelegten Kriterien – auf zehn- bis dreißigtausend geschätzt, und in London dürften es nicht weniger gewesen sein.
Die unterschiedlichsten Kategorien fanden sich darunter: »Edel-
nutten«, die für einen verwöhnten und entsprechend zahlungs-
willigen Kundenstamm Salons bereithielten, bisweilen gekoppelt
mit einem Spielkasino oder durch eine solche Glücksschmiede
kaschiert; Frauen, die von einem festen »Gönner« (der dafür
Exklusivrechte genoß oder jedenfalls beanspruchte) über längere
Zeit »ausgehalten« wurden; Mädchen, die fest in Diensten einer
Puffmutter oder eines Bordellwirtes standen; Halb- und Neben-
berufliche, verheiratet oder ledig, die sich zu ihrem kargen Lohn
nächtens ein Nadelgeld hinzuverdienten; dazu – außer Gelegen-
heitssünderinnen – ein Heer von selbständigen Professionellen,
die sich ihren »Freiern« auf der Straße oder in Lokalen feilboten.
Zu finden waren sie fast auf jedem Pflaster und in allen Preislagen,
am dichtesten aber rund um das Palais-Royal und in den Theater-
vierteln der Stadt. Dank ihren Zuhältern waren die Übergänge

Ein Pariser Bordell. Kupferstich eines unbekannten Künstlers

von der Halbwelt zur Unterwelt fließend und gaben deshalb nicht nur dem Gesundheitsschutz manche harte Nuß zu knacken.

Die ob ihrer Liebenswürdigkeit und ihres Schicks nicht allein von Restif gerühmten Gespielinnen der Kaiserzeit kamen aus nahezu allen Bevölkerungsschichten: Boheme, »gefallene« und deshalb verstoßene Mädchen aus dem Mittelstand, Abenteurerinnen verschiedenster Herkunft. Die große Masse, entlassene Dienstmägde, Zugewanderte vom Dorfe, mittellose Witwen, unterbezahlte Arbeiterinnen und Arbeitslose trieb bitterste Not auf die »Straße«. Einige brachten es zu einer Heirat oder zu einem Kramladen. Für die meisten führte der Weg immer weiter nach unten. Ihnen halfen weder Marengo noch die Sonne von Austerlitz.

Den Behörden konnte es nur recht sein, wenn sich Fremde und Onkel vom Lande in der Hauptstadt vergnügten; sie nahmen es auch deren eigenen Junggesellen und frustrierten Ehemännern nicht weiter übel. Strafrechtlich verfolgt wurden nur Sodomie und Homosexualität als Sünden »wider die Natur«. Das Hauptproblem aber lag in der Eindämmung der weitverbreiteten Geschlechtskrankheiten, deren hauptsächliche Infektionsherde naturgemäß die Prostitution im Gefolge des häufigen und sozusagen anonymen Partnerwechsels schuf. Die Befallenen waren schwer daran zu hindern, ihr Malheur zu verschweigen und weiter zu übertragen. Regelmäßige ärztliche Kontrollen waren zwar Vorschrift, doch wer hielt sich schon mit der erforderlichen Akkuratesse daran, wenn eine festgestellte Erkrankung das Versiegen der einzigen Erwerbsquelle bedeutete! Die Patientin erwartete die Zwangsquarantäne in einem der – meist zu Recht – gefürchteten »Frauenhospitäler«, doch nur in seltensten Glücksfällen auch Heilung. Ein verläßliches Mittel gegen die Syphilis ließ noch volle hundert Jahre auf sich warten.

Im Jahr 1807 entschied sich Napoleon für eine gesetzliche Maßnahme: die schon im Mittelalter (freilich bei geringerem Volumen) praktizierte durchgängige Kasernierung der »Dirnen«, der mit einer Kennkarte ausgestatteten *filles publiques*. Sicher vermochte sie nur die »hauptberuflichen« und auch diese nur unvollständig zu erfassen, die »Einzelinitiative« nie ganz zu unterdrücken. Im Prinzip jedoch setzten sich seitdem die sanitärpolizeilich überwachten gastlichen »Häuser« (deren Leiterin sich den Behörden bisweilen als Vertrauensperson verpflichtete) in großen Teilen Europas als Hauptvariante des ältesten Gewerbes der Welt durch. Man nannte sie noch lange das »französische System«, ohne beim Anblick der roten Laternen seines Urhebers zu gedenken.

Keine Lösung ähnlicher Art fand der Kaiser für die Armee. Außerhalb der Grenzpfähle waren es die Soldaten gewöhnt, sich bei der einheimischen weiblichen Bevölkerung notfalls auch ungefragt schadlos zu halten. Beschwerden wurden ab- oder zurückgewiesen und nur im Ausnahmefall überprüft. Dagegen kam es bei Truppenverlegungen quer durch Frankreich gehäuft zu örtlichen Schwierigkeiten, die nicht einfach zu umgehen waren. Zum Glück blieben – mit Ausnahme der Garden – die Truppenteile nicht lange Zeit am selben Ort, so daß behördliche Untersuchungen meist im Sande verliefen, aber hie und da auch zu exemplarischen Strafen führten. Obwohl streng untersagt, brachten Offiziere vielfach auch ohne Trauschein Frauen aus den besetzten Ländern mit nach Frankreich, um sie dann häufig ihrem Schicksal zu überlassen. Da mit den langen Kriegen die moralische Verwilderung in der Armee um sich griff, schlug diese schließlich auch im eigenen Lande negativ zu Buche und gefährdete »Moral und Sitte« selbst dort, wo sie noch fast unangefochten bestanden hatten.

Räuber
und Gendarm

Das Auge des Gesetzes drang zu jener Zeit nirgendwo bis in die verborgensten Schlupfwinkel. Das Sicherheitsnetz des Staates war noch weitmaschig. Räuberbanden trieben daher in aller Herren Länder ihr Unwesen. Wurde eine ausgehoben und aufgeknüpft, tat sich bald die nächste auf. Die Verhältnisse waren so, daß sie in Not Geratene, Gestrandete, Vagabunden und Abenteuerlustige, zu Recht wie zu Unrecht Verfolgte immer wieder zu einer örtlichen »Gegenmacht« in den damals noch nicht durchgeforsteten Wäldern zusammenführten, wo sie für eine gewisse Dauer als vogelfreie Beutegemeinschaft in einem Niemandsland nach eigener Ordnung lebten.

Seeräuber wiesen den höchsten Organisationsgrad auf und standen im Ansehen ganz obenan – von den alten Flibustiern der Karibik bis zu diversen Schwarzflaggen in fernöstlichen Meeren. In den »Barbareskenstaaten« des nordafrikanischen Maghreb und im Persischen Golf zählte der Piratenkapitän gar zur herrschenden Klasse und sein Gewerbe folglich zu den ehrbaren. Aber auch Landräuber bildeten nicht allein in China und im Osmanischen Reich sozusagen eine feste gesellschaftliche Institution, sondern ebenfalls in manchen Gegenden Italiens; so im Kirchenstaat und südlich davon, wo die jeweiligen Behörden ihre »banditi« fallweise überredeten, das Räubertum gegen den Soldatenrock einzutauschen.[72]

In Grenzgebieten waren die Übergänge zu Schmugglerringen fließend. Arme Bauern im Umkreis ihrer Lager wurden von den Gesetzlosen in der Regel ungeschoren gelassen, um sich ihrer stillschweigenden Neutralität, wenn nicht ihres Wohlwollens zu vergewissern: erklärlich, weil lohnende Erträge nur von Bemittelten, ansässigen oder solchen auf Reisen, einzustreichen waren. Mancher Räuberhauptmann, der durch Kühnheit zu blenden wußte, brachte es infolgedessen gleich Cartouche, Mandrin oder

Robert zu einer gewissen Volkstümlichkeit noch lange über seinen gewaltsamen Tod hinaus; insbesondere dort, wo erbarmungslos geübtes Herrenrecht von den Untertanen als weitaus schmerzhaftere Geißel empfunden wurde. Immerhin gehörten aber »Verbrecher aus verlorener Ehre«, die Karl Moor, Rinaldo Rinaldini und Dubrowski, als edle Rächer öfter der Literatur als dem prosaischeren Alltag an.

Frankreich wurde von »Briganten« vor, unter und nach Napoleon heimgesucht. Hungersnot und Zusammenbruch der Staatsautorität auf dem Lande 1789, danach der 1793 ausgebrochene Bürgerkrieg hatten den Zulauf zu den Strauchdieben und anderem Gelichter verstärkt. Noch schlimmer wurde es unter dem Direktorium, weil es nun wieder mehr zu plündern gab. »Nationale« Begleitmusik erhielt das Räubertum in annektierten oder okkupierten Ländern, ohne daß es sein Handwerk groß zu ändern brauchte. Im Rheinhessischen machte sich Johann Bückler, genannt Schinderhannes (1777–1803)[73], einen gefürchteten Namen, bis er zu Mainz hingerichtet wurde. Beinahe Weltruf gewann als »Fra Diavolo«[74] Michele Pezza (1771–1806) aus Kalabrien, seitdem ihn Kardinal Ruffo, über alle »Begleitkriminalität« großzügig hinwegsehend, 1799 als Oberst der gegenrevolutionären Milizen »Viva Maria« mit Erfolg auf die gottlosen Franzosen in Neapel losgelassen hatte; erst deren Wiederkehr unter dem Kaiseradler brach dem »Bruder Teufel« – unter Flüchen wie Segenswünschen – das Genick.

Die Republik vererbte dem Kaiserreich indessen ebenfalls in Frankreich eine besondere Spezies von Wegelagerern[75], denen schwerer beizukommen war als den gewöhnlichen Straßenräubern, gegen die eine vermehrte und gut ausgerüstete Landgendarmerie (in Anlehnung an die altbewährte »Maréchaussée«) mit ziemlichem Erfolg aufgeboten wurde. Denn in der Bretagne und der Vendée flüchteten einerseits die in offener Schlacht geschlagenen oder als Verschwörer gescheiterten Royalisten, Adlige wie Bauern, noch über Jahre in den kleinen Banden- und Heckenschützenkrieg aus dem Hinterhalt. Andererseits ließ es sich mancher »ordinäre« Schnapphahn nicht entgehen, gleich mit unter dieses politische Mäntelchen zu schlüpfen, um in der anonymen Menge der königstreuen *Chouans* unterzutauchen. Die einen wie die anderen machten die Benutzung der Postkutschen (und mancher übelbeleumdeter Wirtshäuser, nicht allein im Spessart) weniger zu einem Erfolgserlebnis als zu einem Wagnis. Da sich die ortskundigen Angreifer, durch eine starrköpfige Dorfbevölkerung weitgehend gedeckt, überaus beweglich zeigten, konnten ihre Haufen zwar gelichtet, zum Kummer der Ordnungskräfte jedoch nie ganz zerstreut und vernichtet werden.[76] Den Prominenten verblieb überdies in äußerster Bedrängnis der Rückzug zu Wasser nach England.

In den letzten Jahren des Kaiserreichs war es, nach vorübergehender Besserung, um die Sicherheit von Person und Eigentum sogar wieder ärger bestellt. Jetzt strömte eine neue, kopfstarke Gruppe in den Untergrund: junge Männer, die sich den unaufhörlich aufeinanderfolgenden Aushebungen zum Heeresdienst seit 1809 mehr und mehr durch die Flucht ins Grüne entzogen. So süß und würdig wie nach dem römischen Wahlspruch erschien es ihnen nach siebzehn friedlosen Jahren nicht mehr, für ihren unersättlichen Kriegsgott auf dem Felde der Ehre dahinzusterben. Und wer keine ausreichende Hilfe von Angehörigen erfuhr, mußte zusehen, wie er über die Runden kam, auch wenn er von Haus aus weder Aggressionstriebe noch kriminelle Neigungen verspürte und schon gar keine royalistischen Gefühle hegte.

Natürlich versuchten die Gendarmen, die dienstunwilligen Bürschchen wieder einzufangen, denn nicht selten fehlte beim Einrücken ein Drittel des Kontingents – und das bedeutete im nationalen Maßstab den Ausfall ganzer Divisionen. Das Hauptaugenmerk der Polizei jedoch galt der Unterbindung von Aktionen politischer Gegner – eine weitgefächerte Aufgabe, die Staatssicherheit, Abwehr und eigene Kundschaftertätigkeit einschloß. Sie verlangte nach einem ausgefeilten System. Schon nach dem Urteil der Zeitgenossen hatte es der ehemaligen Oratorianer, »Terrorist« und Thermidorverschwörer Joseph Fouché (1759–1820) während seiner Ministertätigkeit (1799–1802, 1804–1810, 1815) darin zur Perfektion – und zum Titel eines »Herzogs von Otranto« – gebracht. Seine Geheimpolizei kam den Steuerzahler teuer zu stehen und fiel ihm obendrein äußerst lästig, denn sie strebte eine – obzwar getarnte – Allgegenwärtigkeit ihrer Organe an. Sie wünschte über möglichst viele alles in Erfahrung zu bringen. Solche »lückenlose« Überwachung von In- und Ausländern erforderte ein Heer von Agenten und Zuträgern, intensive Briefzensur, Bestechung wie Bespitzelung – und selbstverständlich eine peinliche Durchschnüffelung der Privat- und Intimsphäre, wobei sie vor Erpressung nicht zurückschreckte. Man eruierte auf lange Sicht, und niemand, einschließlich der Asse der Empiregesellschaft selbst, konnte wissen, ob nicht Fouché auch über ihn längst eine sich früher oder später als kompromittierend erweisende Geheimakte angelegt hatte, und was sie enthielt. Das Unbehagen, das sich darob verbreitete, ist leicht zu verstehen. Wer hatte schon eine ganz weiße Weste unter all diesen Hochgekommenen oder wieder Hochgekommenen, wer trug nicht in der einen oder anderen Hinsicht auf beiden Schultern? Wer traf nicht Vorsorge für den Eventualfall einer nochmaligen jähen Wende nach so vielen schon erlebten? Wer mochte es gern, wenn sich bei jedem beliebigen Geschäftchen ein Polizeischatten dazwischenschob oder doch befürchtet werden mußte, daß er es tun könne? Für flatternde Nervenkostüme wurde Fouché zum Alptraum.

Hinzu kam, daß der Minister seinen Apparat zwar in den Dienst des Kaisers stellte und diesen zuverlässig schützte[77], gleichzeitig jedoch eine eigene »historische« Konzeption verfocht, die keineswegs immer mit den angemeldeten Wünschen und Launen des Usurpators übereinstimmte; er überschritt Zuständigkeiten und Befugnisse eines »Polizisten«. Stand für Napoleon der Hauptfeind links, so für Fouché rechts, und es wird bis heute über seine tieferen Absichten gerätselt, zumal man seinen Memoiren wenig Glauben schenken kann. Wollte der Realpolitiker substantielle Errungenschaften der bürgerlichen Revolution so weit, als unter den gerade gegebenen Bedingungen möglich, durch geschmeidige Kompromisse über die Hürden eines sich versteifenden Regimes bringen, und hielt er eine unsichtbare Hand über einige der alten Kämpen als seine demokratische Reserve? Riskierte der zur Freude vieler 1810 in Ungnade Gefallene, das Kaiserreich in seiner Hybris für unwiderruflich verlorengebend, den Hechtsprung ins bourbonische Fahrwasser mit dem Hintergedanken, sogar dort noch zu retten, was an 1789 zu retten war? Oder wagte er ein Hasardspiel mit höchstem Einsatz vornehmlich aus Spielerleidenschaft und Kombinationslust, wo nicht aus kleinlicher Sorge um den kostbaren eigenen Kopf? Es scheint, als wäre dieser für solche vereinfachende Deutung denn doch zu scharfsinnig gewesen.[78]

Das Gefängnis Saint-Lazare in Paris. Es war in einem während der Revolution säkularisierten Kloster eingerichtet worden. Die Insassen durften sich tagsüber auf den Gängen aufhalten. Der Maler, Hubert Robert, war 1793/94 selbst aufgrund einer Denunziation in Haft genommen worden, aus der er erst im Thermidor freikam. (Musée Carnavalet, Paris)

Napoleon mißtraute nicht einfach Fouchés Gerissenheit. 1809 lagen konkrete Verdachtsmomente gegen ihn vor: Kontakte zur royalistischen Emigration in England; eigenmächtige »Friedenspläne«, die der Großspekulant Ouvrard in seinem Auftrag ventilierte, und anderes mehr. Fouché konnte sich damit verteidigen, daß ein Ministerium wie das seinige die Finger überall haben und auch über hochbrisantes Spielmaterial verfügen müsse, doch durfte man ihm Glauben schenken? Oder war der oberste Sicherheitsbeamte trotz – oder gerade infolge – seiner nicht angezweifelten fachlichen Qualitäten selber ein Sicherheitsrisiko für das Empire? Sein Verhalten 1812, 1814 und 1815 wird gegen ihn sprechen.

Fouchés Nebenbuhler und Nachfolger Savary (1774–1833) weckte solche Ängste nicht. Von seiner Adjutantenzeit in Ägypten bis über Waterloo hinaus bewahrte er sich als Napoleons getreuer Schildknappe, geradlinig und die Verläßlichkeit selbst, wenn schon kein hochfliegender Geist: ein General, seit 1808 »Herzog von Rovigo«[79], der dreinfuhr und dabei hin und wieder in bester Absicht danebentraf.

Auch in einem machtvoll expandierenden Staat reichen die Mittel nicht für alles gleichzeitig. So kam die Bekämpfung der »ordinären« städtischen Kriminalität im Kaiserreich entschieden zu kurz.[80] Mit der Einführung eines neuen Strafgesetzbuches war es nicht getan. Der *Code pénal* von 1809, der zwei Jahre darauf in Kraft trat, machte überdies den Abstand deutlich, den das Kaiserreich inzwischen von den humanitären Erziehungsidealen der Revolution genommen hatte. Er sagte alles über das Belangen von Missetätern, namentlich von Frevlern an der Heiligkeit bürgerlichen Eigentums, doch nichts über vorbeugende oder heilende Maßnahmen zur Eindämmung und Abwendung von Straftaten aus. Obgleich eine zunehmende Anzahl von Laternen – 1814 waren es schon über viertausend – den nächtlichen Heimweg auf den Hauptstraßen etwas sicherer machte, wurde auf dem Pflaster von Paris nicht weniger gestohlen, betrogen, eingebrochen, überfallen, vergewaltigt, totgeschlagen und gemordet als in den beiden anderen europäischen Städten gleicher Größenordnung, London und Konstantinopel. Der Scharfrichter klagte demzufolge keineswegs über Arbeitsmangel – und kurioserweise blieb gerade sein Amt als einziges im Lande der Revolution sogar erblich. Ein Privileg des Sonnenkönigs hatte 1688 die Pariser »Henkerdynastie« Sanson begründet.[81] Charles Henri (1740–1793) wurde zur historischen Figur, als er – an einem »unpolitischen« Straßenräuber – 1792 in Abkehrung vom Handbeil die erste Hinrichtung mittels der Guillotine vollzog; er war der Mann, der 1793 – ungern – Ludwig XVI. köpfte. Sein Sohn Henri (1767–1840) vollstreckte mit derselben Korrektheit die Urteilssprüche des Revolutionstribunals, und weder Napoleon noch nach ihm Ludwig XVIII. fühlten sich gedrängt, ihm daraus einen Strick zu drehen: Kontinuität in der Diskontinuität.

Dem Bettel, vor dem schon die drei Nationalversammlungen ihre

Ohnmacht bewiesen hatten, wollte das Dekret vom 5. Juli 1808 zu Leibe rücken. Um diesen »Vorhof des Verbrechens« leerzufegen und die pauschal als arbeitsscheu eingestuften Land- und Stadtstreicher von der Straße zu bringen, ordnete es in jedem Département die Errichtung eines Arbeitshauses an, das den Armen »eine Zuflucht, Lebensunterhalt und unterbezahlte Arbeit« zu gewährleisten hatte. Für die Orte, an denen ein solches *dépot de mendicité* bestand, galt ein absolutes Bettelverbot. In allen anderen Gemeinden bezog sich dieses auf gesunde Arbeitsfähige und Gewohnheitsschnorrer. Die Paragraphen 276 bis 281 des *Code pénal* legten für Rückfalltäter und »erschwerende Umstände« hohe Strafmaße fest, die die ihnen zugedachte abschreckende Wirkung dennoch völlig verfehlten.

Das organisierte Verbrechen hatte sich aus dem Ancien régime verhältnismäßig unberührt über die Revolutionsjahre hinweggerettet. Konjunkturelle Gelegenheiten von solchem Großformat wie der Raub der Kronjuwelen 1792 oder die massenhafte Assignatenfälschung während der Papiergeldschwemme boten sich im Kaiserreich nicht wieder. Dafür profitierten die Unterwelt und ihr weitmaschiges Hehlernetz von der Ausweitung des Marktes über Europa, der gestiegenen Mobilität in der mondänen Reichshauptstadt, vom Rüstungsboom und den einströmenden Tributen, von denen manches Goldstück an schmutzigen Fingern klebenblieb; schließlich von der höheren Ortes durchaus erwünschten und sogar angestachelten Luxusentfaltung alter und neuer Geldleute. Zu Lizenzenschwindel und Schwarzmarkttricks reizten insbesondere die von der Kontinentalsperre hervorgerufenen Engpässe.

Die Korruption uferte aus, denn den großen Dieben in der Verwaltung und den mit ihnen unter einer Decke steckenden Großlieferanten und -spekulanten geschah weiterhin nicht viel. Steuerhinterziehung galt, wenn hoch genug angesiedelt, lediglich als Kavaliersdelikt. Sogar ein langmütiger Napoleon in Person begnügte sich mit der schlichten Entlassung seines Privatsekretärs und ehemaligen Mitschülers Bourrienne, der binnen kurzem aus öffentlichen Mitteln eine stattliche Million in die eigene Tasche abzuzweigen verstanden hatte.

Zur Jagd auf kleine Spitzbuben aber ließ sich die kaiserliche Polizei oder genauer gesagt ihr Präfekt, Baron Pasquier, der für das sittliche Wohlverhalten der Hauptstadt geradezustehen hatte, etwas einfallen beziehungsweise einreden.[82]

Als Jean François Eugène Vidocq den Polizeigewaltigen anno 1809 einen Vorschlag unterbreitete, hatte der sechsunddreißigjährige Bäckerssohn aus Arras im Artois ein hinlänglich bewegtes Leben hinter sich. Nach eigener Darstellung wurde schon der rauflustige Bub von Mitbürger Robespierre ermahnt, seine bemerklich überschüssigen Körperkräfte nutzbringender einzusetzen als im Handgemenge. Er ging unter die Soldaten, erst in Frankreich, dann bei den Österreichern und wieder in Frankreich. Dort kam er nach etlichen weiteren Zwischenfällen gerade zurecht, um sich bei Valmy und Jemappes mit dem Siegerkranz zu schmücken. Anschließend aber geriet er leider auf eine ganz schiefe Bahn. Diebstähle, Betrügereien, Fälschungen: seine Strafakte quoll über, und er mußte lange Jahre im *Bagno* von Nantes absitzen. Dies war keine Besserungsanstalt, in der Cesare Beccarias Appell zur Humanisierung des grausamen, oft sadistischen Strafvollzugs ein Echo gefunden hätte. Die »Knochenmühle« des Zuchthauses wollte vielmehr den als verderbt vorausgesetzten Willen des Delinquenten mit physischen und moralischen Mitteln brechen.

Das ertrug sogar dieser breitschultrige Hüne Vidocq auf die Dauer nicht. Zweimal ausgebrochen, begann er ein Katz-und-Maus-Spiel mit seinen Verfolgern. Er wurde es müde und sie auch. Als er anbot, in des Kaisers Dienste zu treten und seine überreichen Erfahrungen, Erkenntnisse und einschlägigen Verbindungen zum Pariser »Milieu« in die Partnerschaft einzubringen, ließ es Pasquier auf den Versuch ankommen. Bediente sich doch Napoleon selber mit bestem Erfolg des reuigen Paschers Schulmeister aus dem Badischen zur Ausführung von Sonderaufträgen.

Vidocq wurde zum Leiter einer aus vorbestraften Branchenkundigen zusammengesetzten größeren Sicherheitsbrigade ernannt und brachte sich durch einige am Rande der Legalität geführte, jedoch eklatant sitzende Schläge gegen seine ehemaligen Berufskollegen, aus deren Mitte er weitere einschlägig begabte Mitarbeiter anheuerte, lebhaft ins Gespräch. Die Statistik der Verbrechensbekämpfung in Paris hellte sich erfreulich auf, und alsbald machte sich Vidocq den Häschern so unentbehrlich, daß er das Kaiserreich auf seiner Dienststelle unbehelligt um ein Jahrdutzend überleben durfte.[83] Ein solchermaßen in die rechte Richtung Umgefallener kam den Machthabern jedweder Couleur, ob Trikolore oder weißes Lilienbanner, immer gelegen.

Dennoch muß Vidocq außer seinen weniger ansprechenden auch gewinnende Eigenschaften besessen und eine sonderbare Anziehung ausgeübt haben; vielleicht deshalb, weil er sich auch in schier ausweglos scheinender Lage nie aufgab. Damit bestach er nicht allein Kenner der Materie und Philister auf Sensationshasche. In der Julirevolution 1830 war er wieder mit von der Partie und in der Februarrevolution 1848 – an der Seite Lamartines – auch. Seine kühne Phantasie heckte noch manches Experiment aus. Einiges – wie die von ehemaligen Sträflingen als eine Art Rehabilitationszentrum betriebene Papierfabrik – verunglückte. Anderes machte auf seine Weise Geschichte. So die Gründung der ersten Detektei. (Und was wäre ohne die Erfindung des Privatdetektivs aus dem Krimi geworden?) Der Verwandlungskünstler dankte es keinem dummen Zufall, wenn er wie kein anderer der zwielichtigen Doppelgattung, so vielfältig verkleidet wie in seinem wirklichen Leben, in den Büchern berühmter Freunde, die er anregte, als Gestalt der Weltliteratur sein Fortkommen fand: bei Eugène Sue, Balzac, Victor Hugo und Alexandre Dumas. Die *Geheimnisse von Paris*, Vautrin, Jean Valjean, der *Graf von Monte Cristo* sind alle ein Stück von ihm ...

Der verwaltete Mensch

Die Bürokratie war beileibe keine Erfindung der Französischen Revolution. In China blickte sie auf stattliche zwei, in Ägypten gar auf vier Jahrtausende emsiger Schreibtätigkeit zurück. In Europa tat sie sich nach dem Untergang des Römischen Reiches schwerer. Erst die absoluten Monarchien neueren Datums hatten, um widerspenstigen Partikulargewalten einen Zaum anzulegen und dem Fiskus weitere Jagdgründe zu erschließen, stabile Beamtenapparate geschaffen und den feudalen »Personenverband Staat« zu einer zentralgelenkten Verwaltungseinrichtung modernisiert. Zu einer perfektionierten, das heißt alle Lebensbereiche erfassenden Administration reichte es zwar im 18. Jahrhundert noch nicht. Ein Anfang aber war gemacht, dem oft recht langlebige Beamtenzöpfe eines bestimmten »klassischen« Typs entwuchsen: so des preußischen, des österreichischen oder des russischen.

In Frankreich lief der Vorgang hingegen nicht konfliktlos ab. Hier gerieten den grob- oder feingesponnenen Anordnungen von oben Bewegungen von unten in die Quere. Weil sich in dem Gesellschaftsgefüge schon Zerrungen bemerkbar machten, erhöhte jede rein administrative Korrektur, mit der das Volk der Franzosen ungefragt beschenkt wurde, die Spannung zwischen den widerstreitenden Sozialkräften und bewirkte jenes Neben-, Gegen- und Durcheinander von adligen und bürgerlichen Antrieben, das eine der Hauptursachen war, die zur Aushöhlung des Ancien régime führten. Schönheitspflästerchen auf Verwaltungsebene genügten nicht, es vor dem Fall zu bewahren.

Die Revolution ließ im Endeffekt von den überkommenen Staatsmechanismen nicht allzu viele übrig und schuf dafür andere. Sie verschlang insbesondere die vielen käuflichen Ämter einschließlich der meistbegehrten richterlichen. Haß auf den »Despotismus« der Regierung in Versailles – mehr noch der Minister als des

Königs – schlug sich in einer Dezentralisierung der Gewalten nieder. Der Staatsbürger verwaltete sich selbst, nicht mehr Untertan, sondern *Citoyen*, jeder für sich ein artikulierter Teil des Souveräns, der jetzo »die Nation« oder »das französische Volk« hieß. Er tat dies, indem er seine Beamten in öffentlicher Versammlung wählte und Rechenschaft forderte – nicht mehr sie von ihm, sondern er von ihnen: trotz allen Kinderkrankheiten bei Wählern wie bei Gewählten schon ein bemerkenswertes Stück junger Demokratie. Den besoldeten Beamten traten ehrenamtliche zur Seite, was die begrifflichen Grenzen sicher etwas verwischt.

Der *fonctionnaire* oder *officier public* war verständlicherweise in hohem Maße politisiert. Oft verdankte er vorhergegangenem patriotischem Einsatz seinen Posten und machte danach von Amts wegen wiederum in Politik. So wurde diese erneuerte Beamtenschaft in die Auseinandersetzungen um den Charakter der Republik verstrickt. Sie verfügte über einen Zipfel Macht, was zur Folge hatte, daß die streitenden Parteien um so mehr danach strebten, sie in ihrem Sinne zu beeinflussen und zu bearbeiten, um sich ihrer Unterstützung zu vergewissern. Unter den Bedingungen von Krieg und Bürgerkrieg warf aber die jakobinische Revolutionsregierung, die ihre hartnäckigsten Widersacher während der girondistischen »Föderalistenrevolte« im Sommer 1793 gerade unter den Administratoren der Départements gefunden hatte, das Steuer energisch herum. Der Beamte – bis hinauf zum Minister – wurde nun wieder ernannt und nicht nach dem Mehrheitsprinzip gewählt, strengster Überprüfung und Überwachung durch gesellschaftspolitisch verantwortliche, jedoch »außerparlamentarische« Instanzen wie den Jakobinerklub und die ihm angegliederten Volksgesellschaften unterworfen.

Das Direktorium hinwiederum ließ die Zügel schleifen. Wie es in allem schillerte und balancierte, so auch in seinen Verwaltungsgrundsätzen. Es richtete die von der Revolutionsregierung aufgelösten und durch die Kommissionen des Konvents ersetzten sechs Ministerien wieder ein und organisierte das »Dach« der Republik. Während es auf der mittleren Verwaltungsebene der Départements Unentschlossenheit zeigte, konnte es auf seiner Habenseite eine praktikable Gemeindeordnung vorweisen, die dem örtlichen Besitzbürgertum entgegenkam, ohne die Entscheidungsfreiheit der Pariser »Halbdiktatoren« einzuengen oder zu gefährden.

Ansonsten aber standen den Brumairiens, als Bonaparte sein Konsulat antrat, alle Optionen noch offen.

Die übersichtliche Verwaltungsstaffelung der Revolution: Bezirk – Kreis – Gemeinde war gut eingeschlagen und füllte sich so mit Leben, daß sie weltweit Schule machte und bis heute nachklingt. An ihr groß herumzuflicken, fanden Konsulat wie Kaiserreich keine Veranlassung. Neu definierte man ihre Wirkungsweise: nicht als echte örtliche oder regionale Selbstverwaltung, sondern als präzise arbeitendes, von *einer* Hand aufgezogenes Uhrwerk. Herausgestellt wurde vor allem die Einheitlichkeit und Unteilbarkeit der Staatsautorität, personifiziert in der Allmacht Napoleon Bonapartes, bei dem die Fäden zusammenliefen.[84]

Die Präfekten sind die Organe des Gesetzes und die Instrumente ihrer Ausübung. Sie haben weder das Recht, ihren eigenen Willen zu äußern, noch ihre eigene Meinung.
LUCIEN BONAPARTE, 1800

Das Verwaltungsschema war kompromißlos von oben nach unten durchgegliedert: an der Spitze des Départements der Präfekt, von ihm abhängig die Unterpräfekten der Kreise und darunter die Maires der Gemeinden. Sie alle wurden nach Vorschlagslisten, die später die jeweils örtlich registrierten Notabeln einreichten, vom Ersten Konsul und nach 1804 von Seiner Majestät ernannt. Sie verkörperten die Staatsmacht am Platze, nicht das Lokalinteresse »rund um den Kirchturm«. Die Gemeinde-, Kreis- und Bezirksräte, die ihre Nase gefälligst ausschließlich in Haushaltsangelegenheiten zu stecken hatten, setzte ebenfalls die Regierung ein. Die einen wie die anderen hatten sich als deren bevollmächtigte Vertrauenspersonen zu betrachten.

Die Geburtsstunde dieses Systems schlug früh: am 17. Februar 1800 mit der Schaffung einer neuen Kaste, den *Präfekten*, die Bonaparte zu zwei Dritteln, auf den Rat seines Bruders Lucien, persönlich auswählte. Die ihnen zugedachte Rolle umschrieb Lucien, ohne mit der Wimper zu zucken, als die von blinden Werkzeugen der Regierung. Sie waren die Delegierten des Konsuls – ab 1804 des Kaisers – in ganz Frankreich und darüber hinaus. In seiner Rede aus Anlaß ihrer Berufung wurde Napoleon noch deutlicher: »Seien Sie niemals die Männer der Revolution!«

Wer sie in Aktion sah und erlebte, wäre auch kaum auf solch einen Verdacht gekommen. Eher neigte der tüchtige Statthalter dazu, die »Repräsentation« zu übertreiben. Er strengte sich an, den »Ball des Präfekten« zu Kaisers Geburtstag, der am 15. August so unschicklich außerhalb der »Saison« lag, zu *dem* gesellschaftlichen Ereignis seines Départements zu machen. Eine kostbare

Uniform unterstrich, obgleich er in der Regel zivilen Herkommens war, den militärischen Charakter seiner Funktion und der Zentralmacht, die er vertrat.[85]

Daß die vornehmlich aus Großbürgertum und Aristokratie rekrutierten Präfekten eine Kaste bildeten, ist keine Überspitzung. Mit als erste wurden sie 1808 der Erhebung in den kaiserlichen Adel teilhaftig. Die begehrte Präfektur tendierte dazu, so etwas wie eine Erbpacht zu werden.[86]

Das hat zwar schwerlich in Napoleons Absicht gelegen. Er konnte es jedoch nicht verhindern und legte schließlich selber den Grundstock dazu. So blieb de Jessaint, sein Mitschüler in Brienne, als Präfekt des Départements Seine-et-Marne volle 34 Jahre in seinem Amt. Er überlebte, wie man ausgerechnet hat, 37 Innenminister unter dem Konsulat, dem Empire, der ersten Restauration, den »Hundert Tagen«, Ludwig XVIII., Karl X. und Louis Philippe. Auch sein Sohn und sein Enkel brachten es zum Präfekten.

Für Paris, das aus diesem Rahmen herausfiel, erfolgte eine Sonderregelung. Eingedenk der Erfahrungen, die seine Ordnungsliebenden in der Revolution mit dem Linksschwung ihrer selbstbewußten Commune gemacht hatten, erhielt es weder einen Stadtrat noch ein Stadtoberhaupt zugebilligt. Ersatzweise gab es einen Maire für jedes der zwölf Arrondissements, zu denen die unruhigen 48 Sektionen schon 1795 zusammengelegt worden waren. Eigentlich regiert wurde die Hauptstadt als Ganzes vom Präfekten des Départements Seine, zu dem außer Paris noch zwei weitere Arrondissements in der Bannmeile gehörten. Um seine Position augenfällig zu untermauern, nahm er Sitz im historischen Rathaus am Grève-Platz. Da sein Aufgabenkreis jedoch denjenigen eines gewöhnlichen Präfekten bei weitem übertraf, wurde zu seiner Entlastung ein zusätzliches Amt geschaffen: das des Polizeipräfekten, der in Sachen Ordnung und Sicherheit sämtliche Vollmachten besaß. Er wurde daher zu einer Schlüsselfigur, insofern es das Befinden der Residenzler betraf. Spitze Zungen freilich meinten, daß man nun glücklich wieder bei der alten Zweiteilung der Gewalten zwischen dem »Vorsteher der Kaufmannschaft« und dem »Polizeileutnant des Königs« anrüchigen Gedenkens angelangt sei und folglich den Bourbonen einiges abzubitten habe.

Die Hauptsache aber bestand darin, daß die Menschen gewiß waren ihre Zwecke unter ihm zu erreichen. Deshalb fielen sie ihm zu, so wie sie es jedem tun, der ihnen eine ähnliche Gewißheit einflößt. Fallen doch die Schauspieler einem neuen Regisseur zu, von dem sie glauben, daß er sie in gute Rollen bringen wird.

GOETHE: GESPRÄCHE MIT ECKERMANN

Zusammengehalten wurde dieses ganze festgezurrte Netz durch ein Berichtswesen, das den Vergleich mit dem Papier- und Tintenkrieg der Revolutionsregierung nicht zu scheuen brauchte. Unausgesetzt rieselten Weisungen, Anordnungen und Rückfragen auf dem Instanzenweg von der Regierung bis in die untersten Amtsstuben im Lande; in umgekehrter Richtung wurden kurz- und mittelfristige Lageberichte angefordert. Soweit das die Präfekten betraf, gingen sie tatsächlich ein: Anderthalb Millionen an der Zahl sollen es unter Napoleon gewesen sein – und das vor Erfindung der Schreibmaschine, per »Gänsekiel«! Ein Bienenfleiß, für den ihnen der Forscher im Archiv, dem die ausführlichen Berichte als Zeitdokumente unersetzlich sind, Dank weiß.

Für die praktische Steuerung des Kaiserreiches sah das etwas anders aus. Was vom Minister über den Präfekten bis zum Unterpräfekten und vice versa noch einigermaßen nach Vorschrift funktionierte, blieb dann beim letzteren nur zu oft hängen. Und welcher biedere Maire auf dem flachen Lande gar war – bei aller schuldigen Hochachtung vor dem Empereur – überhaupt befähigt, die gewünschten Analysen abzufassen oder auch nur niederzuschreiben, wenn kein federgewandter Dorfsekretär zur Hand war? Was die vorgesetzte Behörde in kurzen Zeitabständen nicht alles von ihm wissen wollte: über den Stand der Wirtschaft und der Ernte, Daten über die demographische Entwicklung, Hinweise auf die Stimmung in der Bevölkerung! An auftretende Informationslücken aber gewöhnte sich die »mittlere Ebene«, überklebte sie vor der Weiterleitung, so gut es zu machen ging, und hängte das Dienstversäumnis der Aussagepflichtigen nicht immer gleich an die große Glocke, zumal ohnehin kein Mensch dieses ganze Geschreibsel lesen konnte und wollte: trauriges, doch nicht unverdientes Fazit jeder überzogenen Berichterstattung. Auch pflegte man die Meldung gern nach des Kaisers vorgefaßter Meinung abzufassen, sofern man sie zu ergründen glaubte, was diesen wiederum in seinem Vorurteil bestärkte. Die Folge war, daß sich eine Menge von dem, was sich im Lande so abspielte, bis zu Napoleons Ohr nie durchsprach und er darüber weitaus weniger auf dem laufenden war, als sich das einbildete. Auch seine häufigen Inspektionsfahrten konnten nicht verhindern, daß er über die Vielzahl jener Franzosen, die an ihm und seinen Ruhmestaten ungerührt vorbeilebten, herzlich wenig Bescheid wußte.

Reise des Ersten Konsuls in die nördlichen Départements. Bonaparte und sein Stab werden von Vertretern der lokalen Behörden empfangen. Kupferstich eines unbekannten Künstlers, 1803

Da die Qualität der Regierung nicht zuletzt an ihrem öffentlichen Dienst gemessen wurde, mußte sie auf korrekte und kompetente Amtsführung schon achten und tat es im allgemeinen auch. »Durchgehen« ließ sie so leicht nichts, denn Unmutsäußerungen des Publikums fielen unweigerlich auf die Staatslenkung zurück. Im eigenen Hause Ordnung zu halten, diente in den Augen vieler als Beweis innerer Festigkeit. Wo Vergleiche zu anderen gezogen wurden, schnitt daher die französische Verwaltung der Kaiserära nach dem Urteil Unvoreingenommener oft ausgesprochen günstig ab; sogar dort, wo man ihrem Lande in politischer Hinsicht nicht eben grün war. Auch Gegner lernten – gleich den preußischen Reformern – manches Nützliche von ihr.

Trotzdem fanden sich auch Postenjäger und taube Nüsse, Diebe und Betrüger in ihren Reihen. Die Versuchung nahte insonderheit auf besetztem oder zwangsverbündetem Gebiet, wo französische Administratoren eine Zeitlang nahezu unbeaufsichtigt inmitten einer verängstigten, weil zur Gegenwehr unfähigen Bevölkerung »nach Eroberungsrecht« schalten und walten, sich als Halbgötter aufspielen konnten: »Vae victis!«, wie ihr Vorfahre Brennus die geschlagenen Römer gehöhnt haben soll. »Kolonialpraktiken« nannte man es bisweilen. Die vielleicht nicht wiederkehrende

Gelegenheit zu schneller und ausgiebiger Bereicherung, die unter heimatlichen Verhältnissen so kaum möglich war, nagte da und dort die Probität der Ämter an – je höher hinauf, desto mehr.

Materielle Sicherung polsterte die Moral des Staatsdieners verläßlicher auf als jede patriotische Standpauke. Zwar blieb die horrende Spanne zwischen den Einkommen des hohen Amtsträgers und des unterwürfigen Kanzlisten bestehen. Jedoch besaß seit dem Beamtengesetz von 1809 auch letzterer die Gewißheit, seine Bezüge pünktlich und in wertbeständiger Münze – über eine Pensionskasse bis in seine Rentnerjahre hinein – zu erhalten. Man bedenke: Der 1803 geschaffene »Franc Germinal« – mit fünf Gramm Silbergehalt – sollte seine Parität immerhin bis zum Ausbruch des Ersten Weltkriegs im Jahre 1914 behaupten!

Übertrumpft wurde seine Lebensdauer vom Orden der Ehrenlegion (*Légion d'honneur*). Mit seiner Stiftung am 19. Mai 1802 fand Bonaparte ein wirksames Mittel, Ehrgeiz und Eifer seiner Beamten gleich jenem der Militärs und der Gelehrten anzustacheln. Anfangs war das nur ein schlichtes Diplom für »besondere Verdienste um das Vaterland«, das der Konsul überdies erst im Oktober nach Überwindung von unerwartet zähen Widerständen grundsätzlicher »Ordensfeinde« in den Kammern und sogar in seinem Staatsrat, als republikanischen »Pour le mérite« durchzusetzen vermochte. Das Kaiserreich aber verlangte nach mehr Glanz. Mit Bedacht wählte Napoleon 1804 den Hôtel des Invalides (nicht deren Dom) zur Stätte eines ersten feierlichen Dekorationsaktes im Großen, bei dem er aus einem zu seinen Füßen hingestellten goldenen Becken die Ordenssterne austeilte.

Fortan wurde der Orden, dessen Großmeister das jeweilige Staatsoberhaupt war (und ist), in fünf Klassen verliehen: Ritter, Offiziere, Kommandeure, Großoffiziere und Großkreuze. Er wurde am roten Band getragen: als Kreuz aus Silber für die Ritter, aus Gold für die anderen Klassen. Form und Legende glichen sich jedoch: Alle führten die Inschrift »Honneur à la Patrie« und umschlossen in einem Mitteloval Bildnis und Namenszug des Kaisers Napoleon. Zum Straßenanzug trug – und trägt heute noch – der Ritter ein schmales rotes Band im Knopfloch, das Mitglied der höheren Ränge eine Rosette.[87]

Die »Legion« wurde reich ausgestattet. Als Sitz erhielt sie den Pariser Hôtel de Salm zugewiesen, in dem sie auch verblieben ist.

Gleichwie diese bei den Invaliden gefeierte Zeremonie gewissermaßen als die erste betrachtet werden konnte, in der der Regent Frankreichs in seiner neuen Kaiserwürde erschien, so war sie auch nicht wenig imposant durch die größte Entfaltung äußeren militärischen Pomps

JOHN PINKERTON:
DIE EHRENLEGION

Seit 1807 verfügte sie gar über das angesehenste Mädchenpensio-
nat Frankreichs, das der Kaiser auf Schloß Ecouen errichtete und
dessen Leitung auf sein Geheiß an Madame Campan überging,
eine zweifellos hervorragende Pädagogin, die indessen bis 1792
Erzieherin der Kinder Ludwigs XVI. gewesen war. Damit gab er
den Ordensträgern und erst recht solchen, die es noch werden
wollten, einen – für sie – wertvollen Fingerzeig.

Was immer sich in der politischen Stratosphäre über den Köpfen
der gewöhnlichen Sterblichen zutragen mochte: Weder die Staats-
maschine noch ihre Bediener verspürten einen verderblichen
Hang zu kopfloser Veränderung. Mochte das Regime wechseln –
und es wechselte ja tatsächlich: die napoleonische Verwaltungs-
struktur, ihre Schöpfungen und ihre Geschöpfe erbten sich mit
geringfügigen Modifikationen von einem auf das andere fort. Die
Kontinuität einer ihrem Wesen nach bürgerlichen Staatseinrich-
tung auch im Personalbestand angemessen anzeigend, wird sich
der Vorgang mit schöner Regelmäßigkeit noch 1830, 1848, 1852
und 1870 wiederholen, um darzutun, daß der »unpolitische« Ver-
waltungsmensch, beginnend mit dem »Karrierebonapartisten«,
gut gelernt hat, zur rechten Stunde auf den gerade richtigen Kurs
einzuschwenken.[88] Konnte man es ihm verdenken in einem
Lande, in dem sich der Wandel an der Spitze als das einzig Bestän-
dige einzunisten schien?

Der Beamte hatte es meistenteils nicht nur mit der Verwaltung
von Sachen, sondern von Menschen zu tun. Irgendwo geriet fast
jedermann in sein Gesichtsfeld. Gegenüber dem einzelnen Bürger, der sich auf keine Tafel der Menschenrechte mehr berufen
konnte, hatte er das »höhere Staatsinteresse« durchzusetzen. Im
Bewußtsein der Verwalteten drängte das auf eine Identifikation
von Staat und Staatsgewalt, einer Exekutive, die unkontrolliert
über der nichtvertretenen Nation schwebte; nicht nur verwaltete,
sondern auch richtete. Sie mochte innerhalb gewisser Grenzen,
die sie selber zog, das Gemeinwohl im Visier behalten, weil es sich
im Wohlstand leichter regieren läßt, aber sie mußte nicht. Sie
konnte ebensogut anders.

Dagegen standen den »Verwalteten« Rechtsmittel im Rahmen der
erarbeiteten Rechtsordnung zu ihrer Verfügung. Über Mangel an
formaler bürgerlicher Gleichheit (vor dem Gesetz in seiner Erha-
benheit) hatten sie selten Beschwerde zu führen. Nichts war von

dem Wirrsal ständischer Exemtionen und Sonderrechte, von kanonischen und Gewohnheitsrechten, örtlichen und regionalen Varianten geblieben. Fünf Gesetzbücher des Kaiserreiches stellten sicher, daß gleiches Recht an jedem Ort für jedermann gereicht und gesprochen wurde: Zivilgesetzbuch, Zivilprozeßordnung, Handelsgesetzbuch, Strafgesetzbuch und Strafprozeßordnung. Trotz des begründeten Tadels, den sich namentlich Passagen in den späteren, restaurativ angehauchten Gesetzbüchern zuzogen, war das für jene Zeit eine einmalige und unerhörte Leistung. Unübertroffen blieb jedoch der *Code civil* vom 21. März 1804, der seit 1807 Napoleons Namen trug und – direkt oder mittelbar – in der Legislation des gesamten Jahrhunderts von Südamerika bis Japan fortleben sollte.

Mein wahrer Ruhm liegt nicht in den vierzig Schlachten, die ich gewann, denn die Niederlage von Waterloo wird die Erinnerung an ebenso viele Siege auslöschen. Was nicht zerstört werden wird, was ewig leben wird, ist mein Code civil
NAPOLEON AUF SANKT HELENA

Der Code civil war natürlich kein Genieblitz Bonapartes, wie seine Zitierung vermuten ließe, sondern reinstes juristisches Destillat aus Aufklärung und bürgerlicher Revolution, um das ein Jahrzehnt lang gerungen wurde. Schon 1793 hatte eine Kommission unter Cambacérès dem Konvent 719 Paragraphen eines Entwurfs vorgelegt, der, als zu technisch und zu detailliert befunden, um von der Masse verstanden zu werden, der Ablehnung anheimfiel.

Eine zweite Fassung in nur 297 Paragraphen blieb 1794 auf der Strecke und eine dritte in 500 zwei Jahre darauf. Eine neue Kommission lief sich mit Jacqueminots Entwurf 1799 fest, und erst die nachfolgende, schon unter dem Konsulat 1800 berufene, brachte nach dreijähriger intensiver Diskussion, an der sich Bonaparte dann in der Tat sehr rege beteiligte, den auf 2281 Artikel angeschwollenen Text über die letzten Hürden. Seine herausragenden »Väter« waren Portalis (1745–1807) und Cambacérès, Tronchet, Malleville und Bigot de Préameneu.[89]

Der Kodex gliederte sich in vier Teile: einen allgemeinen über Recht und seine Anwendung, Personenrecht, Sachenrecht und den Erwerb von Rechten, darunter Erb- und Vertragsrecht. Er ergab jedoch ein organisches Ganzes, das eine einheitliche Konzeption durchzog. Sie ging in einer Grundsatzerklärung davon aus, Gesetz für eine neue und bessere Gesellschaft zu machen, und zwar erstmalig ein rein rationales, a-historisches, in sich logisches Gesetz, konform allein mit den Diktaten der Vernunft; als rechtens galt ihm nur, was dieser Vernunft nicht widersprach. Mit dem

»sublimierten gesunden Menschenverstand« als Basis erhob es Anspruch auf Universalität, auf Gemeingültigkeit, auf Vollständigkeit.[90]

Der Code civil setzte voraus, daß der Menschenverstand die angebotene Fähigkeit besitze, alle Rechtsbeziehungen zu ordnen; logische Schlußfolgerungen lieferten die Antwort auf alle Fragen. Ein Rückgriff auf andere Quellen sei unnötig; es gäbe keine Lücke des Gesetzes, die nicht zu füllen wäre. So gleicht das Gesetz, das sich selbst genügt, fast »absolutem Recht«.

Hoch waren die formalen Qualitäten des Code, den man eine der »elegantesten Errungenschaften juristischen Denkens« genannt hat. Er war klar und durchsichtig, dem Laien verständlich; er mied außerjuristische Elemente und beschränkte die »Ausnahmen« auf ein Mindestmaß. Manche seiner epigrammatischen Formulierungen gewannen im Französischen sprichwörtliche Bedeutung. »Quellengeschichtlich« versöhnte der Code civil traditionelle Gewohnheitsrechte, die *Coutumes*, mit dem Römischen Recht, mit Rousseau (den auch Bonaparte hochschätzte) und einigen Leitideen der Revolution. Behutsamen Liberalismus mit gemäßigtem Konservatismus kombinierend, erblickte er seine Hauptaufgabe in der Bewahrung des sozialen Status quo freier männlicher Eigentümer und Familienvorstände. Den Löwenanteil seiner Früchte trug folglich ein Bürgertum davon, das den bewahrenden Charakter dieses Rechtsbreviers zu schätzen wußte und virtuos mit ihm umzugehen lernte.

Der Geist der Mäßigung ist der wahre Geist des Gesetzgebers. Das politische und das soziale Wohl findet sich stets zwischen zwei Extremen.
J. E. M. PORTALIS

Die Große Armee

Nachts hatten unzählige Biwakfeuer geleuchtet. Noch war es dunkel, als Hörnerklang die Reveille anschlug und unter Trommelschlag die Corps d'armée begannen, die ihnen zugewiesenen Abschnitte der weit auseinandergezogenen Schlachtordnung zu beziehen. Divisionen, Brigaden, die Regimenter des Kaisers mit ihren vorangetragenen Adlern stellten sich tiefgestapelt auf. Grenadiere, Füsiliere und Karabiniers in Blau und Weiß schwenkten um zur Bataillonslinie, hielten an und stützten sich auf das Gewehr. Voltigeurkompanien lösten sich in Tirailleure auf. Dahinter bereiteten sich die dicht angetretenen Kolonnen der Kaisergarde von sechs oder acht Kompanien Stärke zum Angriffsstoß vor. Eskadronen von Kürassieren, Dragonern, Jägern und Husaren ordneten sich in Reih und Glied, die Pferde tänzelten unter dem Schenkeldruck ihrer bunt uniformierten Reiter. Mit Zuruf richteten die Artilleristen ihre Kanonen und Haubitzen, gelbbräunlich schimmerten die Rohre der Geschütze. Marschälle und Generäle in goldbestickten Uniformen zeigten sich hoch zu Roß, gefolgt von keck dahersprengenden Adjutanten. In ihrer Mitte auf geduldigem Pferd hob sich die gedrungene Gestalt des Feldherrn ab, der schlicht gekleidet mit scharfem Blick die Truppen musterte. Schnauzbärtige Grognards riefen ihr *Vive l'Empereur*! Laut sprang der Ruf von Mann zu Mann, von Waffe zu Waffe, bis er fern verklang. Kommandos ertönten, bald setzte die Orgelmusik der Artillerie ein. Feuerschlünde blitzten auf, weißgrauer Pulverrauch züngelte in die morgenkühle Luft – die Schlacht begann, und ein ohrenbetäubender Lärm begleitete ihren Verlauf.

So oder ähnlich hielten sie Hofmaler Horace Vernet und andere im Bilde fest, Napoleon, der unter anderem auch ein geschickter Arrangeur war, trug das Seine dazu bei, mit theatralischen Gesten einen Schleier des Mythos um die Schlacht zu weben, in der sich

Schicksal entschied; den Glauben zu erzeugen, daß in ihr die Gleichung zwischen seinem Kaisertum und der Größe, der Ehre und dem Ruhm Frankreichs aufgehe. Er brachte Soldat und Offizier dazu, blind seinem Stern zu vertrauen und für ihn durchs Feuer zu gehen.

Die Wirklichkeit war grauer und grausamer. Der Blutzoll, den die napoleonische Schlacht den Kombattanten auf beiden Seiten abforderte, war ungemein hoch. Mehr als einmal hing der Ausgang am berühmten seidenen Faden, und oft war er weniger der eigenen Truppenführung des Genius als unverzeihlichen Fehlern des Gegners zu danken. Hielten sich diese in Grenzen oder verfuhr Napoleon selbst leichtfertig, mußte er auch Niederlagen hinnehmen. Das geschah selten, aber es kam vor und türmte sogleich Probleme auf, denn Garant des Kaiserreichs, sein »schlagendes« Argument nach innen und erst recht nach außen, war die Armee.

Sie hatte am Staatsstreich des 18. Brumaire entscheidend mitgewirkt, aber doch mit recht unterschiedlichen Vorstellungen und Wünschen. Ihre Mehrheit unterstützte die Einsetzung einer starken Regierung unter einem der ihrigen, von dem sie eine geradlinigere politische Führung der Nation und für sich selbst eine ausreichendere Versorgung mit allem Notwendigen erhoffte. Sicherung der schwer erkämpften Republik vor »Anarchie und den Tyrannen« galt ihr als wesentlicher Auftrag. Nur eine ziemlich schmale Schicht von höheren Offizieren war es anfangs, die uneingeschränkt für ein persönliches Regime eintrat, weil sie sich von ihm Macht, Geld und Ruhm versprach, während andere Zweifel hegten, Vorbehalte nährten oder Bonaparte den steilen Aufstieg mißgönnten. Wollte der Erste Konsul diese militärische Opposition von Anfang 1800 entwaffnen, indem er alle ihre Bedenken zerstreute und durch entsprechende Programmankündigungen oder noch besser durch Taten widerlegte, so mußte er möglichst vielen Erwartungen möglichst rasch gerecht werden. Vertrauenbildende Maßnahmen waren erforderlich, um das ganze Heer auf seine Seite zu ziehen und nicht allein die Getreuen seiner Italienarmee von der Berufung des Generals zu überzeugen, der von nun an dem Erfolgszwang ausgesetzt blieb.

Die Schlacht von Marengo reinigte die Atmosphäre. Es hatte auf des Messers Schneide gestanden, doch erlaubte das Ergebnis, sich der Armee als unbestrittener Sieger zu präsentieren und das Ge-

Der Krieg, wo er nicht erzwungene Selbstverteidigung, sondern ein toller Angriff auf eine ruhige, benachbarte Nation ist, ist ein unmenschliches, ärger als tierisches Beginnen, indem es nicht nur der Nation, die er angreift, unschuldigerweise Mord und Verwüstung drohet, sondern auch die Nation, die ihn führet, ebenso unverdient als schrecklich hinopfert.
J. G. HERDER

Ich will euch in die fruchtbarsten Ebenen der Welt führen. Reiche Provinzen und große Städte werden in eure Hände fallen. Hier werdet ihr Ehre, Kriegsruhm und Reichtümer ernten.
BONAPARTE

Große Truppenparade vor dem Kaiser im Hofe des Tuilerienschlosses. Kupferstich von Le Grand nach Nodet

wicht des alleinigen Oberbefehls über die Streitkräfte Frankreichs voll zur Geltung zu bringen. Erst damit begann die »bonapartistische« Militärdiktatur den Machtapparat ihren Bedürfnissen entsprechend zu verändern und einzusetzen.

Systematisch erfolgte die Anpassung von 1801/02 an, als der Krieg sein vorläufiges Ende fand. Teile der Feldarmeen kehrten zurück, während andere als Besatzung in Italien, der Schweiz, den Niederlanden und den annektierten deutschen Gebieten blieben. Sie erhielten die noch aus früherer Zeit stammenden Militärlager als Unterkunft zugewiesen. Generäle und Stabsoffiziere von zweifelhafter Loyalität wie auch als politisch unzuverlässig angesehene Kerntruppen vor allem aus Moreaus Rheinarmee wurden im Jahr 1802 als Expeditionskorps nach der Antilleninsel Saint-Domingue eingeschifft, um dort die Kolonialherrschaft der französischen Pflanzer wiederherzustellen. Fieber und Seuchen rafften die meisten von ihnen hinweg.

Die Umschmelzung des Heeres, in dem die Traditionen der Revolutionskriege noch lebendig waren, in eine auf die Person Bonapartes verpflichtete Institution gab den Streitkräften schrittweise einen neuen Sinn. Ehrensäbel, Ehrenkarabiner und Ehrentitel sollten den individuellen Ehrgeiz der Offiziere, Sergeanten und Soldaten anstacheln.

Im Zuge der Reorganisation erhielten die Halbbrigaden ihre alte Bezeichnung Regiment zurück unter Beibehaltung der seit 1796 bestehenden Numerierung, jedoch alsbald unter anderen Fahnen: Das schlichte Tuch mit der Inschrift *République française* ersetzten prachtvoll verzierte Regimentsfahnen, auf denen der *Empereur des Français* als Verleiher oder Stifter prangte. Er bedachte jedes Regiment überdies nach dem Vorbild der altrömischen Legion mit einem Truppenadler samt Standarte. Die Farben der Trikolore blieben erhalten, nur war die Feldeinteilung eine andere. Golden gestickte Inschriften, Lorbeerzweige und -kränze sowie Borten verblendeten das Ganze.

Als Kaiser erneuerte Napoleon ebenfalls die Marschallswürde, die insgesamt 26 Generälen zuteil wurde. Ihres militärischen Gehalts entleerte höfische Ehrentitel wie *Connétable* und *Colonel-général* feierten ebenso ihre Auferstehung wie die noch aus dem Ancien régime herrührenden Bezeichungen wie *carabinier*, *chevaux-léger*, *dragon*, *lancier* (gleich »Ulan«) und andere Linieninfanterie- und Kavallerieeinheiten.

Es wurden neue Uniformen vorgeschrieben, die jenes improvisierte Soldatenkleid ablösen sollten, das nach 1792 von der Norm abweichend im Heer getragen worden war.[91] Diese durch die Not der Umstände zusammengewürfelte Tracht galt als ein Symbol für revolutionäre Einfachheit und republikanische Sitte. Von nun an gab es jedoch neben der jeweils für das Regiment verbindlichen Feld- auch wieder eine Paradeuniform – oder zumindest eine besser gearbeitete und saubere Hose, die der Soldat in seinem Tornister überallhin mitschleppen mußte. Jede Waffe und jede Truppenart besaß eigene Röcke und Hosen mit besonderen Tuchfarben und Zuschnitt, deren Aufschläge, Umschläge, Rabatten, Schulterstücke, Paspel, Leisten und andere Zieraten auf das pomphafte Gehabe einer Monarchie abzielten. Der Citoyen im Waffenrock verließ die Schaubühne, an seine Stelle trat des Kaisers Grenadier.[92]

In den folgenden Jahren ordnete Napoleon wiederholt Änderungen im Schnitt an, durch die er nicht nur die Eleganz seiner Truppen, sondern damit auch deren Moral zu heben wünschte. Viele dieser Anordnungen wurden jedoch nicht ausgeführt, weil einmal das Geld und ein andermal das Material fehlte oder gerade ein neuer Krieg ausbrach. Schon die Einführung der neuen Unifor-

SOGAR EIN WEL-
LINGTON GLAUBTE
JEDOCH DARAN:

*Ein Offizier,
ja ein einfacher
Soldat konnte
hoffen, für seine
Dienste mit
der Herrschaft
über ein König-
reich belohnt
zu werden.*

men war auf größte Schwierigkeiten gestoßen. Nur die Kaisergarde, die aus der Garde des Ersten Konsuls hervorgegangen war,
hatte rasch Röcke nach dem neuen Zuschnitt erhalten. Für das
übrige Heer beschränkte sich die Sache zunächst auf den Aus-
tausch des Hutes, der als republikanisch galt, durch den Tschako.
Vielen Bataillonen mangelte es sogar noch einige Zeit an Schuhen
und Mänteln. Erst die Kriegsbeute und die Kontributionen von
1805 bis 1807 gewährten dem Kriegsministerium in Paris die Freiheit, die Bekleidung zu vervollständigen und ausreichend Stoffe
und Tuche für die Massenherstellung der »kaiserlichen« Uniformen zu beschaffen.

Mit der Umschmelzung des Heeres mehrten sich bedenkliche
Zeichen auch bei der Verhängung von Strafen. Es erhielt sich
indessen ein Bewußtsein von Gleichheit und Freiheit. Gewiß
wurde der Militärdienst von Jahr zu Jahr drückender empfunden.
Trotzdem sahen sich fast alle Soldaten und Offiziere als freie
Söhne und berufene Verteidiger des Vaterlandes an. Zwischen
Offizier und Mann bestand ein halbwegs kameradschaftliches
Verhältnis, wie es sich zwischen Freien geziemte. Beide aßen
während der Kampagne sozusagen aus der gleichen Schüssel und
schliefen gemeinsam am nächtlichen Biwakfeuer. Das Gefühl,
Bürgersoldat und kein Söldner zu sein, erleichterte noch immer
die Aufrechterhaltung einer guten Disziplin. Körperliche Strapa-
zen und Entbehrungen führten allerdings im Felde schnell zu
moralischem Verfall. Marodieren, Plündern und Vergewaltigen
waren dann an der Tagesordnung. Widersetzlichkeiten gegen Vorgesetzte und selbst gegen den Kaiser traten in Ausnahmefällen
schon vorher, häufiger aber erst mit dem Einsatz der Armee in
Spanien auf. Erstaunlich blieb, daß es Napoleon bis zuletzt
gelang, durch Appelle an das Ehrgefühl und den Patriotismus die
Soldaten zu Mut und Ausdauer anzufeuern, während die ehemals
großartigen Marschleistungen nachließen und sich auch durch
eindringliches Zureden nicht wieder einstellten.

Daß der napoleonische Soldat neben seiner Paradeuniform den
Marschallstab sinnbildlich im Tornister getragen habe, ist eine
Fabel. Auf dem Papier blieb das republikanische Beförderungs-
system mit seiner Mischung von Vorschlag, Wahl und Dienstalter
bestehen, doch in der Ausführung änderte sich vieles. Die Ernennung oder Beförderung schlug der Bataillons- oder Regiments-

chef dem Kriegsminister vor, der dann entschied, wobei Dienstalter, Feldzugs- und Gefechtsteilnahme sowie vakante Stellen ausschlaggebend waren. Vom Colonel aufwärts nahm der Kaiser jede Beförderung nach eigenem Gutdünken vor. Die großen Kriegsverluste begünstigten bei vielen Einheiten das Avancement bis zum Bataillons- und Eskadronschef. Von dieser Sprosse ab erreichten aber nur wenige Offiziere auf normale Weise, das heißt ganz ohne Protektion, den Rang eines Regimentschefs. Lieber besetzte Napoleon die höheren Ränge mit Nachwuchs nach Maß, den er aus den Söhnen vermögender und adliger Familien heranziehen wollte. Für sie richtete er Militärschulen ein, deren Absolventen relativ schnell über die Stellung eines Ordonnanzoffiziers in die Laufbahn des Adjutanten eintraten. Aus den eigentlichen Adjutanten (*aides de camp*) gingen zumeist die *adjudant-majors* hervor, die als Stabschefs oder Generaladjutanten eingesetzt wurden. Es hieß zwar, daß keiner dieser ehrgeizigen Offiziere zum Colonel ernannt würde, ohne sich zuvor als Truppenchef im Gefecht ausgezeichnet zu haben; da jedoch genügte es, unter den Augen des Kaisers Schneidigkeit und Todesverachtung zu zeigen.

In den Genuß solcher Gunst gelangte nur eine Minderheit. Trotzdem kannte auch das Kaiserreich ganz allgemein keine Schranken der Geburt, des Vermögens und der Bildung bei der Ernennung zum Offizier. Selbst das Lebensalter blieb untergeordnet. Außer den Absolventen der Militärschulen waren es bewährte Sergeanten und Freiwillige, die den Nachwuchs stellten. Für Unteroffiziere bestand allerdings nur eine geringe Aussicht, über den Leutnantsrang hinaus zu gelangen. Größere Chancen hatten schon die als Volontärs eintretenden jungen Männer, die nach kurzer Dienstzeit als *Cadet-sergent* zum Leutnant aufstiegen und je nach Vakanz bis zum Kapitän und Kompaniechef vorrückten, um dann die Schwelle zum Bataillons- oder Eskadronschef zu überschreiten. Diese waren es aber auch, die als Leutnants für handfeste Skandale in öffentlichen Gaststätten und Vergnügungsetablissements, am Spieltisch oder durch Liebesabenteuer sorgten.

Es gefiel dem Kaiser, anläßlich von Revuen vor der Truppe überraschend Beförderungen außer der Tour auszusprechen. Das erstreckte sich auf Auszeichnungen, Pensionen und Adelstitel. Blieb die Zahl solcher Fälle auch klein, so ließ sie das Gerücht

EIN BONMOT UNBEKANNTEN URSPRUNGS LIEF UM:

In den napoleonischen Armeen gibt es drei Kategorien von Helden: die hohen Offiziere, die über Ruhm und Reichtum verfügen; die übrigen Offiziere und Soldaten, die Ruhm, aber keinen Reichtum besitzen; und die Kriegskommissare, die Reichtum, aber keinen Ruhm davontragen.

anschwellen. Noch Stendhals *Julien* wird davon träumen, unter Napoleons Zepter dank einer glänzenden Waffentat vom Lieutenant zum Colonel aufgestiegen zu sein. Solche urplötzlichen Gunstbeweise dienten als Schaustücke, die den Ruf von Bonapartes Fürsorge in der Armee erhalten sollten. Denn in Wirklichkeit hatten seine Adjutanten oder Sekretäre den »Augenblickseinfall« genau vorbereitet und auch meist abgesprochen.

In Paris scharwenzelten tagtäglich unzählige Offiziere, die »Beziehungen« besaßen oder vorgaben, sie zu besitzen, unter allerlei Vorwänden beim Kriegsminister, um für sich oder ihnen Nahestehende Karrierewünsche vorzubringen. Als Stutzer bevölkerten sie die Cafés und Theater; sie hielten Dirnen oder ehrbare Ehefrauen aus, deren angetraute Männer an entfernten Orten ihren Dienst versahen. Zwar erhielten die Offiziersfrauen vielfach einen geringen Teil des Gehalts ihres Gatten direkt von den Militärbehörden ausgezahlt. Für den Fall aber, daß sie kein eigenes Vermögen besaßen oder von den Eltern nicht unterstützt wurden, mußten sie sich häufig selbst um ihren Unterhalt kümmern.

Viele Offiziersfrauen folgten ihren Männern, wenn diese in Städten oder Festungen garnisonierten. Auch Unteroffiziere und Soldaten behielten ihre Frauen gern in der Garnison. Einem abmarschierenden Bataillon folgte daher oft ein aus privaten Fahrzeugen bestehender Familientroß. Solcher Anhang verringerte sich, ohne gänzlich aufzuhören, nur auf den Kriegsschauplätzen. Napoleon versuchte vergeblich, das Mitführen von Weib und Kind durch Dekrete zu unterbinden. Seine jungen Paradeoffiziere verheiratete er gern mit Hofdamen oder mit Töchtern des zurückgekehrten alten Adels, machte ihnen aber ein gemeinsames »Lager-Leben« durch häufige Versetzungen und Reiseaufträge nahezu unmöglich.

In erster Linie rekrutierte sich das Heer aus Söhnen der Parzellenbauern und Handwerker. Die größeren Städte stellten den geringeren Teil, der aber, weil er Rechnen, Lesen und Schreiben konnte, schneller die Korporals- und Sergeantenstellen besetzte. Nach den Gesetzen von 1798 und 1800 waren alle Männer vom 20. bis zum 25. Lebensjahr zum Militärdienst verpflichtet, wobei die Entlassung nur im Frieden, nicht aber während eines Krieges erfolgte. Die Aushebung (*conscription*) geschah, sobald die Gesetzgebende

Versammlung, später der Senat, das Jahreskontingent beschlossen hatte. Jeder Jahrgang wies rund 190 000 Männer auf, von denen ungefähr 100 000 diensttauglich waren. Verheiratete und Witwer mit Kind blieben von der Konskription ausgenommen, doch konnten sie freiwillig in das Heer oder die Marine eintreten. Die Gesetze befreiten außerdem Priester, Ärzte, Notare und – zeitlich – auch Studenten. Mit Ausnahme der Priester waren sie jedoch alle zum Dienst in der Nationalgarde verpflichtet, und zwar – was auch für die als untauglich erkannten galt – bis zum 40. Lebensjahr. Söhne vermögender Eltern traten nicht selten freiwillig in das Heer ein mit dem Ziel, die Offizierslaufbahn einzuschlagen. Andere ließen sich durch bestochene Aushebungskommissare einfach als dienstuntauglich austragen. Alle von der Aushebung betroffenen Männer zogen Lose, deren Nummer über die Einstellung entschied. Jedoch mußten sich im Bedarfsfall alle freigelosten Männer bis zum 25. Lebensjahr wieder zur Losung einfinden, sofern sie nicht inzwischen geheiratet hatten.

Somit beschränkte die Konskription die allgemeine Wehrpflicht auf die Verpflichtung der ärmeren Volksschichten, ihre Söhne dem Heer zu stellen. Da sich das Kaiserreich meistens im Kriegszustand befand, erfolgte auch nach sechsjährigem Dienst keine Entlassung. Dem Besitzbürgertum war Bonaparte sogleich im Jahr 1800 mit dem *remplacement*, dem Loskauf, entgegengekommen. Obwohl sich sein Preis von Jahr zu Jahr erhöhte, hatte er praktisch nur noch aufschiebende Wirkung, seit es üblich wurde, losgekaufte, aber ledig gebliebene Männer erneut zu erfassen. Mit der Loskaufsumme, deren Höhe gar manchen Bedürftigen anlockte, warben die Militärbehörden ledige Freigeloste, aber auch verheiratete Männer an, die den Nachwuchs für die Unteroffiziere bildeten.

Häufig entzogen sich die Ausgehobenen durch Flucht dem Militärdienst. Die Zahl dieser Dienstverweigerer (*réfractaires*) wuchs von Jahr zu Jahr. Um zu einem Ersatz zu gelangen, griff Napoleon auf jüngere Jahrgänge zurück. Am Ende seiner Herrschaft waren es halbwüchsige, mindertaugliche und unwillige Burschen, die als Rekruten zum Heer gelangten. Wegen Krankheit oder Gebrechen als untauglich ausgetragene Männer mußten sich Jahre später erneut stellen, und viele von ihnen wurden jetzt als diensttauglich eingetragen, obwohl sie es nicht waren. Nur um dem Militär-

*In allen Brie-
fen, die Gene-
ral Marmont
schreibt, spricht
er zu mir über
die Versorgung.
Ich wiederhole,
daß es in den
Bewegungs- und
Offensivkriegen,
die der Kaiser
führt, keine
Magazine gibt.
Es ist Sache der
Generäle an
der Spitze der
Armeekorps,
sich die Unter-
haltsmittel aus
den Ländern zu
verschaffen,
durch die sie
hindurchziehen.*
BERTHIER IM
AUFTRAG
NAPOLEONS AN
MARMONT,
11. OKTOBER 1805

dienst zu entgehen, heirateten andererseits junge Männer öfter um viele Jahre ältere Frauen oder Witwen mit mehreren Kindern. Ende 1799 hatte Frankreich über ein Heer von 470 000 Mann einschließlich der in Ägypten stehenden Truppen verfügt. Bis Ende 1801 verringerte sich die Heeresstärke durch das Ausscheiden vieler älterer oder invalid gewordener Soldaten, darunter auch mancher Volontärs von 1792/93, auf 415 000, ein Jahr später auf 400 000 und 1803 sogar auf 340 000 Mann. Von den vor 1801 in das Heer eingetretenen kriegserfahrenen Soldaten blieben ungefähr 175 000 im Militärdienst. Mit der strengeren Anwendung der Konskription von 30 000 Mann für 1800 auf 120 000 für 1801 und ebenso für 1802 erhöhte sich die Zahlenstärke ziemlich rasch auf 493 000 Mann für 1804 und auf 562 000 für 1805. Bei jedem Feldzug fanden hingegen erhebliche Abgänge durch Krankheit, Verwundung, Tod, Fahnenflucht und Marodieren statt. Bei den Operationen rechnete man mit ungefähr 20 bis 25 vom Hundert Nachzüglern oder Zurückbleibenden, von denen nur ein Teil ihr Bataillon rechtzeitig wieder erreichte. Das Marodieren nahm zu, seit es von 1807 an nicht mehr gelang, die Versorgung der kämpfenden Truppen mit Verpflegung und Futter zu sichern. Die wachsende Größe der Armeen und die Schnelligkeit ihrer Bewegungen vermehrten noch die Schwierigkeiten. Die Selbstversorgung durch Requisition funktionierte schlecht, wenn die französischen Bataillone durch ärmere oder ausgesogene Landstriche zogen. Bonaparte ließ als erstes militärisch organisierte Trains aufstellen, die bei Bedarf die Armee in Feindesland versorgen sollten. Als zweites wurde begonnen, Magazine anzulegen und Etappenlinien vorzubereiten. Da aber dafür kein großes Geld vorhanden war, reichten die Magazine im Bedarfsfall nie ganz aus. Die Transportmittel für die Etappenlinien blieben gering und mußten durch requirierte Wagen ergänzt werden, deren Fuhrleute den Befehlen natürlich nur widerstrebend nachkamen und nur darauf warteten, die Flucht ergreifen zu können.

Die Feldzüge von 1799 und 1800 hatten warnend gezeigt, wie sehr die in den Jahren zuvor erstrittene taktische Überlegenheit nachließ. Ungebrochenen Kampfgeist bewiesen die russischen Armeen, und auch die österreichischen Regimenter kämpften nicht mehr in den künstlichen Evolutionen der Lineartaktik. Die unter der Republik aus allen drei Waffengattungen gebildete gefechts-

*Die Garde in
der Schlacht.
Lithographie von
V. Bassus, 1818*

starke Armeedivision von 1792/93 hatte aufgehört zu bestehen.
Statt eines Verbandes von über 100 000 Streitern, die taktisch eng
zusammenwirkten, gab es nur noch Divisionen von einigen tausend Mann Infanterie mit einem schwachen Artilleriepark. Aus
diesem Grund hatten die Armeekommandanten begonnen, mehrere Divisionen gemeinsam einzusetzen und sie durch Kavallerie
und Artillerie zu verstärken. Diese Praxis wurde jetzt sanktio-
niert. Bonaparte vereinigte drei bis fünf Infanteriedivisionen mit
je einer Kavalleriebrigade sowie einem eigenen Artilleriepark zu
einem *Corps d'armée*. Es unterstand einem *Commandant en chef*,
seit 1804 zumeist im Range eines Marschalls. Als neue Gefechts-
einheiten bildeten die Corps d'armée eine sehr starke Kraft und
erleichterten auch die zentrale Truppenführung wesentlich.
Marengo hatte Bonaparte handgreiflich die überragende Bedeutung einer starken Reserve offenbart. Als er seine Garde aufbaute,
verfolgte er zwei Absichten. Einmal sollte die Zugehörigkeit zu
ihr an bestimmte Grundsätze gebunden bleiben und den persönlichen Ehrgeiz befriedigen. Offizier und Mann mußten ihre Teil-
nahme an Feldzügen und Schlachten nachweisen, ehe ihre Einstellung erfolgte. Andererseits sah er die Aufgabe der Garde vor allem

in der Erfüllung der wichtigen taktischen Aufgabe, im entscheidenden Moment und in der entscheidenden Richtung den Massenstoß auf die feindliche Schlachtordnung zu führen. Sie stellte eine auch an Zahl bedeutende Eliteeinheit dar und blieb, oft durch die Grenadierbataillone der Corps verstärkt, gemeinsam mit den ebenfalls neu gebildeten Schlachtreserven aus Artillerie und Kavallerie unter dem direkten Kommando des Kaisers. Ihre Offiziere und Soldaten erhielten höheren Sold, schmuckere Uniformen und einen gegenüber den Linientruppen höher bewerteten Rang. Sie wuchs von einigen tausend auf einige zehntausend Mann an, und als es schließlich nur noch wenige altgediente Soldaten außerhalb der Garde gab, nahm man auch Rekruten auf, sofern sie Schreiben und Lesen beherrschten. Die Kaisergarde, die ein Marschall kommandierte, bestand aus allen drei Waffengattungen. Später wurde sie in die Alte Garde, in die Junge Garde und zeitweise auch in eine Mittlere Garde eingeteilt. Mit dem übertriebenen Ausbau dieser Sondertruppe, Folge der einseitig auf den Durchbruch im Zentrum gerichteten Kriegführung Napoleons, verloren die Linienregimenter ihre fähigsten Elemente und büßten damit viel von ihrer moralischen Kampfkraft ein.

Jedoch wurde das Prinzip der Elitebildung auch in die Linientruppen getragen, was weitere ungerechtfertigte Unterschiede nach sich zog. Als Elite galten die Grenadier- und Voltigeurkompanien der Infanteriebataillone (bei der leichten Infanterie waren es die Karabiner- und Voltigeurkompanien) im Vergleich zu den Füsilierkompanien, obwohl gerade diese in der Schlacht die größere Last trugen. Auch bei der Kavallerie gab es Regimenter, die gegenüber den anderen Einheiten als Elite eingestuft waren. Solche Bevorzugung der Garde, der Grenadier- und Voltigeureinheiten förderte das Bemühen vieler Soldaten und Offiziere, ihre Versetzung in eine Eliteeinheit zu erreichen, wo schnellere Karriere, höherer Sold, mehr Auszeichnungen, Adelstitel und Pensionen zu erhoffen waren. Intrigen und Nepotismus trugen dazu bei, zwischen der Garde und der Linie, den Grenadieren und Füsilieren gegenseitige Abneigung zu erzeugen, was bisweilen dazu führte, daß sie sich gegenseitig im Gefecht nicht aktiv unterstützten, ja die Hilfe unter Vorwänden verweigerten.

Nach den Feldzügen von 1800 hatten einige Generäle der Rheinarmee begonnen, die taktischen Gefechtsformen bei ihren Truppen durch eigens dafür erlassene Instruktionen fortzubilden. Bonaparte übernahm dieses Verfahren und führte es im großen Maßstab in den Lagern von Boulogne in sämtlichen Bataillonen und Divisionen ein, als er hier eine Armee für den Angriff auf die Britischen Inseln anzuhäufen begann. Die seit vielen Jahren vorhandenen Lager und das umliegende Übungsgelände erleichterten das Vorhaben, die taktische Stärke der Truppe zu steigern. Zwei Drittel der versammelten Soldaten waren Rekruten ohne Feldzugserfahrung; sie besaßen deshalb auch nicht die Abneigung alter Krieger gegen den Gamaschendienst. Das Exerzieren stand im Mittelpunkt und belastete die Truppe bis zur physischen Leistungsgrenze.[93] Dadurch konnte jedoch beim Schießen die Schußfolge vergrößert und der Übergang von einer Formation zur anderen beschleunigt werden. Da das Exerzierreglement von 1791 gültig geblieben war, bereitete es keine Schwierigkeit, die bei einzelnen Verbänden schon früher erfolgreich angewandte Bataillonsfeuerlinie und das Bataillonskarree in die Gefechtspraxis der gesamten Infanterie wiedereinzuführen. Das Infanteriegefecht bestand künftig aus dem Massenfeuer der Bataillonslinie, verknüpft mit dem Tirailleren und dem Kolonnenangriff. Bis zum Überdruß wurden der Formationswechsel und der Übergang von der Marsch- zur Gefechtsordnung geübt, wobei auch das Marschieren im Programm stand.

Parallele Übungen gab es für die Artillerie und die Kavallerie. Bei der Reorganisation der Truppenverbände erhielten die Divisionen die zahlreichen Beutegeschütze; den Artillerieparks der Corps, der Garde und der Artilleriereserve wurden vorzugsweise französische Modelle zugeteilt. Die Zahl der Kavallerieregimenter erhöhte sich zwar, doch konnte der größte Teil der neuen Einheiten wegen Pferdemangels nicht sofort beritten gemacht werden. 1802 mußte man zeitweise die Kavalleriemusik abschaffen, weil es an Rössern fehlte. Erst die große Beute nach Ulm, Austerlitz und Jena ermöglichte es, den Pferdebestand der Armee vorübergehend zu komplettieren. 1813 wurde er jedoch wieder zum großen Sorgenkind.[94]

Für die Staatskasse waren die in den Lagern an der Kanalküste befindlichen Truppen, die etwa die Hälfte des Heeres umfaßten, eine wachsende Belastung. Ende August 1805 entschloß sich Napoleon, die bestens einexerzierten Verbände unter der Be-

Sein Erscheinen begeisterte die Truppen. Obschon der größte Teil des Neyschen Korps aus ganz jungen Konskribierten bestand, die wohl heute zum ersten Male im Feuer waren, so ging doch selten ein Blessierter vorbei, der nicht sein »Vive l'Empereur« gerufen hätte. Verstümmelte selbst, die vielleicht nach wenigen Stunden eine Beute des Todes wurden, brachten ihm diese Huldigung dar. Ich habe nicht einen, ich habe den Jubelruf von vielleicht fünfzig solcher halbtoter Schwärmer gehört.

Major Odeleben, 1813

zeichnung *Grande armée* zu einem Angriffsfeldzug entlang der oberen Donau auf Wien einzusetzen.[95] Damit verlagerte er jetzt – und für die Zukunft – die gewaltigen Unterhaltskosten auf unterworfene oder besetzte Länder, wobei es seine erklärte Absicht blieb, dieses Werkzeug des Eroberungskrieges durch die Eroberten selbst bezahlen zu lassen. Mit ihren reichlich 200 000 Mann bei Kriegsbeginn hatte die *Große Armee* die Zahlenstärke erreicht, die von einem Feldherrn mit den damaligen Führungsmitteln noch zu beherrschen war. Doch entgegen der Napoleon zugeschriebenen Regel, die Kräfte nicht zu zersplittern, sondern stets konzentriert einzusetzen, befanden sich Anfang Dezember bei Austerlitz nur noch 70 000 Mann in seiner Hand, während die übrigen zwei Drittel mehrere Nebenrichtungen decken mußten oder sich als Nachzügler im Hinterland herumtrieben. Nur dank schwerer Fehler des Gegners und vor allem wegen der vorzüglichen taktischen Durchbildung der eigenen Armee konnte die Schlacht mit Bravour gewonnen werden.

Die Rechnung ging 1806 noch einmal bei Jena und Auerstedt auf, aber schon nicht mehr ganz bei Eylau 1807. Mit dem Überfall auf Spanien 1808 verlor Napoleons Kriegführung viel an Wirkung. Er weigerte sich, daraus entsprechende Lehren zu ziehen, und seit es ihm 1809 in Österreich sogar noch gelang, einige Wochen nach seiner schweren Niederlage bei Aspern den großen Sieg bei Wagram zu erringen, hielt er sich in seiner Haltung für bestätigt. Die *Grande armée* wurde zahlenmäßig weiter verstärkt, bis sie 1812 die Halbmillionengrenze überschritt.[96] Die alten Kernverbände aus den Lagern von Boulogne bestanden jedoch fast nur noch aus Rekruten, umrahmt von einigen Veteranen; diese »Grognards« übrigens waren – mit verschwindenden Ausnahmen – keine Graubärte, sondern Männer zwischen 30 und 35 Jahren. Dazu kamen die aus angeworbenen Ausländern zusammengestellten Söldnereinheiten und die Truppen der verbündeten italienischen und deutschen Staaten. Das Ganze hielten lediglich die aus der Kaisergarde und den vielen tausend kriegserfahrenen Unteroffizieren und Truppenoffizieren gebildeten »Korsettstangen« zusammen, die es ermöglichten, den Krieg bis 1814 zu führen, obwohl die Heereskraft des Kaiserreichs längst durch Napoleons Strategie der Maßlosigkeit überfordert und erschöpft worden war.[97]

Die versperrte See

Dem Kaiserreich war kein Alltag in Frieden beschieden. Das Volk der Franzosen mußte lernen, mit dem Krieg zu leben, den ihm Revolution und Gegenrevolution hinterlassen hatten: jenen zwanzigjährigen Krieg, den Jacques Roux 1793 vorausgesagt hatte. Die Feinde kamen und gingen, doch der zu Wasser blieb: England.

Die Insulaner waren Frankreichs traditioneller Gegner seit alten Zeiten, und ihre Kriege trugen viele Gesichter. Ritter aus Frankreich hatten sich in London, Ritter aus England sodann in Paris ein Stelldichein gegeben. Mit der Vertreibung der letzteren verband sich der Name einer Nationalheiligen: des lothringischen Bauernmädchens Jeanne d'Arc, »Jungfrau von Orléans«. Danach aber wurde England Seemacht und setzte Frankreich wiederum zu. Im 18. Jahrhundert jagte es ihm seine größten Kolonialerwerbungen ab und sorgte durch seine Politik des Gleichgewichts unter den jeweils miteinander Streitenden dafür, daß die Bäume der Bourbonenkönige auch in Europa nicht in den Himmel wuchsen. Willige Festlandsdegen fand es dazu für gute Silberlinge, die man Subsidien nannte, fast immer.

England wurde die Seele aller Koalitionskriege, vom ersten bis zum letzten: wider den Konvent, das Direktorium, das Konsulat und Napoleon, dessen Kaisertum es die Anerkennung versagte. Einen von Frankreich überwachten oder gar militärisch beherrschten Kontinent empfand es als Infragestellung seiner Lebensinteressen, als wirtschaftlichen und politischen Hinauswurf aus Europa sozusagen. Dazu stellte man noch nicht einmal in Rechnung, daß dieses Frankreich durch gesellschaftlichen Wandel Kraft hinzugewann und sich zum ebenbürtigen Rivalen britischen Handels- und Industriekapitals aufbaute. »Alles, was einen Hut auf dem Kopf trug«, war sich daher im Grundsatz mit der Regierung einig, dem »Boney« aus Korsika entgegenzutreten, wo

Künftighin, sind alle Handels- und sonstigen Verbindungen mit den Britischen Inseln verboten. Jeder britische Untertan, der in einem von Frankreich besetzten oder mit ihm verbündeten Land angetroffen wird, ist als Kriegsgefangener zu behandeln. Jedes Geschäft, jede Ware, jedes Eigentum gleich welcher Art, das einem britischen Untertan gehört, ist zu beschlagnahmen. Der Handel mit englischen Waren ist untersagt, und jedes England gehörige oder aus seinen Fabriken oder Kolonien herkommende Handelsgut unterliegt gleichfalls der Beschlagnahme.

und wie immer es ging. Der Krieg gegen ihn war populär und lieferte den trefflichen englischen Karikaturisten einen unerschöpflichen Stoff.

Napoleon war er hingegen unbequem, weil seine herkömmlichen operativen Mittel versagten in einem Kampf zwischen Fisch und Schlange, die sich nicht zu packen bekamen. Gern hätte er ihn aus der Welt geschafft, und 1802 war das dem Ersten Konsul im Frieden von Amiens um ein Haar geglückt. Nur eben: Die Masche riß sogleich wieder. Beim geforderten Preis – und das hieß, den Eroberer auf dem Festland gewähren zu lassen – war für Englands Herrschende, was sie offen aussprachen, der Männermord vorteilhafter als eine »faule« Waffenruhe.

Die Öffentlichkeit erfuhr aus berufenem und auch unberufenem Munde, was sich bei den »Continentals« jenseits des Kanals tat; reisten doch auch nach wiedereingetretenem Kriegszustand britische Globetrotter beiderlei Geschlechts kreuz und quer durch Europas Länder.[98] Die – ohnehin mehr hypothetische – Gefahr, daß des Kaisers Grenadiere eines schönen Tages nach der Insel übersetzen könnten, erlosch 1805 mit Nelsons Seesieg bei Trafalgar. Die Navy konnte sich fortan Zeit lassen, die Weltmeere ganz nach Belieben zu durchpflügen und den Union Jack überall dort zu hissen, wo die Niederholung der Trikolore oder einer ihr verbündeten Flagge lohnte: in der Karibik und am südafrikanischen Kap, auf Ceylon und den Maskarenen, in Pondichéry und Batavia. Am 16. Mai 1806 wurde überdies die Blockade über alle französischen Küsten verhängt, was den englischen Kreuzern die Durchsuchung neutraler Schiffe erlaubte.

Im Gegenzug verfügte ein zornbebender Napoleon am 21. November vom soeben eroberten Berlin aus die umstrittene Kontinentalsperre. Der Verfasser nahm den Mund etwas voll und im Jahr darauf in Mailand noch voller: Er wolle, Seeblockade mit Kontinentalblockade beantwortend, »das Meer mit einer Landmacht erobern«. Verschiedentlich macht man ihm zum Vorwurf, damit die falsche Waffe gewählt und die Glücksgöttin, die in Gestalt des Robert Fulton an seine Tür klopfte, verschmäht zu haben.

Der Amerikaner Fulton (1765–1815) war ein mäßiger Kunstmaler, vor allem jedoch ein besessener Bastler – einer von jenen nicht eben wenigen, die sich gleich seinem Landsmann Rumsey in den

Kopf gesetzt hatten, die Dampfmaschine zum Schiffsantrieb zu qualifizieren. Das brachte ihn auf den Bootsbau. Dazu begab er sich nach England und 1797 nach Frankreich, von dem er Unterstützung für seine hochfliegenden Pläne erwartete.

Die Anfänge waren ermutigend: In den Jahren 1800 und 1802 bestand sein Tauchboot »Nautilus« die ersten Probefahrten trotz kleinerer Pannen mit Erfolg. Der amerikanische Gesandte in Paris, Livingston, der selber ein – am Ertrag orientierter – Knobler war, tat sich mit ihm zusammen, und 1803 stampfte der erste Raddampfer durch die Wellen der Seine.

Trotzdem stieg Konsul Bonaparte auf die Avancen weder unter noch über Wasser ein, und Fulton kehrte 1806 betrübt nach den Staaten zurück, wo seine »Clermont«, vom Volksmund *Fulton's folly* (Fultons Narretei) getauft, am 17. August 1807 auf dem Hudson ihre Jungfernfahrt von New York nach Albany antrat und damit das Zeitalter der Dampfschiffahrt eröffnete. Schon zwölf Jahre später fand der umgebaute Segler »Savannah« seinen Weg über den Atlantik.

Napoleon ließ es sich entgehen, von diesem Ruhmeskuchen eine Scheibe abzuschneiden. Handelte er aber nur deshalb fahrlässig, weil der technische Horizont des »korsischen Hinterwäldlers« nicht hinreichte, um die Bedeutung der neuen Instrumente zu erkennen – oder deshalb, weil der Landratte die rechte Einstellung zu den seemännischen Belangen fehlte?

Nun, Fulton ist ebenfalls von Präsident Jefferson, dem aufgeklärtesten der Amerikaner, und – nach einigem Zögern, bis Trafalgar die Situation ohnehin klärte – von den Engländern selber abschlägig beschieden worden. Daß seine Entwicklungen viel versprachen, leugnete niemand. Des Mannes aber bedurfte man nicht. 1812 ließen die Briten mit der »Comet« ihren eigenen Dampfer vom Stapel. Und warum sollte sich gleich welche Kriegsmarine mit einem eigensinnigen und wenig kostenbewußten Original einlassen, das eine Idee, aber noch lange kein einsatzfähiges Kampfmittel anbieten konnte? Es war eher Napoleons Realismus – oder halt Pragmatismus –, der ihn davon Abstand nehmen ließ, in der Auseinandersetzung mit dem britischen Löwen auf ein U-Boot zu setzen, das – trotz Jules Vernes Roman – noch mehr als ein Jahrhundert brauchen sollte, ehe es sein erstes Torpedo auf todbringende Reise schickte.

Einzug der Franzosen in Berlin am 27. Oktober 1806. Radierung nach Jacques Swebach, 1806

Die Wirtschaftskriegführung, der Napoleon – der Not gehorchend – den Vorzug gab, klingt modern. Ob sie aber auch anwendbar, ausführbar, durchzuhalten war gegenüber der stärkeren Wirtschaftsmacht, dem größeren Geldplatz, blieb offen. Ließ sich ihr Nerv, der Handel, tödlich treffen, ihre Exportindustrie per Dekret langfristig lahmlegen?

Anfänglich sprach einiges dafür. Häfen der Toskana und des Kirchenstaates ließ Napoleon der Einfachheit halber durch französische Truppen besetzen und für englische Schiffe sperren. Die soeben Besiegten – Österreich und Preußen – konnten nicht anders als mitziehen; Spanien und Dänemark traten freiwillig bei, die Niederlande und Portugal unter Druck. Bruder Joseph in Neapel gehorchte ohne Widerrede. Der hochwichtige Zar von Rußland stimmte in Erfüllung seiner Versprechungen von Tilsit, obschon ohne Begeisterung, zu.

Anfang 1808 standen der britischen Flagge in Europa nur noch Schweden, Sizilien, Sardinien und – bedingt – die Türkei offen. Demzufolge machten sich in England und Schottland Krisenanzeichen bemerkbar. Die Ausfuhr ging zurück, die Absatzmärkte schrumpften. In der Textilindustrie knisterte es, und es setzte Unruhen. Der Pfundkurs geriet infolge der mangelnden Deckung des Papiergeldes ins Wanken. Überdies beschwor eine Verschärfung der britischen Blockadebestimmungen den Abbruch der diplomatischen Beziehungen zu den Vereinigten Staaten von Amerika herauf.

Deshalb lief aber das Rennen noch lange nicht für Frankreich. Eine nationale Aufwallung, »es dem perfiden Albion zu zeigen«, bot noch keine Garantie, dafür die so unerwünschten wie unvermeidlichen Nebenwirkungen in den Griff zu bekommen, ohne dabei allzu viele Federn zu lassen.

Zuerst herrschten optimistische Einschätzungen vor. Die Handelskammern als Vertretungen der großen unter den am unmittelbarsten betroffenen Kaufleuten äußerten sich zustimmend. Werften, Häfen und ihr ehedem so einträglicher und schneller Bereicherung förderlicher Überseehandel lagen infolge der machtpolitischen Konstellation zur See ohnehin danieder. Sie bejubelten jeden Blockadebrecher, der noch dann und wann einlief: Viel schlimmer konnte es durch die neuesten französischen Gegenmaßnahmen auch nicht mehr kommen. Dasselbe galt für die bretonischen und normannischen Hochseefischer, die ihrer Fanggründe auf der Neufundlandbank verlustig gegangen waren.

Gewiß, die Hafenstädte gerieten dabei auf die Schattenseite. Ihr Puls begann noch langsamer zu schlagen.[99] Von etwas Küstenschiffahrt allein konnten sie nicht leben. Wein- und Branntweinexporteure blieben auf ihren ansonsten geschätzten Fässern sitzen. Nur wenigen Häfen am Ärmelkanal verschafften die Ausrüstung von Kaperschiffen und der Verkauf eingeschleppter guter Prisen einen teilweisen Ausgleich. Doch wer über Kapital verfügte, konnte es anderweitig plazieren, und wer Arbeit verlor, fand sie durch Wechsel des Gewerbes in der Regel ohne größere Schwierigkeit. Staatsaufträge kamen zu Hilfe, und die Küste degenerierte nicht zum Notstandsgebiet.

Die Industrie versprach sich von der Sache sogar viel. Der Widerhall unter den Unternehmern zeigte es. Ihnen präsentierte sich die Sperre als willkommener Einfuhrstop für britische Konkurrenzartikel, der Funktionen eines prohibitiven Schutzzolls erfüllte. Einige Gewerbezweige – und nicht die unbedeutendsten, wie Eisen und Stahl – erhofften sich davon geradezu einen Boom für die Erzeugnisse ihrer Herstellung auf dem gewaltigen »nationalen« Markt, den das Kaiserreich mitsamt seinen Satelliten darstellte. Krupp war nicht der einzige, der die Gunst der Stunde zur Firmengründung nutzte.

DER KAISER ÜBER-
TRIEB MIT SEINER
ANKÜNDIGUNG:

*England, das
mit genau jenen
Maßnahmen
bestraft wird,
die seine eigene
grausame Politik
zur Anwendung
brachte, muß
erleben, wie
seine Waren von
ganz Europa
zurückgewiesen
werden und
seine mit unnüt-
zen Reichtümern
beladenen Schif-
fe durch weite
Meere irren, die
sie zu beherr-
schen wähnten.
Vergeblich
suchen sie zwi-
schen dem Öre-
sund und dem
Hellespont einen
Hafen, der sie
aufnimmt.*

Allerdings entstanden Engpässe, die man sich gewissermaßen selbst organisiert hatte, bei der Versorgung mit Rohstoffen und Kolonialwaren. Neue Bezugsquellen, insbesondere aber neue Verkehrswege auf dem Festland mußten erkundet und erschlossen werden. Das regte dazu an, den Kanalbau wiederaufzunehmen, das Reichsstraßennetz auszuweiten und zu verbessern. Der Transit zu Wagen nahm ungeahnte Ausmaße an, und Städte wie Straßburg und Lyon wurden zu gewaltigen Stapelplätzen.[100] Ans Phantastische grenzende »Umleitungen« der Handelsströme suchten dem englischen Störfaktor auszuweichen. So bahnte sich die bereits lebenswichtige Baumwolle einen ganz neuen Weg aus der Levante über Konstantinopel und Üsküb, über Bosnien und Kostajnica nach Napoleons Illyrischen Provinzen und lief von dort weiter über Mailand und den soeben erst erschlossenen Paß Mont Cenis nach Lyon; 1811 trat eine neuausgebaute Straße über den Simplon nach der Schweiz hinzu. Kolonialwaren, die davor nur die Meerenge von Dover zu überqueren brauchten, schlugen von London einen Bogen über Saloniki, Belgrad und die Donau nach Deutschland, von wo aus sie Frankreich erreichten.

Dennoch waren das keine Ideallösungen. Die Transportkosten betrugen auf den Umwegrouten zu Lande ein Mehrfaches und verteuerten demzufolge das Endprodukt nicht weniger als die Verluste bei seegängigen Risikofrachten. Der Verbraucher murrte heftig über den verdreifachten Preis seines Zuckers, Kaffees, Tees, Tabaks und anderer Annehmlichkeiten. Da die Verknappung unvermindert anhielt, war mit papierenen Verordnungen nichts dagegen auszurichten.

Nicht, daß es an Lichtblicken gefehlt hätte. Obwohl die maschinelle Ausrüstung der Textilindustrie der englischen immer noch weit hinterherhinkte, leiteten die mechanischen Neuerungen de Girards und Jacquards in Frankreich eine höhere Stufe des technischen Fortschritts ein. Chaptal gelang es, alle Säuren, deren die Rüstungsindustrie bedurfte, in gewünschter Menge und Güte fabrikmäßig herzustellen. Die jährliche Produktionskapazität an Gewehren, die sich auf mehrere – alte und zusätzlich geschaffene – Großmanufakturen verteilte, überstieg 200 000 Stück.

Anstrengungen, die Baumwollstaude in Südfrankreich und Italien zu akklimatisieren, endeten mit einem Fehlschlag. Hingegen führten Bemühungen, Zucker der Rübe statt dem tropischen

Rohr zu entziehen, in Preußen und Frankreich zu einem dauer-
haften Erfolg. Der Chemiker Franz Karl Achard, Berliner huge-
nottischer Abstammung und Direktor der Physikalischen Klasse
der Preußischen Akademie der Wissenschaften, hatte ältere
Erkenntnisse Marggrafs über den Süßigkeitsgehalt der unschein-
baren Futterpflanze nach langwierigen Versuchen in die Praxis
überführt und 1801 im schlesischen Kunern (Konary) eine erste
Rübenzuckerfabrik gegründet. Kühne Hoffnungen knüpften
sich daran, und unter den eingetretenen günstigen Marktbedin-
gungen fehlte es diesseits wie jenseits des Rheins nicht an Lob
und Preis für den hochwillkommenen Lückenbüßer. Nur
brauchte es Jahrzehnte und manche technische Vervollkomm-
nung, bis die Rübe das Rohr wirklich ersetzen konnte: für Napoleons aktuelle Nöte und den Gaumen der Leckermäuler im Kaiserreich viel zu lange.

1809 trat der Kampf zwischen den beiden Blockadegegnern in
eine zweite Phase. England setzte eine zusätzliche Waffe ein: den
generalstabsmäßig organisierten Schmuggel in Großformat. Wo
es sie nicht schon von früher her besaß wie in Gibraltar und Malta,
richtete es ihm feste Stützpunkte und ausreichende Versorgungs-
lager auf unangreifbaren Inseln ein: Helgoland in der Deutschen
Bucht, Kephalenia im Ionischen Meer, Lissa in der Adria, wo
Schmugglerboote ihre Ladungen übernahmen. Zustatten kamen
ihm der spanische Volkskrieg gegen Napoleon, der die Westflan-
ke des Sperrsystems aufriß, und der wachsende Unwille Ruß-
lands, aus reiner Gefälligkeit auf die zunehmenden Vorteile seines
Englandhandels zu verzichten. Sobald sich aber seine baltischen
Häfen den britischen Schiffen (die sich beiläufig unter amerikani-
scher Flagge tarnten), wieder öffneten, sickerten die begehrten
Waren auf kaum noch heimlich zu nennenden Schleichpfaden von
Osten her in den Bereich des Grand Empire ein.

Um die Beherrschung der Küsten entbrannte ein regelrechter
Wettlauf. Schon 1807 hatte der Kaiser die Besetzung Portugals mit
der Notwendigkeit begründet, das »Loch von Lissabon« zu stopfen. Auch bei der Liquidierung des Kirchenstaates (1809) haben
mehrere Beweggründe den Ausschlag gegeben: Schließlich bestand des Papstes Haupttätigkeit nicht darin, den Mantel christli-
cher Nächstenliebe über die Konterbande zu breiten. Sicher aber
spielte der Gesichtspunkt, Österreich vom »britischen« Meer und

dessen merkantilen Sirenenklängen abzuschneiden, 1809 eine Hauptrolle bei der Errichtung des Kunstgebildes der »Illyrischen Provinzen«. Und ganz eindeutig mußte Bruder Louis 1810 mit seiner Krone dafür bezahlen, daß er den Zöllnern, um es mit seinen Holländern nicht ganz zu verderben, mitfühlend durch die Finger sah: Der Kaiser annektierte in Befolgung einer aufschlußreichen Tyrannengeographie kurzerhand »diese Anschwemmung französischer Flüsse«. Die deutsche Nordseeküste mit Emden, Oldenburg, Bremen und Hamburg schlug er gleich dazu; ja, er streckte auch noch einen »Lübecker Finger« zur Ostsee vor, um für alle Fälle auch an diesem Meer seine Präsenz zu zeigen.

Nicht nur Europa, sogar der französische Untertan war ob solcher Ländergier betroffen. Zu assimilieren waren so heterogene und weit auseinanderliegende Erwerbungen niemals. Diente aber der ganze Spuk lediglich der Bekämpfung britischer Schmuggelstrategie, so erschien er erst recht unsinnig. Je länger und verzweigter die Küste, desto schwieriger, ja unmöglicher ihre Überwachung. Zöllner und Gendarmen reichten nicht aus, und ganze Infanteriebataillone standen schließlich auf dem Posten. Sie fehlten anderswo ganz empfindlich, wie überhaupt die Kontinentalsperre an den militärischen Ressourcen des Kaiserreiches mehr zehrte als eine verlorene Schlacht.

Immerhin, die von Gestade zu Gegengestade kräftig ausgeteilten Hiebe saßen auf beiden Seiten des Ärmelkanals. Britannias berühmter langer Arm hatte einen Härtetest zu bestehen.[101] Die Konjunkturerhitzung nach der Flaute von 1808 ging zwei Jahre darauf fast unvermittelt zu Ende. Eine Mißernte trug dazu bei, aber auch Überbeanspruchung des Kredits und ein Warenstau, nachdem man die Märkte (weitgehend zu Schleuderpreisen, die die Unkosten nicht deckten) überschwemmt und übersättigt hatte, um überhaupt abzusetzen. Die französischen Abwehrmaßnahmen konnten teilweise doch Erfolge aufweisen. Korsaren, die Napoleon in Dünkirchen, Calais, Boulogne, Cherbourg und Saint-Malo mit Patenten zur völkerrechtlichen Legalisierung ihrer Kaperfahrten ausstattete, versetzten der Handelsflotte des Gegners mehr als empfindliche Mückenstiche. Die flinken kleinen Dinger aufzubringen, war für die Navy schwierig, und ihnen zu entgehen, für die schwächer bewaffneten Frachter auch. Blokkade- und Überseegeschwader ohne Unterbrechung unter Segel zu halten, kam teuer und noch teurer der Krieg, den das britische Söldnerheer mit Verbissenheit auf der Iberischen Halbinsel führte. Um sich die Geneigtheit der Bevölkerung und die wichtige Unterstützung durch die Guerilla nicht zu verscherzen, konnte es nicht, wie die Franzosen, von Requisitionen leben, sondern mußte seinen Bedarf ordentlich in gutem Gold begleichen, das solchermaßen – zusätzlich zu den Subsidien – ins Ausland abfloß. Das Pfund fiel nun tatsächlich, und 1811 war die Wirtschaftskrise da. Unter den Exporteuren verzeichnete man Zusammenbrüche, die Industrieerzeugung schrumpfte, während eine zweite schlechte Ernte das Land heimsuchte und alsbald das Brot verteuerte. Über Englands gewerbliches Herz, die Midlands, Yorkshire und Lancashire, brausten die von Nottingham ausgehenden Maschinenstürme der »Ludditen«, Arbeitsloser oder von Arbeitslosigkeit Bedrohter, die in Verkennung von Ursachen und Wirkung die leblosen Objekte ihres Zorns als das Handwerk verschlingende »eiserne Engel« zerschlugen. Im Juni 1812 lösten rücksichtslose britische Übergriffe gegen amerikanische Schiffe und Seeleute gar noch die Kriegserklärung der über Jahre zwischen den Kontrahenten manövrierenden Vereinigten Staaten aus, die eine weitere Handelslinie lahmlegte. Es sah so aus, als ob Napoleons über den Daumen gepeiltes Kalkül, den immer wieder entschlüpfenden Gegner ökonomisch auszubluten, damit sein Sozialgefüge zu erschüttern und so seine Kampfmittel und seinen Kriegswillen zu erschöpfen, doch noch aufgehen sollte.

Frankreich selber war indessen nicht besser, sondern noch schlimmer dran. Die Krise, die es 1810/1811 heimsuchte, war allerdings von etwas anderer Art als die englische. Sie mit dem Zusammentreffen von mehreren unglücklichen Umständen erklären zu wollen, wie Napoleon das tat, wäre eine Verniedlichung. Die Inkonsequenzen der Regierung bei der Bekämpfung der Disproportionen, die im Wechselspiel zwischen Wirtschaftswachstum und Kriegseinwirkungen Platz griffen, lassen sich weder als Randerscheinung noch als Zwangsläufigkeiten der Blockadesituation abtun. Die Wahrheit lag irgendwo in der Mitte.

Dem orchestrierten Großschmuggel, der mit Hunderttausenden offenen oder stillen Teilhabern im In- und Ausland sein Netz spannte, war es gelungen, in Frankreich und dessen Nebenländern einen Parallelmarkt aufzubauen, der sich der Regierungskontrolle nahezu vollständig entzog, weil die Nachfrage das Angebot stets überstieg. Daraus war eine wilde Spekulation mit Kolonialwaren erwachsen, in die ganz beträchtliche Kapitalien flossen. Außerstande, eine solche »Verschwörung des Eigennutzes« zu zerbrechen, verfiel der Kaiser auf den Einfall, auf einen Spitzbuben anderthalben zu setzen und sich selber zum obersten Schmuggler seines Reiches aufzuwerfen.

Eine Kette von Dekreten, deren hauptsächliche im Juli und August 1810 erlassen wurden, schrieb ein neues System von *Lizenzen* fest. Von Napoleon eigenhändig unterzeichnet, wurden sie – gegen eine Gebühr – ausschließlich an französische Schiffe vergeben und diese ermächtigt, aus französischen nach ausländischen Häfen (einschließlich der englischen!) auszulaufen, um dort ihre Waren abzusetzen und alle Erzeugnisse einzufahren, nach denen Bedarf herrschte. Ihre Verteilung auf dem Kontinent oblag – nach Prüfung durch eine staatliche Kommission – dem französischen Großhandel. Die Preise für Kolonialwaren (deren wichtigste Baumwolle, Zucker und Indigo waren), legte die Regierung fest. Sie richteten sich praktisch nach den Schwarzmarktwerten, hatten aber diesen die Rechtmäßigkeit und folglich den Wegfall der Risikoprämie voraus. Mit anderen Worten: Der Kaiser schlug die unerlaubte Schmutzkonkurrenz mit ihren eigenen Waffen.

Die Hauptleidtragenden waren die Verbündeten und Zwangsverbündeten. Ihnen wurde der Direkthandel sowohl mit England als auch mit Übersee kategorisch untersagt. Zur Vorzugsstellung, zu der Napoleon der französischen Industrie auf dem Kontinent verholfen hatte, gesellte sich eine solche im Kommerz. Die ersten Vorführungen in der praktischen Handhabe der »Blockadegesetzgebung« lösten bei den Betroffenen ungemischte Gefühle aus. Im November 1810 erfolgte vier Tage lang die Beschlagnahme und öffentliche Verbrennung gestapelter englischer Ware – von der duftenden Gewürznelke bis zum feinsten Tuch – als weithin leuchtendes Fanal in Frankfurt am Main, nicht nur der Geburtsort Goethes und Rothschilds, sondern auch der reichste unter den Umschlagplätzen der inkriminierten Güter, dessen Schaden in die Millionen ging und seinen Wohlstand nachhaltig zur Ader ließ.

Die gewaltsame Durchsetzung des Lizenzsystems führte indessen in der gesamten kontinentalen Handelswelt zu einer Panik, die

von den Rheinbundstaaten auf Italien[102] und auf Frankreich
selbst übersprang, denn das Zentrum aller großkarierten Spekula-
tionsgeschäfte befand sich logischerweise in Paris, das – wie auch
Lyon – in die nachfolgende Bankrottwelle hineingerissen wurde.
Wo bisher den Erfolgen des Kaisers stürmischer – oder doch
berechnender – Beifall geklatscht worden war, herrschte plötzlich
bedrückende Stille. Sogar große Bankhäuser wie Laffitte und
Fould mußten um ihr Überleben kämpfen. Zahlungseinstellun-
gen bildeten das Tagesgespräch, und 1811 geriet fast das gesamte
Textilgewerbe – Seide, Baumwolle wie Wolle – in eine schwere
Absatzkrise. Beinahe jeder zweite Handwerksbetrieb mußte
schließen, die Manufakturen entließen ihre Arbeiter in Scharen.[103] Paris, das dank den Stützungsmaßnahmen der Regierung
erheblich besser dran war als Rouen, Lyon, Nîmes und viele der
anderen Gewerbeplätze im Lande, zählte dennoch im Frühjahr
über 20 000 registrierte Arbeitslose. Die Kaufleute gaben ihre
Umsätze im Sommer (vielleicht etwas zweckpessimistisch) auf
nur noch ein Zehntel im Vergleich zum Vorjahr an.
Um das Malheur voll zu machen, gesellten sich arge Ernteausfälle
hinzu, die sofort, wie in England auch, das »teure Brot« heraufbe-
schworen. Die Hauptstadt zwar blieb ruhig infolge der – eigen-
nützigen – Vorsorge Napoleons, der rechtzeitig herausgefunden
hatte, daß es »zwar ungerecht ist, den Brotpreis in Paris niedrig zu
halten. Dies liegt jedoch daran, daß es Regierungssitz ist und daß
die Soldaten ungern auf Frauen schießen, die mit ihren Kindern
auf dem Rücken vor den Bäckereien nach Brot rufen.«
In der Provinz kannte er soviel Rücksicht nicht. Hier gipfelte das
Zusammentreffen von Arbeitslosigkeit und dem »vom Markt verschwindenden Getreide« Anfang 1812 in Plünderung und Nie-
derbrennung von Bauernhöfen, Überfällen auf Mühlen, Backstu-
ben, mit Getreide beladene Wagen und Kähne. Landstreicher-
und Bettlerbanden, die man schon im Griff zu haben wähnte, ver-
unsicherten das flache Land erneut. Maueranschläge mit Parolen
tauchten auf, Signale des Hungernden an den Satten, die dem
Besitzbürger die Haare zu Berge trieben. Sie beschworen Aufruhr
und Ausschreitungen auf den Märkten herauf, in Charleville,
Rennes und anderen Städten. Polizei und Gendarmerie kamen
nicht mehr hinterher. Die Autorität des Regimes stand auf dem
Spiel. Daß mit ihr nicht zu spaßen sei, bekundete sie durch ein

blutiges Exempel. Es traf die Stadt Caën in der Normandie, wo nicht mehr und nicht weniger passiert war als anderswo auch. Militär rückte ein, und nach dem Urteil des Kriegsgerichts wurden am 15. März 1812 vier Männer und zwei Frauen, Arbeiterinnen, standrechtlich erschossen.[104]

Die Krise konnte schließlich aufgefangen werden. Sie hatte jedoch Vertrauen gemindert und gekostet. Brennende Warenscheiterhaufen als Volksbelustigung bildeten dafür keinen Ersatz. Die Geschäftswelt bewahrte ihr Übelwollen für erlittene Verluste und den in den Knochen gefahrenen Schrecken. Ob die geschlagenen Wunden gänzlich zu ehrenvollen Narben verheilten; ob die mit ökonomischen Mitteln und Kniffen geführte, obgleich von Napoleon selber durchlöcherte Kontinentalsperre dennoch zum Ziel geführt hätte, wenn die Prozedur fortgeführt worden wäre, erscheint eine müßige Frage. Der Kaiser gedachte sie mit einem Trara alten Stils zu krönen. Um ihr den Schlußstein einzusetzen, kehrte er 1812 mit dem Rußlandfeldzug zu seinen konventionellen Kriegsgepflogenheiten und Gedankenspielen zurück: London via Moskau zur Raison zu bringen.

Denn die See blieb ihm versperrt. Napoleon sollte es am eigenen Leibe erfahren, als ihn ein britisches Schiff statt in Amerikas Freiheit 1815 in britische Gefangenschaft entführte ...

Hofluft

Jeder Potentat bedarf eines Hofes, ob er ihm persönlich behagt oder nicht. Abgeschirmt von seinen Untertanen, schwebt er in höheren, ihnen unzugänglichen Sphären. Er wahrt Distanz zum »Hauptstadtpöbel«: in Versailles, das ein Beispiel setzt, in Schönbrunn und Potsdam, in Aranjuez und Belém.

Ein solcher Hofstaat gehorcht seinen eigenen Gesetzen und entwickelt unter dem in Jahrhunderten angesetzten Edelrost verbindliche Spielregeln, die sich Etikette nennen; in Abständen werden sie durch hinzukommende Vorschriften aufgefrischt. Mag er beim Volk mehr Scheu oder – bei gesellschaftlichen Umbrüchen – mehr Abscheu erregen: Er ruht als ein Mikrokosmos in sich – kostspieliges, aber notwendiges Zubehör des Thrones, das dessen Funktionsfähigkeit mit Gebots- und Verbotstafeln des Zeremoniells aufrechterhält. Unabhängig vom jeweiligen Purpurträger, widerspiegelt er die unverzichtbare Kontinuität von Herrschaft als ihre aus Steuermitteln in Pracht und Glanz erstrahlende Sonne.

Wie, das lag immer am *genius loci*. Beim bezopften Mandschukaiser in Pekings »Verbotener Stadt« ging es steifer zu als beim osmanischen Großherrn am Goldenen Horn; üppiger beim Selbstherrscher aller Reußen als bei König Stanislaw Poniatowski in der schon geschrumpften polnischen Wahlmonarchie; feierlicher in Spanien, das der freilich auch verblassenden Erinnerung an den Traum einer katholischen Universalmonarchie nachhing, als im protestantischen England, das eine Revolution hinter sich hatte, die seinem König Karl Stuart den Kopf vor die Füße legte. Knauserer wie Friedrich in Preußen oder Joseph in Österreich waren spendableren Nachfolgern gewichen, denen der Krieg gegen das revolutionäre Frankreich die Freude an rauschenden Lustbarkeiten nicht vergällte.

Sie alle jedoch versicherten sich gegenseitig ihrer Liebe als »Brüder und Cousins«, redeten und schrieben sich so auch an, was im übrigen gar nicht abwegig war. Obschon von unterschiedlicher Faserung und Maserung, waren sie aus demselben »gottbegnadeten« Holze geschnitzt und in Europa obendrein fast alle miteinander um ein paar Ecken verwandt oder verschwägert. Die abendländische Fürstenheit empfand sich sogar dann, wenn ihre Söldnerheere zwecks Mehrung des Reiches aufeinanderschlugen, als exklusive Interessengemeinschaft, die Darunterstehenden – seien sie auch von Adel – den Zutritt verweigerte. Die »Familie« blieb unter sich, stritt unter sich, heiratete unter sich und betrog unter sich. Bonaparte mußte wissen, daß er den Einlaßschein zu dieser geschlossenen Gesellschaft, sofern er ihn begehrte, nur mit dem schärferen Säbel in der Faust erzwingen konnte.

Er legte es darauf an, und seine eisernen Argumente schlugen durch. Wer würde wagen, ihnen zu trotzen, solange sie aus dem Munde des Siegers flossen? Mehrere aus dem Clan der Bonaparte gelangten jetzt zu dynastischen Ehren, und einige heirateten in alte Fürstenhäuser ein. Napoleon selber schnitt dabei als Schwiegersohn des letzten »Römischen« Kaisers hervorragend ab: Schon sein Sohn durfte ohne Erröten Ahnentafel und Herrscherwürde statt auf den Jakobinerfreund und Revolutionsgeneral über seine Mutter auf graue imperiale Urzeiten zurückführen.

Demzufolge mußte eine entsprechend dekorative, möglichst überzeugende Hofhaltung her. Weitsichtig hatte schon der Konsul Bonaparte unbeschadet aller Republik vorgebaut, als er im Tuilerienschloß der Bourbonen zu Paris Wohnung nahm.[105] Von dort ist er auch nicht mehr weggezogen, es sei denn, um auszuspannen, wie in Saint-Cloud. Jedoch so, wie er es im Jahr 1800 vorfand, konnte es der »Herr der Welt« freilich nicht belassen.

Das betraf weniger den baulichen Zustand, der so schlecht nicht war, obgleich der im 16. Jahrhundert auf Geheiß der Katharina Medici errichtete Renaissancepalast vor 1789 lange leer gestanden hatte und bei seiner Erstürmung durch das Volk 1792 arg mitgenommen wurde. Vom »Intérieur Louis Seize« war, nachdem sich Diensträume im zwecklos gewordenen Gebäude breitgemacht hatten, nur noch wenig vorhanden, und nichts fiel leichter, als es Zug um Zug in Schuß und auf Hochglanz zu bringen.[106] Damit wurde ein Kreis von fachkundigen Männern betraut, deren Namen einen guten Klang hatten. Bonaparte beriet sich des öfteren mit ihnen, und sie machten ihre Sache nicht schlecht.

Großaufträge ergingen an Tapeten-, Gobelin-, Seiden- und Spiegelmanufakturen, an Maler und Bildhauer, Kunsttischler und Vergolder, die sich unter Europas Meistern sehen lassen konnten.

Die Tuilerien stellten, als 1804 die Kaiserzeit anbrach, wieder etwas dar. Skulpturen und Bilder waren in reicher Auswahl zu sehen, und wer noch mehr von Bonapartes Beutekunst aus Italien bestaunen wollte, hatte es nur ein paar Schritte zur großen Galerie des Louvre; sie war in ihrer ganzen Länge mit Gemälden aus allen berühmten Schulen bedeckt. Dem Publikum unzugänglich blieb nur weniges: so Altdorfers *Alexanderschlacht*, aus München entführt, die sich Napoleon seltsamerweise in sein Badezimmer in Saint-Cloud hängen ließ. Gerügt wurde von Neunmalklugen an der Neuausstattung eine gewisse Trockenheit, Schwere und Scharfkantigkeit des »Kaiserstils«, der sich aus dem *Directoire* entwickelte und folgerichtig die Bezeichnung *Empire* erhielt: »Antikenmanie« nannte es Sébastien Mercier. Vielleicht fehlte es dem trauten Heim aber auch an einem zarteren weiblichen Arrangeur. Die für ihre Person kokette Josephine griff kaum ein und wenn, dann verfing sich ihre leichtfertige Gutmütigkeit beim Geldausgeben nur zu oft in den Fallstricken gerissener Hoflieferanten.[107]

Nun, über Geschmack ließ sich schon damals nicht streiten. Immerhin blieb die bei »Emporkömmlingen« naheliegende Sucht zur Übertreibung gedämpft, der Sinn für das Maßvolle gewahrt. In der Inneneinrichtung waltete System, hinter dem der Soldatengeist des Hausherrn hervorlugte, der sich auch noch als Kaiser schwer bezähmen konnte, seine Nase in jede triviale Kleinigkeit zu stecken, die seine Aufmerksamkeit erregte. Dem Usurpator fehlte die angeborene wie die anerzogene Nonchalance des selbstverständlichen Erben. Doch teilte er die Blumenliebe der Engländer, die auf den Kontinent vorgedrungen war, und gab bei Madame Bernard eine feste Bestellung auf: Für 600 Franken jährlich erhielt er täglich einen frischen Strauß; in der kalten Jahreszeit mußte manche Blüte dafür von der Côte d'Azur herbeigeschafft werden.

Ein Dilemma deutete sich hier schon an. Wenn der Hof, wie er ja wohl mußte, den Machtgipfel sozusagen im äußeren Abbild wiedergeben sollte, wie konnte er das in Blau-Weiß-Rot? Er war nun

Künstler, von ihrer Einbildungskraft gequält und Ekels an dem einförmigen Stile der Werke der gegenwärtigen Zeit voll, haben aufs neue die Geschichte der Kunst der Antike befragt. Sie haben die etruskischen Medaillen der enferntesten Zeiten, die der Perser, der Ägypter, der Griechen, der Römer sich durch die Hände gehen lassen, um in der Bildung unserer Vasen, im Bau unserer Sitze, unserer Betten in Kanzelgestalt, unserer x-förmigen Tische, unserer Tafeluhren in Lyrenform, lächerlich ähnliche Isis-Osiris-Anubis-Köpfe, geflügelte Tiere, Sphinxe, die unsere Kaminböcke bewachen etc., hervorzubringen.

LOUIS SÉBASTIEN MERCIER: ANTIKENMANIE IN DEN MÖBELN

einmal keine von heiligen Schauern umwallte Gralsburg wie andere Höfe mit ihren durch viele Menschenalter geschleppten Reliquien und Relikten. Er stand auf einem durch das Feuer der Revolution geschmiedeten Erzblock von unverwechselbarer sozialer Konsistenz. Es änderte wenig, wenn sein Nutznießer auf dem wiedererrichteten Thron jede Bezugnahme darauf mit Delikatesse und Diskretion vermied, wo es irgend anging. Die Reitbahn der Tuilerien, die berühmte »Manège«, in der die gewählten Vertreter der Nation Ludwig XVI. zum Tode verurteilt hatten, ließ er abreißen. Aber schließlich hatte der Konvent, von Mai 1793 an, im Theatersaal des Schlosses selber getagt; der Rat der Alten hatte hier den 18. Brumaire über sich ergehen lassen müssen. Konnte er diese Schatten von der Wand wischen – in einem Raum, in dem zuerst der Konsul und sodann der Kaiser über all die Jahre hinweg seinen Staatsrat zu versammeln und anzuhören pflegte?

Napoleon gab sich erdenkliche Mühe, schrittweise dennoch einen »noblen« und keinen Hof der Bourgeoisie einzurichten.[108] Warum sollte in Frankreich unmöglich sein, was in England, bei nur gelegentlichem Knirschen von Sand im Getriebe, ganz gut lief: eine allseits anerkannte edle »Cour« im bürgerlichen Staat? Er vergaß – oder ließ außer acht –, daß Georg III. (1760–1820) an der Themse, obschon für seine Person zunehmend geistesgestört, seinen hochmütigen Peers ebenso wie seinen Vettern auf dem Festland als Welfe immerhin siebenhundertjährige Ebenbürtigkeit vorrechnen konnte, der Kaiser der Franzosen ihnen hingegen als unverschämter Thronräuber allerjüngsten Datums galt. *Sein* Majestätsverbrechen war noch lange nicht verjährt. Eine Quadratur des Kreises, der Bonaparte nicht auswich. Sein Kreuz lag nicht beim toten, sondern beim lebenden Inventar.

Es gab Schwierigkeiten, die bärbeißigen Kampfhähne, die ihm in Italien und Ägypten durch dick und dünn gefolgt waren, an feine Sitten zu gewöhnen, die zum Prachtgewand auf der narbenübersäten Brust paßten. Mit Orden und Titeln behangen, mit famosen Schlössern und Zuwendungen bedacht, waren diese Generäle und Marschälle – die Leutnants und Kapitäne der Revolution – zusamt ihren Damen (sofern sie sie nicht auswechselten) kaum in elastische Höflinge umzumodeln. Laura Saint-Martin Permon (1784–1828) verdaute ihren Aufstieg zur »Herzogin von Abrantès« und Memoirenschreiberin[109], während ihr Mann Junot (1771–1813),

als »Sergeant Sturm« (*sergent la tempête*) einer von Bonapartes
ältesten Waffengefährten und 1793 sein Sekretär vor Toulon, dem
kompletten Irrsinn verfiel. Nie lernte das Ehepaar Lefèbvre so
recht Benimm bei Hofe: Der Müllerssohn setzte sich noch als
»Herzog von Danzig« und Kommandeur der Garde über alle
Konventionen hinweg, und das elsässische Wäschermädel, Katharina Hübscher, sorgte in plebejischem Freimut, der ihr als »Madame Sans-Gêne«[110] einen Platz in der Literatur einbrachte, für
frischen Wind in den steifen Kulissen.

Das Zivil aber, das es in oder nach der Revolution zu Ansehen
gebracht hatte und auf dessen Anwesenheit Napoleon bei seinen
Empfängen größten Wert legte, fühlte sich, gegenüber den Mars-
jüngern sowieso in der Minderzahl, in der ungewohnten Umgebung mitunter nicht weniger unbehaglich. Der legitimistische
Adel wiederum versagte sich zwar – bis auf wenige unversöhnli-
che Prinzipienreiter – der erneut verbindlichen Vorstellung bei
Hofe aus Gründen der Klugheit nicht, nahm die Komödie aber
wenig ernst. Wer es dennoch tat, handelte sich den Ruf eines
Überläufers ein. Unwürdig einer Republik schmollten die einen;
unwürdig einer Monarchie die anderen.

Bonaparte operierte schon als Konsul auf dem noch nicht reko-
gnoszierten Terrain bedächtig und setzte niemals auf einen einzigen Gewaltschlag. Er nutzte sich bietende Anlässe, um Gelände-
gewinn möglichst unauffällig zu erzielen und sodann in der Stille
auszubauen. Schon gab es einen Palastgouverneur, den General
Duroc, und einen Gardekommandanten, den General Murat;
dazu ein paar Dutzend Angestellte und natürlich jede Menge
Bedienstete. Madame de Rémusat, die schnippische und auf das
Alter ihres Robenadels versessene Chronistin dieses Hofes, der
Beobachtungsgabe nicht abzusprechen ist, hielt in ihren *Memoiren* fest: »Jeden Tag erfand er einige Neuigkeiten in seiner Lebensweise, die seinem Domizil große Ähnlichkeit mit dem Palast eines
Herrschers verliehen. Er fand auch Geschmack an einer Art Repräsentation, solange sie seine persönlichen Allüren nicht beein-
trächtigte. Seiner Umgebung erlegte er ein Zeremoniell auf. Im
übrigen ist er überzeugt, daß sich die Franzosen durch die Entfaltung äußerlichen Gepränges verführen lassen.«[111]

Als im Juni 1801, erstmals nach der Revolution und im Gefolge
des Friedensschlusses in diesem Jahr, für das spanisch-bourboni-

sche Herrscherpaar der von Frankreich freigegebenen Toskana –
jetzt »Königreich Etrurien« – in den Tuilerien ein Staatsempfang
fällig wurde, kehrte man zu den bestickten Livreen zurück und
verfeinerte das Protokoll, zu dessen Chef ein alter Routinier
ernannt wurde, dem das »comme il faut« im Handgelenk saß.
Trotzdem oder gerade deshalb löste der mit der Zeit und ihren
wechselnden Obrigkeiten gehende Staatsrat Bénézech, seinerzeit
nicht allein Edelmann, sondern gar Innenminister Ludwigs XVI.,
Verblüffung aus. 1802 sah man den Konsul auf Lebenszeit wieder
von Culottes, Kniehosen wie gehabt, umrundet, und Josephine
umgab sich mit ersten Hofdamen, auch wenn sie sich vorerst noch
nicht so nennen durften.

Verschwenderisch ging es nicht zu, und Raffinessen, wie sie Talleyrand auf seinen Gartenfesten bot, fehlten. Als aber 1804 die
Kaiserkrönung nahte, waren mehr Würden und Würdenträger
gefragt: Erzkanzler, Großalmosenier, Connétable, Großadmiral.
Duroc wurde Palastmarschall, Cambacérès Erzkanzler, Talleyrand Oberkämmerer, Berthier Oberjägermeister, Caulaincourt
Oberstallmeister[112] – alles hochdotierte Chargen für ohnehin
schon höchstdotierte Posteninhaber. Nach der Kaiserin erhielten
auch Prinzen und Prinzessinnen des neuen Herrscherhauses jeder
seinen eigenen Hofstaat gleichen Musters, nur kleineren Formats.
1808 strafte Napoleon den Beschluß der Konstituante von 1790
Lügen: Der ganze höfische Betrieb erfuhr seinen gleichsam orga-
nischen Abschluß mit der Schaffung des »Noblesse de l'Empire«,
des kaiserlichen Adels.

Wie alle Höfe, waren die Tuilerien nicht frei von lästiger Gezwun-
genheit und Langeweile.[113] Man suchte seine Gäste zu unterhal-
ten durch Amüsantes und durch Erhabenes, doch nicht immer
gelang es. Die Pariser waren wählerisch und schnell mit Spott zur
Hand. Imponieren ließen sie sich auch vom Kronreif nicht.
Diplomatenempfänge reihten sich, Audienzen, Darbietungen im
Schloßpark mit Feuerwerk, Festbankette und Konzertmessen. Es
wurde Karten gespielt, allerdings nicht hoch und mehr zum Spaß.
Napoleon machte sich ein diebisches Vergnügen daraus, seine
Partner zu bemogeln: verwerflich, weil er wissen mußte, daß sich
niemand herausnehmen würde, ihm auf die Finger zu klopfen.
Seine einzige Reaktion: Sollen sie doch besser aufpassen! Ungern
verlor er – gleich den meisten Patzern – auch beim Schach. Dies

nicht in Rechnung gestellt zu haben, wurde einem Betrüger zum Verhängnis, der – im Park von Schönbrunn – einen angeblichen Automatenmenschen gegen ihn antreten ließ, der prompt gewann. Der wütende Kaiser zerschlug das Wunderwerk und siehe da, zum Vorschein kam ein spielstarker Zwerg.

Mehrere der Bonapartes verrieten in jüngeren Jahren einen Hang zu sentimentaler Literatur; Napoleon schrieb *Clisson et Eugénie*, Lucien *La tribu indienne*, Joseph (der sich später gleich Louis den Wissenschaften zuwandte) gar einen Roman: *Moina oder das Dorfmädchen vom Mont Cenis*. Ausübende Musikanten hingegen waren sie allesamt keine. Napoleon selbst sang zwar gern, aber falsch vor sich hin.[114] Im übrigen begnügte er sich mit dem Ohrenschmaus, den ihm die *Italienische Oper* und allen voran der Kastrat Girolamo Crescenti bereitete. Sehr gefiel ihm das Schauspiel und insbesondere die Tragödie; von Kindesbeinen an zeigte er eine Schwäche für altrömische, möglichst heroische Stoffe.[115] Sein Lieblingsautor unter den Stückeschreibern war und blieb Corneille. Die *Comédie-Française*, zu der Zeit das gerühmteste Theater der Welt im klassischen Genre, gastierte des öfteren im Schloß. François Joseph Talma (1763–1826), schon Sprecher der sozial verfemten Schauspieler im Kampf um ihre bürgerliche Gleichberechtigung während der Revolution, genoß des Kaisers Vertrauen. Daß er ihm Nachhilfeunterricht in Haltung und Gestik erteilte, ist aber ebenso unbewiesen wie die Behauptung, daß der »Schüler« seine Posen vor dem Spiegel geübt habe.

Weniger Freude hatte der schlechte Tänzer Napoleon, mit den Jahren auch noch rundlich geworden, an den unvermeidlichen großen Bällen der Saison. Er machte sich nichts aus dem traditionellen höfischen Menuett und ließ Josephines Nachfolgerin Marie Louise mit Gleichmut gewähren, als diese aus Wien statt dessen die Quadrille einführte.

Eine politische Kraft, die als Eigenfaktor zu berücksichtigen gewesen wäre, stellte diese zusammengewürfelte Hofgesellschaft nicht dar. Eher schon war sie eine Attrappe, noch mehr Staffage für den eigenwilligen Zepterschwinger. Die pikante Note fehlte ihr keineswegs, doch war der Kaiserhof kein Tummelplatz ungezügelter Ausschweifungen; er war hausbackener als unter den Bourbonen. Gerangel um das liebe Geld stand vorn an; Skandälchen, keine veritablen Skandale waren an der Tagesordnung. Das

*Der Teufel hielt
ein großes Regi-
ster gegen den-
selben und seine
Geschwister ...*
GOETHE

*Joseph
(1768–1844)*

*Lucien
(1775–1840)*

*Elisa
(1777–1820)*

*Louis
(1778–1846)*

*Pauline
(1780–1825)*

*Caroline
(1782–1839)*

*Jérôme
(1784–1860)*

schloß nicht aus, sondern ein, daß sich die Bonapartes und die Beauharnais aneinander rieben, daß sich Cliquen bildeten und wieder zerfielen, daß Klatsch und Intrige ihre Sumpfblüten trieben.

Auf seine herrische Art war Napoleon ein guter Bruder, sorgendes Familienhaupt nach korsischem Brauch. Er übertrieb darin sogar. Andererseits kommandierte er die Geschwister und wunderte sich, wenn sich nicht jedes derselben zu seinem Glück zwingen lassen wollte. Oft kam es zu stürmischen Auftritten: Auch sie waren Bonapartes, und einige hatten den sturen Schädel, das cholerische Temperament der Mutter geerbt. Napoleon hielt ihnen nicht nur einmal ihre Herkunft vor und was er aus ihnen gemacht habe. Vielleicht aber war es nicht Undankbarkeit, wenn sie ihrer üblen Laune freien Lauf ließen. Sie verkrafteten einfach den jähen Aufstieg schlecht, den sie ohne viel eigenes Zutun genommen hatten. Da waren die drei Schwestern, alle frühzeitig unter der Haube, aber trotzdem ... [116]

Am besten lief es noch mit Elisa, der ältesten. Das willensstarke und fähige Frauenzimmer heiratete aus eigenem Entschluß »unter Stande« den weitaus älteren korsischen Kapitän Felice Baciocchi. Sie suchte keinen Streit und regierte seit 1805 Piombino und Lucca so ordentlich, daß sie 1809 die Verwaltung der Toskana und den Titel einer Großherzogin dazubekam. Das hielt sie die meiste Zeit über am eigenen Hof in Florenz fest, und möglicherweise entschädigte sie der Geiger Paganini (1782–1840) – zu jener Zeit einsame Weltspitze – für die Genüsse, die ihr in Paris entgingen.

Des Bruders Liebling »Paoletta« glänzte durch Schönheit, die ihren Tribut forderte. Sie verlor ihren Mann, den General Leclerc, am Fleckfieber in Saint-Domingue. Die nächste Ehe der »Herzogin von Guastalla« mit einem Fürsten Borghese erwies sich als Fehlschlag, über den sich ihre Frohnatur indessen ausgiebig hinwegsetzte. Canovas Marmor hat sie – verdientermaßen – als *Venus Victrix* verewigt. Ihre galanten Affären sorgten für Gesprächsstoff, wurden ihr jedoch weniger angekreidet als ihre abweisende Haltung gegenüber Marie Louise, der zweiten Kaiserin. Napoleon, als Neuvermählter zwischen zwei Feuern, verschaffte der Gattin Genugtuung und wies – mit Bedauern – Pauline Borghese vom Hofe. Sie trug es dem Bruder nicht nach und brachte ihm 1815, als alles auf dem Spiel stand, als einzige den

Schmuck zurück, mit dem er sie in glücklicheren Tagen verwöhnt hatte.

Die jüngste, Caroline, schenkte ihrem Murat vier Kinder. Ihr grenzenloser Ehrgeiz, der alle Poren der Tuilerien durchdrang, stachelte den tapferen, jedoch geistig unbedarften Reiterführer fortgesetzt an, nach Höherem zu greifen. Sogar die Königskrone von Neapel ließ sie – 1806 – unbefriedigt, weil sie sich dort ins Abseits gedrängt fühlte, und daß ihr Napoleon die spanische verweigerte, verzieh sie ihm nie. Caroline war es, die zu italienischen Oppositionellen Fäden knüpfte, Murat 1813 den Absprung von der verlorenen Sache einflüsterte und ihn zu einem zweifachen Seitenwechsel veranlaßte, der 1815 tödlich für ihn ausging.

Das Verhältnis zu den Brüdern wurde noch stärker von der Politik überschattet. Die geringsten Schwierigkeiten bereitete der Benjamin Jérôme. Zwar tanzte auch er aus der Reihe, als er 1803 in Baltimore eine Miss Patterson ehelichte, die er aber befehlsgemäß sitzenließ, sobald ihn Napoleon 1807 mit einem Königreich Westfalen und einer dazu passenden Prinzessin Katharina von Württemberg lockte. »König Lustik« in Kassel besaß mehr überschäumende Lebensfreude als Grips, mischte sich jedoch nicht in anderer Leute Angelegenheiten und hielt, wenn es ernst wurde, zur Stange. Bei Waterloo war er, wiewohl kein großer Krieger, zur Stelle.

Seine Differenzen mit dem großen Bruder waren ein sanftes Säuseln, verglichen mit den Szenen, die der jähzornige Lucien aufführte. Verworren zwar und sprunghaft, schwor er seiner schwarzen Jakobinerseele nicht ab. Als Sehschwacher für die militärische Laufbahn ungeeignet, blieb er der störrische Republikaner der Familie. Äußerst aktiv am 18. Brumaire und zu Beginn des Konsulats, sprang er auf dem Weg zur Monarchie ab, mied die Tuilerien und zog sich, Ämter und Würden verschmähend, nach Italien zurück. Wie zum Schabernack erwarb er dort den Titel eines »Fürsten von Canino« (den seine Nachkommen noch führen) nicht vom Kaiser, sondern vom Papst als »Lehnsherrn«. Mit seiner zweiten Frau zeugte er einen Haufen Kinder und schlug die Hand einer spanischen Infantin aus. 1810 wollte er nach Amerika auswandern, fiel den Engländern in die Hände und wurde interniert. So ließ die Aussöhnung zwischen den Brüdern bis 1815 auf sich warten. Den Napoleon der »Hundert Tage« aber ließ auch Lucien nicht im Stich.

Wieder anders lag der Fall Louis. Er war ein Starrkopf von der leiseren, bockigen Art, der sich –nicht ohne Grund – als Opfer der Kombinationen seines tyrannischen Bruders bemitleidete, dem er sich jedoch nicht zu widersetzen wagte. Napoleon hatte Josephines Tochter Hortense zuerst mit General Moreau verheiraten wollen, um den Rivalen an sich zu fesseln. Als sich das Projekt zerschlug, beglückte er Louis mit ihr, doch harmonierten die beiden gar nicht miteinander. Weder der Gouverneursposten von Paris noch 1806 die Krone Hollands machte ihnen die eheliche Zwangsjacke bequemer.[117] Hortense, die oft bei der Mutter weilte und an der »Palastpolitik« mithäkelte, ging ihre eigenen Wege, so daß Zweifel an der Vaterschaft jenes Kindes aufkamen, das (1852–1870) als Napoleon III. in die Geschichte einging. Louis andererseits wurde seines Königsamtes nicht nur deshalb müde. Noch mehr verübelte er dem Kaiser, daß er es ihm im Stil eines französischen Steuer- und Rekruteneintreibers, als wahrer Rabenvater der ihm zugewiesenen Landeskinder zu führen befahl: Skrupel, die ihm nicht unbedingt zur Schande gereichten. 1810 gab er auf und verzog sich, nachdem die Niederlande dem Empire einverleibt wurden, nach Österreich und später nach Italien in die Anonymität.

Joseph, dem Erstgeborenen, war Napoleon immer zugetan. Er fühlte sich in seiner Schuld stehend, seit er als Jüngerer zum Oberhaupt des Clans aufgerückt war, und suchte ihn dafür zu »entschädigen«. Was wurde Joseph nicht alles: Erster Prinz von Geblüt, Großelektor des Kaiserreichs, Meister vom Stuhle des Großorients. Das beste Land, das Napoleon jeweils auszuteilen hatte, erhielt er – 1806 Neapel, 1808 Spanien.

Und doch blieb eine gewisse Spannung. Joseph verzichtete nie auf seine Thronfolgerechte in Frankreich. Auch als Souverän eines anderen Staates betrachtete er sich nicht als abgefunden und erhielt seine Ansprüche aufrecht. Napoleon sicherte sie ihm ausdrücklich zu, ohne allerdings seine Nachfolge verbindlich zu klären. Solange er selber keinen ehelichen Sohn hatte, dachte er eher an einen seiner Neffen.

Die Geburt des »Königs von Rom« vereinfachte 1811 die Sachlage. Sie strich Spekulationen, an denen sich die »halben Tuilerien« beteiligten, von der Tagesordnung. Noch aber ließ das die Frage der Regentschaft für den nicht auszuschließenden Fall einer Minderjährigkeit von »Napoleon II.« offen: Pro forma konnte sie,

Der König von Rom als Kind. Kupferstich von J. L. Benoist d. J. nach Innocent-Louis Goubaud, 1812

wenn beispielsweise der Kaiser in der Schlacht fiel, die Österreicherin Marie Louise wahrnehmen, jedoch de facto? Beiseite schieben wollte sich der ansonsten loyale Joseph um so weniger lassen, als er 1813 ein König ohne Land geworden war. Als »Generalleutnant des Kaiserreichs« vertrat er seitdem Napoleon während dessen Abwesenheit im Felde – allerdings ohne Erfolg. Er trug 1814 Mitschuld an der schwächlichen Verteidigung von Paris und emigrierte 1815, was seinem Bruder mißlang, unbelästigt nach den Vereinigten Staaten.

Dieses ganze zänkische Völkchen innerhalb und außerhalb des Residenzpalastes suchte – letztendlich vergebens – Madame Mère, Drache und Unke zugleich, kraft ihrer mütterlichen Autorität beisammen zu halten. 149 Zentimeter klein, doch von bemerkenswerter Charakterfestigkeit und mit Haaren auf den Zähnen, ließ sie sich nichts vormachen. Der Seifenblase des Kaiserreiches traute sie nicht, und die Brut der »Kurtisane« Beauharnais, die ihren unerfahrenen Napoleone gekapert und sich in den Tuilerien eingenistet hatte, mochte sie gar nicht. Obwohl es artige und vorbildlich korrekte Adoptivkinder des Kaisers waren, schlug sie doch drei Kreuze, als Eugen zum Vizekönig von Italien avancierte und mit der Wittelsbacherin Auguste Amalie in Mailand seinen

*Ein Glück nur,
daß ihn immer
irgendwelche
großen Dinge
beschäftigen,
sonst wäre seine
Quirligkeit nicht
zu ertragen.*
JOSEPHINE ÜBER
NAPOLEON

eigenen Hausstand gründete, während Stephanie ihrem Gemahl, Erbprinz Karl Friedrich, nach Baden folgte. Heimisch wurde die Offizierstochter Laetizia Ramolino (1750–1836) an französischen Kaminen nie. Sie zog sich für den Rest ihrer Tage dann ja auch nach Rom zurück, wo sie sich einer immer bedingungsloseren Frömmigkeit hingab.

Wenig hatte hingegen der Übertritt des Gascogners Jean-Baptiste Jules Bernadotte (1763–1844) zum lutherischen Glauben mit der Religion zu tun. In den Tuilerien ließ er sich vorwiegend dienstlich blicken, wiewohl seine und Josephs Frau Schwestern waren. Wo hinzu allerdings erschwerend kam, daß die seinige, als sie noch Désirée Clary hieß, mit Napoleon so gut wie verlobt gewesen war. Er ernannte Bernadotte »trotzdem« zum Marschall und Fürsten von Pontecorvo; ja, als ihn der schwedische Reichstag 1810 überraschend zum Thronfolger wählte, gab ihm des Kaisers Plazet Gelegenheit, eine Dynastie zu gründen, die alle gekrönten Bonapartes überleben sollte. Bernadottes Einsatz in diesem Spiel: Er warf die Tür hinter sich zu und schloß sich der letzten Koalition gegen Frankreich an. 1818 durfte er sich Karl XIV. Johan von Schweden (und Norwegen) nennen.

*Das war der
erste Dienst, den
ich Ew. Majestät
zu leisten ver-
mochte ...*
FOUCHÉ
ZU NAPOLEON

Lange brachte es Joseph Fouché fertig, bei Hofe im trüben zum fischen. Er hatte im Schloß Vertrauenspersonen postiert und damit sein Ohr an den verschwiegensten Türen, um rechtzeitig zu erfahren, woher der Wind gerade wehte und wohin. Manchmal tat er sich mit Josephine zusammen, um ein gesponnenes Ränkenetz der Kaisergeschwister, bei denen beide gleich unbeliebt waren, zu zerreißen. Das ging so lange gut, bis sie – wieder beide – der österreichischen Heirat Napoleons hinderlich im Wege standen und 1810 weichen mußten. Fouché verkannte die Bedeutung einer gesicherten Erbfolge für die Stabilität des Regimes keineswegs und nahm als Realist die persönlichen Folgen dieses Lebensbundes hin, der wenigstens die Bourbonen um eine Hoffnung ärmer zu machen versprach. Von einem undankbaren Napoleon dann noch vorwurfsvoll daran gemahnt, daß er 1793 für die Hinrichtung des Louis Capet votiert habe, verschaffte er sich einen guten Abgang voller Ironie.

Wenn von den Tuilerien dennoch Impulse ausgingen, so nicht von ihrem Hofstaat aus Alt- und Neuadel. Doch befand sich da

Napoleon in seinem Arbeitszimmer im Tuilerienschloß. Gemälde von Jean-Baptiste Isabey

zugleich die Schaltzentrale des Großreiches – das Arbeitskabinett des Kaisers mit den dazugehörigen Kanzleien. Millionen Schicksale weit über Frankreichs Grenzen hinaus hingen von ihr ab. Von hier gingen Dekrete, Edikte, Ordonnanzen hinaus, die in das Leben der Menschen eingriffen. Hier überdachte »er«, bisweilen im Zimmer auf und ab gehend oder im Garten zwischen den Rabatten spazierend, seine letzten Entschlüsse über Krieg und Frieden.

Napoleons Tagesablauf regelte ein strenges Programm, das Baron Fains *Memoiren* der Nachwelt überlieferten.[118] Auch von seinen Leib- und Kammerdienern, denen er sich ungekünstelt gab, haben einige Tagebücher geführt oder später aufgezeichnet, was sie – oder andere – bemerkenswert fanden.[119] Dem Intensivschläfer genügten wenige Stunden Ruhe, täglicher Wäschewechsel, ein sehr heißes Sitzwannenbad, später auch zwei. Der Rest des Tages war angefüllt mit mal beherrschtem, mal unbeherrschtem »Regieren« – Schwerstarbeit als Preis für den sittenwidrigen Griff nach der Macht.[120]

Er konnte sich kurz und präzise fassen, vor allem auf dem Papier, aber auch reden wie ein Wasserfall. Zuzuhören, ohne zu unterbrechen, kostete ihn Überwindung. Für Pausenentspannung jeglicher Art blieb immer wenig Zeit und Lust. Malern und Bildhauern saß er ausgesprochen ungern und brachte für sie nicht die notwendige Geduld auf. Die Porträtisten Appiani, Gros, David[121], Isabey, Vernet, Ingres und Gérard konnten davon ein Lied singen; vielleicht ist es mit darauf zurückzuführen, daß die Napoleonbüsten des alten Houdon wie des jungen Canova nicht zu ihren besten Werken gerieten.

»Höfische« Pflichten hingegen nahm der Kaiser gewissenhaft wahr – als notwendiges Übel, Zugeständnis an ausbeutbare, wiederverwertbare Eitelkeiten der anderen. Dafür warf er sich jedoch, anders als bei den von Balzac in Erzählkunst transportierten Militärparaden, die ihm ans Herz gewachsen waren, ungern in Schale. Das geschah so wenig absichtslos wie bei Kapitulationen im Felde, wo er die Unterwerfung des Gegners in betontem Kontrast zur Suite seiner glanzvoll ausstaffierten Generäle in einer schlecht sitzenden, oft auch fleckigen Uniform mit kotbespritzten (aber bequemen!) Stiefeln entgegennahm. Nichtsdestoweniger besaß er außer einem Prachtdegen die dazugehörige Hutagraffe, die mit 121 kleinen Brillanten und 22 Solitärs besetzt war; unter letzteren der »Sancy«, schönstes Stück der französischen Kronjuwelen. Die Kopfbedeckung, unzweckmäßig für eine Schlacht, fiel 1815 beim Desaster von Waterloo in preußische Hand.

Bei Hofempfängen wurden sämtliche Fürstlichkeiten stets mit vollständigen Titeln angekündigt, so auch »Ihre Majestät, die Kaiserin der Franzosen, Königin von Italien«, Napoleon dagegen nur mit: »l'Empereur!«. Der Effekt war berechnet. Den kurzgewachsenen Kerl – nach der Erinnerung des Palastpräfekten Bausset[122] »fünf Fuß, zwei Zoll und einige Linien hoch« – respektierte man, das wußte er, in jeder Aufmachung, ob er sich kalt gab oder tobte. Eines ausholenden Kommentars bedurfte er so wenig wie das geschwungene »N«, auf das er seinen Namenszug reduzierte.

37 Jean-Auguste-Dominique Ingres: Madame Devauçay, 1807. Das Bildnis dieser Italienerin, die mit einem
Franzosen verheiratet war, gehört zu den ersten jener Damenporträts, die Ingres berühmt gemacht haben.
Kein anderer Menschenschilderer jener Zeit prägte das Eigentümliche des Modells schärfer aus. Jede seiner
Gestalten besitzt einen Zauber von unverwechselbarer Art. Diese Balance zwischen Realität und Idealität
konnte auch Ingres nur einige Jahre lang halten. (Musée Condé, Chantilly)

Par Percier et Fontaine.
Lit exécuté à Paris pour M^r. O……

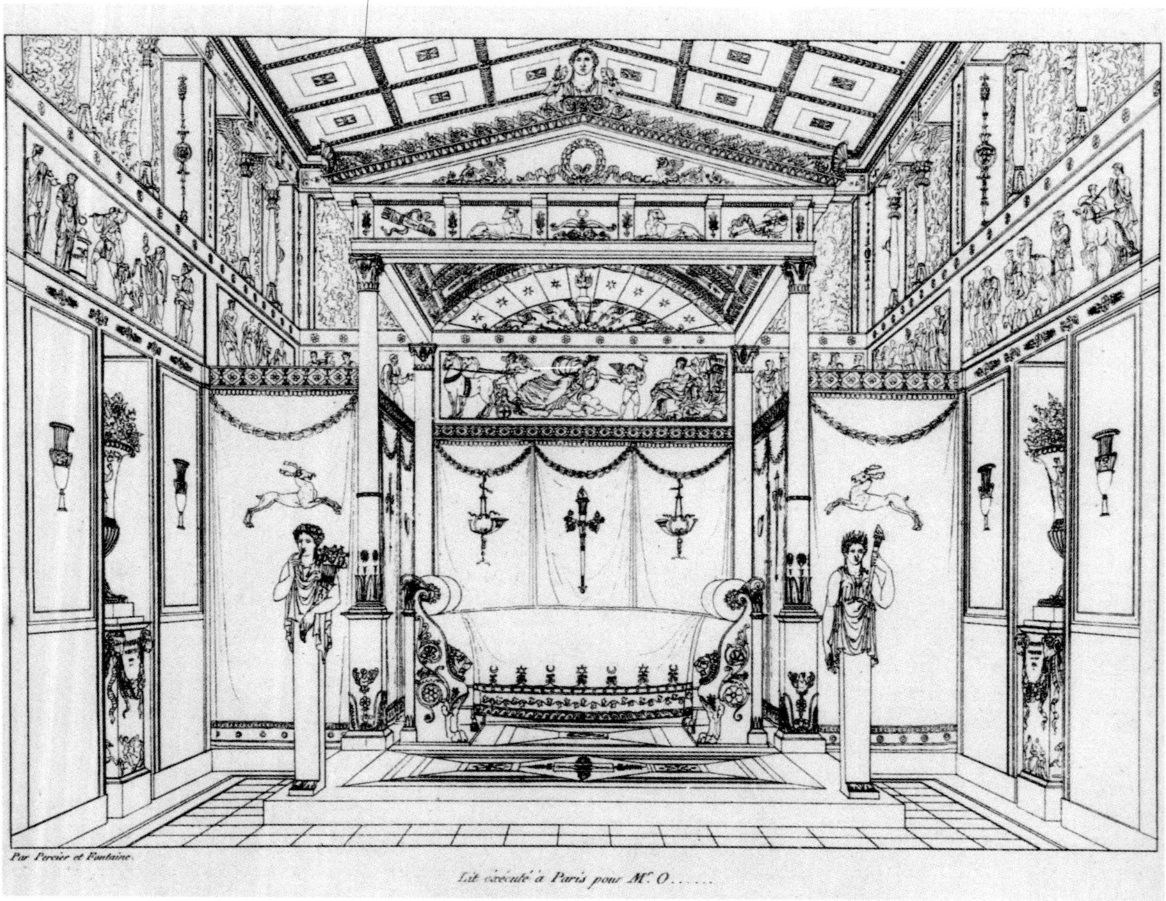

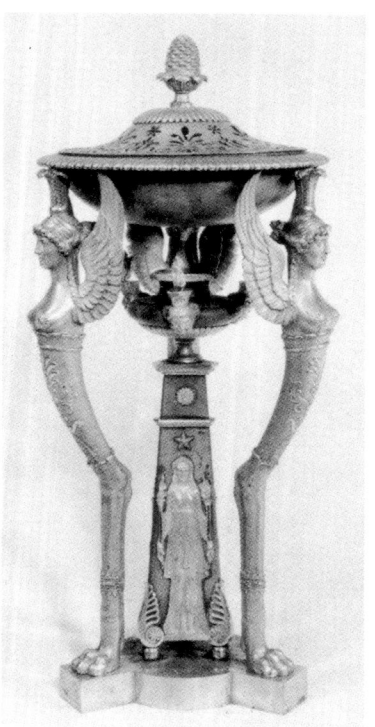

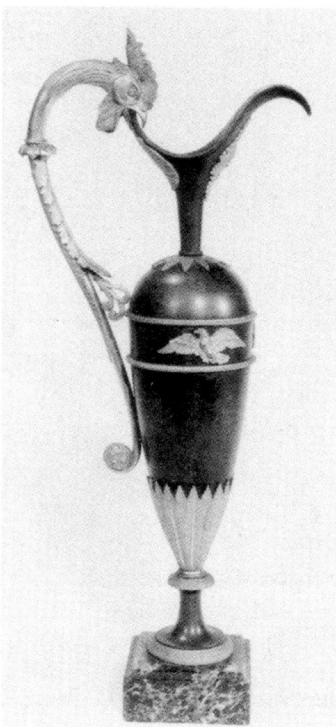

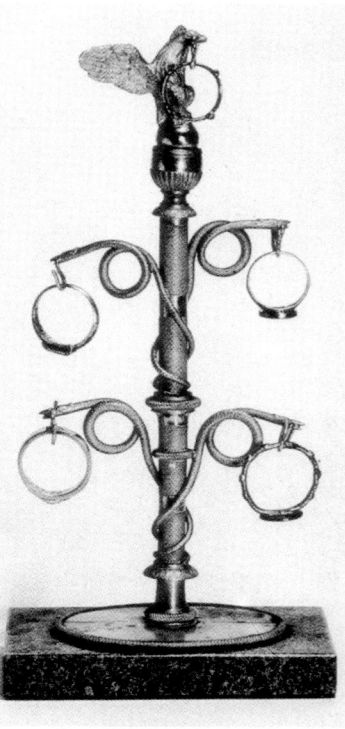

Zwanzig Jahre lang, von 1794 bis 1814, arbeiteten Charles Percier und Pierre Fontaine (letzterer seit 1807 Erster Architekt Napoleons) gemeinsam. Ihre Tätigkeit war überaus vielseitig: Großbauten, Festarrangements, Innenausstattungen, Möbel, Ziergegenstände jeder Art. Räume, die sie gestalteten, wurden bis zum letzten Detail von ihnen geprägt. Unverkennbar zeigt sich dabei die Eigenart des Empire-Geschmacks, der seine Vorbilder im Altertum sucht. Anstelle von Pflanzenmotiven werden jetzt Figuren, Tiere, Fabelwesen im Ornament verwendet, eingefaßt in harte Linien von perfektem, hochstilisiertem Verlauf. Seit dem Feldzug Bonapartes hält auch die altägyptische Kunst Einzug in die Zimmer der Kunden Perciers und Fontaines.

38 Schlafzimmer des Herrn O. in Paris, als Dianatempel konzipiert (oben)

39–41 Aromatenräuchergefäß, um 1800/1810, Bronze, teilvergoldet (unten links); Henkelkanne, um 1800/1810, Bronze, teilvergoldet (unten Mitte); Ringhalter, Bronze, vergoldet (unten rechts) (Staatliche Museen zu Berlin Preußischer Kulturbesitz, Kunstgewerbemuseum)

42 Öllampe, um 1800/1810, Bronze, teilvergoldet (Staatliche Museen zu Berlin Preußischer Kulturbesitz, Kunstgewerbemuseum) (oben)

43 `Jean-Baptiste Mallet: Gotisches Badezimmer, 1810. Der außerordentlich wandlungsfähige Maler, der alle gängigen »kleinen« Gattungen der Kunst seiner Zeit ausprobiert hatte, war schon fünfzig, als dieses Bild entstand: ein Zeugnis des »style troubadour«, einer seit etwa 1800 bemerkbaren Unterströmung der französischen Malerei, die eine idealisierte mittelalterliche Welt schildert. (Musée de Dieppe)

44 Georg Friedrich Kersting: *Der elegante Leser, 1812. Der jüngere Freund Caspar David Friedrichs hat aus stillen, stimmungsvollen Innenraumbildern sein Spezialfach gemacht. Sie übermitteln nicht nur die redliche Schlichtheit des kultivierten bürgerlichen Hauses in jener Zeit, sondern ebenso eine besondere, etwas enge Form der romantischen Verinnerlichung, die in das Biedermeier hinüberführt. (Kunstsammlungen zu Weimar)*

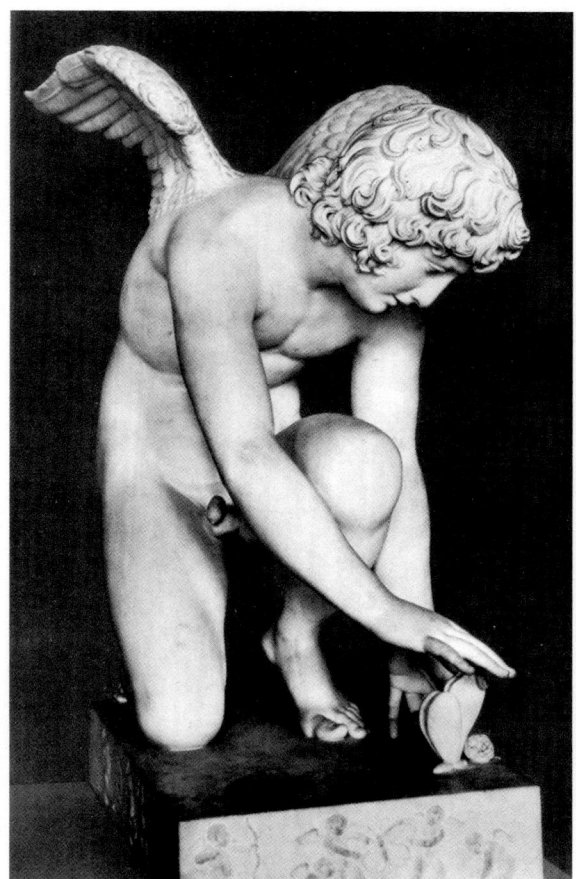

45 *Antoine-Denis Chaudet: Amor, 1802 (links). Einen guten Teil seines Rufes verdankt Chaudet den Napoleon-Büsten, die in Hunderten von Exemplaren, in großen Werkstätten vervielfältigt, bis in entlegene Amtsräume des Imperiums verschickt wurden. Die überlebensgroße Statue des Kaisers auf der Vendôme-Säule ging allerdings schon 1814 zugrunde. Aber auch sein Werk offenbart die Nachbarschaft von offizieller Strenge und Lieblichkeit, die man immer wieder in der Kunst dieser Zeit beobachten kann – ähnlich wie in der römischen Kaiserzeit, die die Vorbilder für diesen in sein Tun versunkenen Amor aus Marmor lieferte. (Musée du Louvre, Paris)*

46 *Joseph Chinard: Madame de l'Orme de l'Isle, um 1802 (rechts). Wie so mancher seiner Künstlerkollegen ist auch Chinard, der meist in seiner Heimatstadt Lyon, zwischendurch aber auch in Rom lebte, von den Kämpfen seiner Zeit erfaßt worden. 1792 in Rom von der Inquisition in Haft genommen, ein Jahr darauf in Lyon von der Revolution, später Soldat, wurde er zum Porträtisten der Familie Bonaparte und zum Vertreter einer von der Anmut des 18. Jahrhunderts noch berührten Variante des Klassizismus. Wie viele seiner Arbeiten, ist auch diese Büste in Terracotta hergestellt worden, einem intim wirkenden und wohl darum in der zweiten Hälfte des 18. Jahrhunderts häufig verwendeten Material. (Ehemals Sammlung Reynaud)*

47 *Antonio Canova: Die drei Grazien, 1812–1816. Das erste Exemplar der Gruppe, die für Eugène Beauharnais entstanden war, fand sofort größten Beifall. Das schon in der Antike geprägte Motiv der drei umschlungenen Frauen ist hier mit besonderer Anmut und einer Linienseligkeit interpretiert worden, die an Gemälde von Ingres erinnert. Canovas Kunst bewahrt immer höfisch-dekorative Züge, die gewiß auch zu seiner Beliebtheit bei der Familie Bonaparte beigetragen haben. (Ny Carlsberg Glyptothek, Kopenhagen)*

48 *Heinrich Olivier: Die Heilige Allianz, 1815. Der Maler aus Dessau verbrachte zwei Jahre in Paris, um gemeinsam mit seinem Bruder Ferdinand ein großes Reiterbildnis Napoleons zu malen. Die Stadt war kurze Zeit ein Zentrum der katholischen Romantik, wie sie ein von Schlegel beeinflußter Kreis dort lebender Deutscher um Metternichs Mitarbeiter Joseph Pilat propagierte. Der Musée Napoléon bot günstige Gelegenheit, spätgotische Malerei zu studieren. Olivier meldete sich 1813 als Freiwilliger und lebte zur Zeit des Kongresses in Wien. Die Gruppe der drei geharnischten Monarchen nimmt das revolutionäre Schwurmotiv auf und kehrt dessen Bedeutung um. Der gotische Stil entspricht dem restaurativen Charakter der Allianz. (Staatliche Galerie Dessau)*

Die Legende

Das blau-weiß-rote Kaiserreich ging zu schnell vorüber, um die Lebensart eines ganzen Volkes tiefgreifend zu verändern. Der Empire-Stil, den es hervorbrachte, blieb auf ein rundes Jahrzehnt begrenzt. Überdauert haben weniger Sitten und Unsitten, die auf seine Rechnung gingen, als Einrichtungen, die ihre Zweckmäßigkeit einem von der Revolution geschaffenen freien Auslauf für den Staatslenker verdankten. Reibungslos funktionierende öffentliche Anstalten nahm man noch lange danach in Anspruch – und zum Teil bis auf den heutigen Tag. Doch waren sie wenig geeignet, Begeisterungsstürme zu entfachen. Sie gaben keinen rechten Nährboden für Legendenbildung ab.
Ungewöhnliche und atemraubende Augenblicke hatte Frankreich und mit ihm Europa durchlebt. Der Mann aus Korsika, der sie an erster Stelle zu verantworten hatte, vermochte dennoch das Gesicht der französischen Nation nicht nach seinem Willen zu prägen. Diese registrierte die Kaiserherrlichkeit eher als Episode mit einem Anflug von politischem Polterabend, der mehr Scherben als Gebrauchsgeschirr zurückließ: eine Extravaganz, die die Kosten nicht deckte. Möglicherweise hat die »Franzosenzeit« bei einigen anderen Völkern sogar tiefere Spuren hinterlassen dort, wo erst sie – mit gezieltem oder nicht autorisiertem – Revolutionsexport den Leitsätzen bürgerlicher Emanzipation eine Gasse bahnte, Morsches zum Einsturz brachte und Zäune niederriß, die selbst die Sieger von Waterloo nicht wieder aufrichten konnten. Napoleons Kriegskunst half ungewollt seinen Gegnern, Hürden zu nehmen, indem er sie geradezu zwang, sich zur Behauptung gegen den gekrönten »Bastard« der Revolution selber deren und dessen Errungenschaften, mit oder ohne Hintergedanken, zu bemächtigen. Bewegung entstand, bunt wie ein Kaleidoskop, aber dennoch wirkliche – nationale und soziale – Bewegung, die sich verselbständigte und dem Jahrhundert seinen Weg vorzeichnete:

Drei Lorbeer-kränze

in Spanien und in Deutschland, in Italien und auf dem Balkan, in Rußland und in Skandinavien, im Orient und in Spanisch-Amerika. »Wiedergeburten« knüpften sich daran, und das erste politische Gedicht der slowenischen Literatur ließ Valentin Vodnik mit dem Vers beginnen »Napoleon sagt: Illyrien, ersteh!«[123]

Das lenkt die Frage auf den »Demiurgen« zurück: ein leuchtender, aber sengender Komet, den das Gesetz der Geschichte in der Endkonsequenz doch ausgespien hat?

Als der Bourbonenhof in Paris von seinem Ableben erfuhr, nannte dieser es »eine Nachricht, kein Ereignis«.

Manzonis Ode *Der fünfte Mai*, die Goethe ins Deutsche übertrug und Berlioz vertonte, legte sich in der Bewertung größere Zurückhaltung auf. Der Name Napoleons fiel darin überhaupt nicht, aber die Dichtung setzte mit zwei lapidaren, eigentlich schon vorwegnehmenden Worten ein: »*Er* war ... « Das Verdikt über ihn beließ der Primus der italienischen Romantik indessen in der Schwebe. »Ob wahrer Ruhm? Die Nachwelt mag entscheiden.«

Sie hat um ihr Urteil gerungen.[124] Was man gemeinhin als Größe begreift: Optimale geistige Anstrengung oder unauflösliche Schöpferkraft, reinste sittliche Aufopferung, totale Identifikation des inneren Antriebs mit einer historischen Berufung zur Einrichtung einer wohnlicheren Welt, konnten ihm Ernstzunehmende nicht gut zusprechen. Darin hielt er einem Vergleich mit seinem Altersgenossen Ludwig van Beethoven[125] (1770–1827) unzweifelhaft nicht stand. Bliebe der Überragende unter den Heerführern seiner Zeit – in einiger Hinsicht der letzte Bedeutende seiner Gattung überhaupt und dazu der rationale Gestalter der »Intendanz« mit dem Blick für das Wesentliche, auf das es ankam, und mit der Energie, es durchzusetzen. Bliebe – aus späterer Sicht – die unverwischbare, weder dividierbare noch subtrahierbare Qualität des »Degens« Bonaparte für die Rolle des Bürgertums nicht nur wie bis zur Revolution in der Wirtschaft, sondern auch in der Herrschaft.

Chateaubriand bilanzierte den Gestürzten im Übereifer schon 1814 unter dem Strich als »falschen« großen Mann, als *faux grand homme*. Junots Witwe schloß hingegen ihre Erinnerungen unter der Julimonarchie (1835) in der Überzeugung, »daß man sich noch heute vor einem Schicksal verneigen kann, dem kein anderes gleicht«.

Die *Legende* verlangte nach mehr, und der Gefangene auf Sankt Helena wob in seiner die Phantasie des Publikums anrührenden Einsamkeit als an den Fels geketteter Prometheus inmitten eines fernen Meeres bedacht an ihr.[126] Übung in der Imagepflege besaß er seit seinem ersten Italienfeldzug als sein eigener Hofhistoriograph. Auf Sankt Helena traten an die Stelle kaiserlicher Bulletins ausgewählte, oft auf bestimmte Empfänger zugeschnittene Maximen und Sentenzen. »Edelmut fand ich nur unter der Kanaille, die ich vernachlässigte, und Kanaille nur unter dem Adel, den ich schuf«, schleuderte er zielgerichtet in seine *Erinnerungen*. Damit sprach er akkurat jene Feindschaft an, die in ihm nicht den Scharfrichter der revolutionären Demokratie, sondern umgekehrt den dreimal verfluchten Bannerträger einer »pöbelhaften« gesellschaftlichen Veränderung verfolgte. Er beschwor eine »neue Zeit«, die er im Namen der »unauslöschlichen und unzerstörbaren großen Ideen *unserer* (!) Revolution« allen Anciens régimes herausfordernd entgegenwarf: »Ihre großen und schönen Wahrheiten müssen in alle Ewigkeit erhalten bleiben, sosehr wir sie auch mit Kronleuchtern, Aufbauten und anderen Wunderdingen beladen haben.« Der aristokratischen Restauration hat er einen kurzen Atem vorausgesagt: Die »beiden Prinzipien« würden sich nach seinem Tode weiter bekriegen, und der Fortschritt, mit dem er sein »System« gleichsetzte, werde die Siegespalme davontragen.

Die von ihm und seinem Anhang auf Sankt Helena stilisierte und abgeschmeckte Heldensaga drehte ihre Runden um die Welt.[127] Zwar wurde seine Gestalt auf Korsika lange Zeit vom Ansehen des borstigen insularen Freiheitsstreiters Pasquale Paoli (1725–

1807) verdunkelt – aber wer ist schon Prophet im eigenen Vaterland? Auch im festländischen Frankreich, dem »Hexagon«, überlebte Ehrfurcht bei weitem nicht überall im gleichen Maße wie in den Bauernhütten des elsässisch-lothringischen Grenzlandes, wo sein Bildnis noch oft die gute Stube schmückte. »Bonapartisten«, die nicht nur sein Andenken pflegten, sondern damit eine politische Vision verbanden, bildeten eine vergleichsweise geringe Minderheit: auf Halbsold gesetzte Offiziere des demobilisierten Heeres; ausgediente Unteroffiziere und Soldaten, die verklärten Erinnerungen an Feldzüge[128] nachhingen, auf denen sie durch halb oder ganz Europa gestiefelt waren: Heinrich Heines[129] – und Robert Schumanns – *Zwei Grenadiere*; Beamte, die Verwaltung schätzen gelernt hatten, in der alles wie am Schnürchen lief, und die dabei nicht schlecht gefahren waren; Kleinbürgerherzen, die Nationalstolz oder auch Hurrapatriotismus, wenn nicht eine »Furcht vor der Freiheit« dem Zuchtmeister zugeführt hatte und die jetzt trotzig ablehnten, sich zu revidieren. Eine »Macht« bildeten sie nicht, eher eine Ohnmacht. Die allgemeine Stimmung war gegen sie, und es fehlte an einer einigenden Idee ebenso wie an einem gemeinsamen Hebelpunkt.

Für den einzelnen: den Sohn Babeufs, den »Enragé« Varlet, den Sansculotten Vingternier oder Balzacs *Bankier Nucingen* mochte es tausend persönliche Gründe geben, der Kaiserzeit nachzutrauern. Ausschlaggebend waren nicht Gefühl oder Bewunderung für den zwiegesichtigen Kriegsmann, sondern Haß auf die nur anfänglich mit Vorsicht taktierende, bald aber grob zuschlagende Bourbonenherrschaft; Haß auf den hochmütigen Adelsklüngel, der seine in der Emigration aufgestauten Ressentiments nicht zu zügeln wußte; der Unwille, alles seit 1789 Unternommene sang- und klanglos als in den Wind gesät abzuschreiben.

Das vielbändige *Memorial von Sankt Helena*, das Las Cases als angebliches Bekenntnisbuch Napoleons 1822–1827 veröffentlichte, ließ eine Alternative durchschimmern. Sicher war es hinterlistig »gestellt« und kein quellenkritischer Originalbeitrag zur geschichtlichen Enttarnung der Kaiserzeit. Es kam jedoch, über jede Erwartung hinaus, einem Bedürfnis entgegen. Die verblüffend langfristige Resonanz des Werkes legte den festen Grund zur *Napoleonlegende*, die sich in mannigfaltiger Auszweigung bis in die Gegenwart zieht.

*Der Sarg Napo-
leons auf dem
Weg zum Inva-
lidendom am
15. Dezember
1840. Stahlstich
von Outhwaite,
1856*

Die Literatur bemächtigte sich ihrer frühzeitig: der unnachahmli-
che Béranger in seinen volkstümlichen Chansons wie die »Gene-
ralssöhne« Victor Hugo und Alexandre Dumas. Musset und
Vigny kehrten sich unter ihrem Einfluß vom Royalismus ab. Die
Silhouette des »Mannes, der alles konnte, weil er alles wollte«, gei-
sterte, wie durch Balzacs *Menschliche Komödie*, so durch Stendhals[130] *Kartause von Parma*. Sie schlich sich bei Eugène Sue und
in Thackerays *Jahrmarkt der Eitelkeit* ein, diktierte Wilhelm
Hauff das *Bild des Kaisers* und Grabbe die *Hundert Tage*.
Carlyle verarbeitete Napoleon, obgleich er ihn nicht mochte und
weit hinter Friedrich II. zurückversetzte, zu einem Kronzeugen
seiner Theorie über *Helden und Heldenverehrung*. Damit gab er
ein Stichwort aus, dem Michelet und Tolstoi mit der ihnen eigenen
Eindringlichkeit widersprachen, viel zu viele andere indessen ihr
Scherflein entrichteten.[131] Der Tote, dessen nach Paris überführ-
ter Erdenrest seit 1840 in der Krypta des Invalidendomes ruhte,
begann mythische Züge anzunehmen.[132] Ein stammbaummäßig
nicht einmal ganz abgesicherter, aber zweifellos kluger Neffe verstand es, daraus politisches Kapital zu schlagen. Allein mit dem
großen Namen als Panier konnte er 1848 fast Dreiviertel der Franzosen auf seine Präsidentschaft einschwören und 1851 seinerseits
einen Achtzehnten Brumaire des Louis Bonaparte über die Bühne
ziehen. Daß ein »Zweites Kaiserreich« als Nachklatsch unter dem

neuen Napoleon, der sich aus Rücksicht auf den nie zum Zuge gekommenen und 1832 verstorbenen »König von Rom« der Dritte nannte, anno 1870 zerfloß, hat andere »Kater« (um bei einem berühmten Gleichnis zu bleiben ...)[133] nicht abgehalten, Ähnlichkeit mit dem »Löwen« zu beanspruchen: als »Retter aus tiefster Not«, als Gesandte der »Vorsehung« oder einfach als Zyklopenschmiede ihres Glücks, denen »alles erlaubt ist« gleich Dostojewskis Mörder *Raskolnikow* und Nietzsches *Übermensch*.

Das Napoleonbild unterlag dem Wandel der Zeiten und paßte sich ihren Gegebenheiten an. Es verlor notwendigerweise die unmittelbare Anschaulichkeit, die es für Byron und Mickiewicz, für Puschkin, Lermontow und Karl Marx aus Trier – der drei Jahre nach Waterloo, jedoch drei Jahre vor dem Tod des gewesenen Empereurs zur Welt kam – noch ebenso besessen hatte wie für einen Walter Scott[134], der Burkes Ingrimm gegen Demokraten auf den »falschen« Kaiser übertrug. Es wurde aus der großen Literatur nicht verabschiedet, sublimierte sich indessen bei Stefan Zweig, Bernard Shaw und Louis Aragon zu durchgeistigtem Gedankenspiel mit einem ins Schattenreich Entrückten. Daß auch Mussolini und Philipp Bouhler (als Autoren!) ihn beschworen, lag auf einer anderen Ebene ...

Seltsam blieb das Bild des Feldherrn. Anfangs überall als unerreichbar gepriesen, zerrann es mit Königgrätz und Sedan. Nicht in Frankreich, sondern ausgerechnet im preußisch-deutschen Kaiserreich erfolgte seine Wiederentdeckung. 1885–1886 veröffentlichte in Berlin der Generalstäbler M. Yorck von Wartenburg ein Werk über *Napoleon als Feldherr*, dessen Nachauflagen noch erschienen, als der Verfasser (1900) im fernen China schon verstorben war. Die auf rasche Schläge ausgerichtete Strategie fand die ungeteilte Aufmerksamkeit des Großen Generalstabes, dessen Chef der Kriegsgeschichtlichen Abteilung, von Freytag-Loringhoven, mehrere Arbeiten zum Thema anfertigen ließ und 1910 noch ein eigenes Buch über *Die Heerführung Napoleons in ihrer Bedeutung für unsere Zeit* vorlegte. Auch in Frankreich setzte um 1890 eine Rückbesinnung auf die sogenannten napoleonischen Formeln der Kriegführung ein. Erfolge allerdings hatte das Studium der Kriegskunst Bonapartes weder den Deutschen noch den Franzosen beschert; beide mußten 1914 den Zusammenbruch ihrer strategischen Doktrinen erleben. Dennoch geistert immer noch der Heerführer, nicht der Kaiser, als einmaliges Genie durch den Blätterwald der Militärliteratur, statt sich zu bescheiden, seine Feldzüge aus den konkreten Verhältnissen erklärt zu sehen.

Der »Napoleon, den jeder kennt«, schon von den großen Leinwänden der Historienmaler, die Eingang in die Schulbücher fanden, unansehnlich von Wuchs, doch mit »klassischem« Römerprofil, dem Dreispitz auf dem Kopf und den Fingern zwischen den Westenknöpfen, ist hinwiederum zu einer populären, nicht selten beschmunzelten Figur geworden, die keinem mehr den Schlaf raubt, in Frankreich ganz wie anderswo. Sie verdankt man den leichter geschürzten Musen, für die sie ein allezeit ergiebiges Sujet abgegeben hat auf Stichen, Bilderbögen und Geschenkartikeln wie für das Theater. Es sollte sich herausstellen, daß Film und Fernsehen nicht nachstehen wollten. Und nicht alles davon wäre als verharmlosende Unterhaltungskunst (oder -kost) niedriger zu hängen: siehe Wajdas *Sterbliche Überreste* oder Bondartschuks Bemühung um Wahrhaftigkeit in *Krieg und Frieden*, in *Waterloo*. Über die Eigenart der Kaiserzeit in Blau-Weiß-Rot aber erfährt man auch daraus nicht viel; sie bleibt ein wenig unser Stiefkind.

Aufschlüsse über sie erteilen schon eher Tagebücher, gesammelte Briefe und Erinnerungen der Mitwirkenden. Ganze Papierberge sind das, die ein schreibfreudiges Geschlecht hinterließ. Freilich sind sie mit höchster Vorsicht zu genießen: Erlesenes wechselt mit Erlogenem, Geschwollenes mit Nüchternem, Gehaltvolles mit Krimskrams von Freund und Feind, nachträglich gekühlte Rachsucht mit postumer Liebeserklärung. Gewinner und Verlierer melden sich zu Wort, demaskieren und verschleiern, entschuldigen oder klagen an, triumphieren, heulen – oder schweigen sich wortreich aus: Marschälle und Diplomaten, Politiker und Politikaster, Beamte und Gelehrte, Poeten und Schauspieler, mehr oder weniger ehrbare Bürger, das »Personal« bei Hofe und einfache Infanteristen. Manches sehen Frauenaugen schärfer. Einige suchen der Legende durch eine Antilegende zu wehren, andere arbeiten ihr zu. Wenige unter den Schlüsselfiguren taten der Nachwelt diesen Gefallen nicht und hielten zeitlebens den Mund gleich der »Grauen Eminenz« Hugues Bernard Maret (1763–1839): einer der Väter des *Moniteur*, Feuillant, Brumairien, »Herzog von Bassano« und als Kanzleichef ständiger Begleiter Napo-

leons, 1811 bis 1813 Außenminister und als solcher mitverant-
wortlich für den Bruch mit Rußland; dem Kaiser sehr ergeben und
dennoch von einigen zu dessen »bösem Geist« gestempelt.

Ihre Mosaiksteine zu einem glaubhaften Ganzen zusammenzufü-
gen, ist reizvoll, jedoch schwierig, ein Geduldsspiel.[135] Und es
verbleiben weitere ausgesparte, unausgeführte Flächen, denn die
im Schatten schrieben nicht oder doch ganz selten. Auf sie stößt
man erst beim Durchstöbern von Aktenstapeln, die davon berichten, wie es ihnen ergangen ist. Glücklicherweise wurden sie von
bürokratischen Pedanten abgelegt und für die Nachgeborenen
archiviert.

Mit ihnen befaßt sich die Zunft der Historiker und solcher, die es
zu sein wünschen, mit unterschiedlichem Gespür und Geschick.
Einige unter den ganz entschieden zu vielen Zehntausenden haben sich einen Namen gemacht: von Adolphe Thiers, der es –
wennschon nicht deshalb – 1871 sogar zum Staatsoberhaupt der
Franzosen brachte, bis Emil Ludwig, der (1924) als »Amateur«
und Spielverderber den Professoren ein arges Ärgernis war. Zu
deren Ehre sei aber gesagt, daß sich unter ihren Napoleonbiogra-
phen sehr wohl auch solche fanden, denen der »kleine Korse« das
Epochenverständnis nicht verstellte, sondern erschloß.

Man wird weiter für, wider und über Kaiser und Kaiserzeit, ihre
Sitten und Unsitten schreiben, bei passenden und unpassenden
Anlässen. Manches Urteil wird man berichtigen, manches noch
mitgeschleppte Vorurteil abstreifen und da oder dort vielleicht
auch ein neues hinzufügen. Denn der Wettbewerb ist frei für
jedermann.[136]

Schwerlich wird man aber je bestreiten, daß das »Grand Empire«
in der Endabrechnung so lange nur mäßig abschneidet, als man
sich an die alte chinesische Bauernweisheit hält, die da lautet:

Diejenige Regierung ist die beste,
von der man am wenigsten merkt.

Anhang

Zeittafel

Bürgerkrieg, Jakobinerdiktatur und Errichtung der Revolutions-
regierung in Frankreich
Entchristlichungskampagne
Buonaparte: *Le Souper de Beaucaire*
Condorcet: *Esquisse d'un tableau historique des progrès de l'esprit humain*
David: *Der ermordete Marat*

1794   Abschaffung der Sklaverei durch den Konvent
Polnischer Aufstand unter Kosciuszko
Chénier/Méhul: *Chant du départ*
Neunter Thermidor (27.7.): Sturz Robespierres
Chappe: Optischer Telegraph
Gründung der Ecole Polytechnique in Paris

1795   Eroberung der Niederlande durch französische Truppen
Frieden in Basel mit Preußen und Spanien
Germinal- und Prairialaufstand in Paris
Verfassung »vom Jahr III«
Niederschlagung des Vendémiaire-Aufstandes in Paris durch
General Buonaparte (5.10.)
Beginn der Herrschaft des Direktoriums (»Directoire«)
Dritte Teilung Polens
Kant: *Zum ewigen Frieden*
Einführung des metrischen Systems in Frankreich
Restif de la Bretonne: *Monsieur Nicolas* (Abschluß)

1796   Tod der Zarin Katharina II., Zar Paul I.
Babeuf: *Verschwörung der Gleichen*
Italienfeldzug Napoleon Bonapartes
Bündnis Frankreichs mit dem bourbonischen Spanien
de Maistre: *Considérations sur la France*
Leblanc: Sodaherstellung

1797   Hinrichtung von Babeuf und Darthé
Gründung der Cisalpinen Republik
Staatsstreich des Direktoriums »vom 18. Fructidor« (4.9.)
Frieden von Campoformio zwischen der Französischen Republik
und Österreich
Liquidierung der Republik Venedig
König Friedrich Wilhelm III. von Preußen (bis 1840)
(Marquis de) Sade: *Justine*, 2. Ausgabe

1798   Gründung der Römischen und Helvetischen »Schwesterrepubliken«
Bonapartes Expedition nach Ägypten
Besetzung Neapels durch französische Truppen
Bildung der Zweiten Koalition gegen Frankreich
Industrieausstellung auf dem Pariser Marsfeld
Jenner: Pockenschutzimpfung
Coleridge: *France. An Ode*
Schlegel, Tieck: Zeitschrift *Athenäum* (bis 1800)
Gros: *Die Brücke von Arcole*

1799   Kämpfe in Süddeutschland, der Schweiz, Italien und den Niederlanden gegen die Zweite Koalition; Bonapartes Feldzug in Syrien
4.5.   Niederlage und Tod des Frankreich verbündeten Sultans Tippu von
Maisur in Seringapatam (Indien)
18.6.   Staatsstreich vom »30. Prairial« gegen das Direktorium

9.10.   Bonapartes Rückkehr nach Frankreich
9./10.11.   Staatsstreich vom »18. Brumaire«, Absetzung des Direktoriums
14.12.   Tod von George Washington
15.12.   Verkündung der französischen »Verfassung vom Jahr VIII«:
            Bonaparte Erster Konsul, Cambacérès und Lebrun Mitkonsuln
            Humboldt/Bonpland: Amerikareise (bis 1804)
            Auffindung des »Steins von Rosette«
            Laplace: *Traité de mécanique céleste*
            Monge: *Traité de géométrie descriptive*
            Novalis: *Die Christenheit oder Europa*
            David: *Der Raub der Sabinerinnen*
            Beethoven: *Pathétique*

1800

7.2.   Plebiszit über die Konsulatsverfassung
13.2.   Gründung der Bank von Frankreich
17.2.   Gesetz über die Verwaltung: »Präfektorialsystem«
18./20.2.   Amnestierung der Chouans
19.2.   Bonaparte bezieht die Tuilerien
14.3.   Papst Pius VII. (Graf Chiaramonti, bis 1823)
18.3.   Gerichtsverfassung
14.6.   Schlacht von Marengo
3.9.   Besetzung Maltas durch die Engländer
20.10.   Teilamnestierung der Emigranten
3.12.   Sieg Moreaus bei Hohenlinden
24.12.   Attentat der »Höllenmaschine« auf Bonaparte
            Toussaint L'Ouverture auf Haiti Präsident auf Lebenszeit
            Fultons Unterwasserboot »Nautilus«
            Volta: »Voltaische Säule«
            Carlisle/Nicholson: Elektrolyse des Wassers
            Senefelder: Lithographie
            Davy: *Researches Chemical and Philosophical*
            Young: Theorie des Lichts und der Farben
            Fichte: *Der geschlossene Handelsstaat*
            Schleiermacher: *Monologe*
            Karamsin: *Die arme Lisa*
            Jean Paul: *Titan* (bis 1803)
            Goya: *Die Familie Karls IV.*
            Paganini: *24 Capricci per Violino Solo*

1801

5.1.   Senatsbeschluß über die Deportation von 130 »Jakobinern«
9.2.   Frieden von Lunéville
4.3.   Thomas Jefferson Präsident der USA (bis 1809)
6.3.   Rücktritt von Premierminister William Pitt, Führer der englischen
            »Kriegspartei«
9.3.   Wiedereröffnung der Handelsbörsen in Frankreich
23./24.3.   Ermordung von Paul I.; Zar Alexander I. (bis 1825)
15.7.   Unterzeichnung des Konkordats, das jedoch erst 1802 in Kraft tritt
31.7.   Organisation der nationalen Gendarmerie Frankreichs
            Achard: Aufnahme der fabrikmäßigen Rübenzuckerproduktion in
            Schlesien

Davy: Lichtbogen
Gauß: *Disquisitiones mathematicae*
Destutt de Tracy: *Eléments d'l'idéologie* (bis 1815)
de Pixérécourt: *Célina*
Pestalozzi: *Wie Gertrud ihre Kinder lehrt*
Schiller: *Die Jungfrau von Orleans*
David: *Bonaparte beim Übergang über den Sankt Bernhard*
Isabey: *Porträt Bonapartes*
Haydn: *Die Jahreszeiten*
Beethoven: *Die Mondscheinsonate*

1802

26.1.	Die Cisalpine Republik wird zur Republik Italien
25.3.	Unterzeichnung des Friedens von Amiens
26.4.	Generalamnestie für die Emigranten
1.5.	Gesetz über den öffentlichen Unterricht, Schaffung des Lycée, dessen Organisation am 10.12.
19.5.	Stiftung des Ordens der Ehrenlegion
20.5.	Wiederherstellung der Sklaverei in den französischen Kolonien; Festnahme von Toussaint L'Ouverture am 7.6.
2.8.	Bonaparte durch Plebiszit als Konsul auf Lebenszeit bestätigt
11.9.	Annexion Piemonts durch Frankreich
13.9.	Allgemeiner Aufstand auf Saint-Domingue

Industrieausstellung in Paris
Grotefend: Entzifferung der Keilschrift
Gay-Lussac: Gesetz über die thermischen Koeffizienten
Ritter: Entdeckung der ultravioletten Strahlen
Ampère: *Considération sur la théorie mathématique du jeu*
Chateaubriand: *Le génie du christianisme*
Delille: *La pitié*
Foscolo: *Die letzten Briefe des Jacopo Ortis*
Kleist: *Der zerbrochene Krug*
Novalis: *Heinrich von Ofterdingen* (postum)
Gérard: *Madame Récamier*

1803

23.1.	Reorganisation des Institut national de France
19.2.	»Mediationsakte« für die Konföderation 19 Schweizer Kantone: Ende der »helvetischen« Einheitsrepublik
23.2.	Reichsdeputationshauptschluß von Regensburg
16.3.	Gesetz über das Notariat
28.3.	Kursfestsetzung des »Franc germinal«
7.4.	Tod von Toussaint L'Ouverture als Gefangener auf Fort Joux (Frankreich)
12.4.	Gesetz über die Arbeit in Manufakturen und Werkstätten
3.5.	Verkauf des (seit 1797 wieder) französischen Louisiana an die USA
12.5.	Bruch des Friedens von Amiens, Wiederaufnahme des englisch-französischen Kriegs
Juli	Belegung des »Lagers von Boulogne« durch die französische »Englandarmee«
20.8.	Geheime Rückkehr Cadoudals aus England zur Vorbereitung eines Attentats
1.12.	Einführung des Arbeitsbuches

Fultons Dampfer »Pyroscaphe« auf der Seine
Trevithick: Erste Dampflokomotive
Berthollet: *Essai de statique chimique*
Cabanis: *Rapports du physique et du moral*
de Staël: *Delphine*
Beethoven: *Eroica*

1804

21.3.	Endredaktion des *Code civil* (1806 in Kraft)
	Erschießung des Herzogs von Enghien in Vincennes
27.3.	Auf Antrag von Fouché spricht sich der Senat für ein erbliches Kaisertum Napoleon Bonapartes aus
März	Beginn des serbischen Aufstandes unter Karadjordje gegen die Türkenherrschaft (bis 1813)
10.5.	Rückkehr Pitts an die Regierung Großbritanniens
18.5.	»Verfassung vom Jahr XII«; Senatsbeschluß über die Kaiserwürde
19.5.	Ernennung von 18 Marschällen des Kaiserreiches
28.6.	Hinrichtung von Cadoudal und einiger seiner Mitverschworenen
10.7.	Wiederberufung des 1802 entlassenen Fouché zum Polizeiminister
15.7.	Erstmalige Verleihung des Ordens der Ehrenlegion
11.8.	Der römisch-deutsche Wahlkaiser Franz II. erklärt sich (als Franz I.) zum Erbkaiser Österreichs
6.11.	Plebiszit über die Verfassung vom Jahr XII
2.12.	Kaiserkrönung Napoleons I. in Notre-Dame im Beisein von Papst Pius VII.

Erste Blumenausstellung in London
Charles Fourier: *Harmonie universelle*
Schiller: *Wilhelm Tell*
de Senancour: *Obermann*
Gros: *Die Pestkranken von Jaffa*
Goya: *Maja vestida, Maja desnuda*

1805

9.3.	Gründung eines Presseamtes in Frankreich
17.3.	Die Republik Italien wird Königreich unter Napoleon
11.4.	Knüpfung einer Dritten Koalition gegen Frankreich
4.6.	Frankreich annektiert die Ligurische Republik (Genua)
7.6.	Eugen Beauharnais Vizekönig von Italien
9.7.	Mehemed Ali Pascha von Ägypten
17.8.	Aufhebung des Lagers von Boulogne
21.10.	Nelsons Sieg und Tod in der Seeschlacht von Trafalgar
2.12.	Schlacht von Austerlitz
26.12.	Frieden von Preßburg zwischen Frankreich und Österreich, Ende der Dritten Koalition
27.12.	Flucht der Bourbonen aus Neapel

Jacquard: »Jacquard-Webstuhl«
Sertrüner: Isolierung des Morphiums
Gay-Lussac: *Théorie cinétique des gaz*
Fichte: *Die Bestimmung des Menschen*
Jean Paul: *Freiheitsbüchlein*
Scott: *The Lay of the last Minstrel*
Canova: *Pauline Borghese als Venus Victrix*

Prud'hon: *Kaiserin Josephine als Venus Victrix*
Turner: *Der Schiffbruch*
Beethoven: *Fidelio* (1. Fassung)

1806
1.1.	Wiedereinführung des Gregorianischen Kalenders in Frankreich
23.1.	Tod von Premierminister William Pitt d. J.
30.3.	Joseph Bonaparte König von Neapel
4.4.	Veröffentlichung des »kaiserlichen Katechismus«
10.5.	Gründung der »kaiserlichen Universität« von Frankreich
5.6.	Louis Bonaparte König von Holland
24.6.	Verbot der Spielkasinos in Frankreich
12.7.	Gründung des Rheinbundes unter Napoleons Protektorat
1.8.	Auflösung des Heiligen Römischen Reiches und des Reichstages zu Regensburg, Niederlegung der Kaiserkrone durch Franz II. (am 6.8.)
26.8.	Erschießung des Nürnberger Buchhändlers Palm, Verfasser der Flugschrift *Deutschland in seiner Erniedrigung*
14.10.	Schlacht von Jena und Auerstedt
27.10.	Einzug Napoleons in das unverteidigte Berlin
21.11.	»Dekret von Berlin« über die Kontinentalsperre gegen England
28.11.	Einzug der Franzosen in Warschau
10.12.	Versammlung der jüdischen Notabeln in Paris
11.12.	Sachsen tritt dem Rheinbund bei
30.12.	Kriegserklärung der Türkei an Rußland

Einweihung des Pont d'Austerlitz in Paris, Baubeginn der beiden Triumphbögen
Lamarck: *Recherches sur l'organisation des corps vivants*
Hegel: *Phänomenologie des Geistes*
Brentano/v. Arnim: *Des Knaben Wunderhorn* (bis 1808)
Goethe: *Faust* 1. Teil
Legouvé: *La mort de Henri IV.*
David: *Die Kaiserkrönung (Le Sacre)*
Beethoven: *Appassionata*

1807
1.1.	Begegnung Napoleons mit Maria Walewska
7./8.2.	Schlacht von Eylau
2.3.	Dekret über den Status der Juden
7.3.	Tory-Kabinett Canning–Castlereagh in England
25.4.	Beschluß über die Pariser Theater
4.5.	Französisch-persischer Vertrag gegen Rußland
27.5.	Absetzung von Sultan Selim III. in Konstantinopel
31.5.	Erste Erhebungen in den kaiserlichen Adel
14.6.	Schlacht von Friedland
9.7.	Frieden von Tilsit, Ende der Vierten Koalition
22.7.	Gründung des »Großherzogtums Warschau«
9.8.	Entlassung Talleyrands als Außenminister, Nachfolger: Champagny
16.8.	Jérôme Bonaparte König von Westfalen
17.8.	Fahrt von Fultons Schaufelraddampfer »The Steamboat« (»Clermont«) den Hudson aufwärts von New York nach Albany
19.8.	Abschaffung des »Tribunats« in Frankreich

1.9.	Veröffentlichung des Handelsgesetzbuches
5.9.	Gesetz über Katastrierung des Grundbesitzes
9.10.	Beginn der preußischen Reformära unter dem Freiherrn vom Stein: »Oktoberedikt« über die Aufhebung der Erbuntertänigkeit
27.10.	Französisch-spanischer Geheimvertrag über die Aufteilung Portugals
23.11./17.12.	»Dekrete von Mailand« zur Verschärfung der Kontinentalsperre
30.11.	Französische Truppen unter Junot besetzen Lissabon, der portugiesische Hof flüchtet nach Brasilien

Davy: Schmelzflußelektrolyse

Corvisart: *Traité sur les lésions organiques du cœur*

Fichte: *Reden an die Deutsche Nation* (bis 1808)

de Staël: *Corinne*

Ingres: *Die Quelle*

Méhul: *Joseph*

Spontini: *La Vestale*

1808

1.3.	Formeller Senatsbeschluß über die Schaffung des kaiserlichen Adels (»Nobles de l'Empire«)
17.3.	Dekret über den Hochschulunterricht
19.3.	Abdankung Karls IV. von Spanien
2.5.	Aufstand in Madrid, am 5.5. Abdankung Ferdinands VII.
Mai/Juni	Erhebungen in ganz Spanien gegen die Franzosen
24.5.	Annexion von Parma und der Toskana durch Frankreich
2.6.	Joseph Bonaparte König von Spanien
9.6.	Aufdeckung einer Verschwörung des republikanischen Generals Malet in Paris
15.7.	Murat König von Neapel
22.7.	Das französische Corps Dupont kapituliert bei Baylén
28.7.	Sultan Mahmud II. (bis 1839)
30.8.	Kapitulation von Cintra: Die Franzosen räumen Portugal vor dem englischen Expeditionskorps
27.9. bis 14.10.	Entrevue von Erfurt
4.11. bis 4.12.	Spanienfeldzug Napoleons, Einzug in Madrid
19.11.	Städteordnung in Preußen
24.11.	Entlassung des Freiherrn vom Stein auf Verlangen Napoleons

Fourier: *Theorie der vier Bewegungen*

Saint-Simon: *Introduction aux travaux scientifiques du XIXe siècle*

Schlegel: *Von der Sprache und Weisheit der Inder*

Kleist: *Die Hermannschlacht*

Lesueur: *Le Triomphe de Trajan*

Gérard: *Austerlitz*

Gros: *Das Schlachtfeld von Eylau*

Ingres: *Oedipus und die Sphinx*

Beethoven: *Pastorale*

1809

29.1.	Talleyrand, noch Oberkämmerer, fällt in Ungnade
13.3.	Staatsstreich in Schweden, Absetzung Gustavs IV.
April	Bildung der Fünften Koalition gegen Frankreich
	Tiroler Aufstand unter Andreas Hofer
17.5.	Annexion des Kirchenstaates durch Frankreich
21./22.5.	Schlacht von Aspern und Eßling
31.5.	Tod von Joseph Haydn im besetzten Wien
10.6.	Exkommunikation Napoleons durch Papst Pius VII.
5./6.7.	Schlacht bei Wagram
6.7.	Abführung des Papstes aus Rom nach Savona
8.7.	Metternich österreichischer Außenminister
28.7.	Sieg Arthur Wellesleys (danach Lord Wellington) bei Talavera in Spanien
17.9.	Frieden von Fredrikshavn: Schweden tritt Finnland an Rußland ab
12.10.	Anschlag von Friedrich Staps auf Napoleon in Wien
14.10.	Frieden von Schönbrunn (Wien), Bildung der »Illyrischen Provinzen« Napoleons, Ende der Fünften Koalition
15.12.	Senatsbeschluß über die Scheidung Napoleons von Josephine

Vauquelin: Nachweis des Nikotins
Gauß: *Theoria maius corporum*
Carnot: *De la defense des places fortes*
Chateaubriand: *Les Martyrs*
Goethe: *Die Wahlverwandtschaften*
Jean Paul: *Krieg dem Kriege!*
Turner: *London, gesehen von Greenwich*

1810

9./12.1.	Annullierung der Ehe Napoleons und Josephines durch die Pariser Kirchenbehörden
3.2.	Wiedereinführung der Zensur in Frankreich
20.3.	Erschießung von Andreas Hofer in Mantua
1./2.4.	Zivile und kirchliche Trauung Napoleons mit Marie Louise von Österreich
Mai/September	Beginn des Unabhängigkeitskrieges in Spanisch-Amerika
3.6.	Polizeimeister Fouché durch Savary abgelöst
3.7.	Thronverzicht von Louis Bonaparte, König von Holland
August	Einsetzen der Wirtschaftskrise in England
21.8.	Wahl von Marschall Bernadotte zum Kronprinzen von Schweden
14.9.	Ablösung grundherrlicher Abgaben und Dienste in Preußen
11.11.	Wellington hält die Linien von Torres Vedras vor Lissabon gegen die Franzosen unter Masséna
10.12.	Annexionen in Nordwestdeutschland und in der Schweiz: Senatsbeschluß über das »Frankreich der 130 Départements« (am 13.12.)
31.12.	Russische Kampfzölle gegen französische Waren

Eröffnung der Berliner Universität nach Leitgedanken Wilh. von Humboldts
Gall: *Anatomie et physiologie du système nerveux* (bis 1825)
Hahnemann: (Homöopathisches) *Organon der rationellen Heilkunde*
Goldsmith: *Histoire secrète du Cabinet de Bonaparte*
v. Kotzebue: Zeitschrift *Die Grille*, St. Petersburg
de Staël: *De l'Allemagne* (2. Ausgabe London 1813)
Kleist: *Prinz Friedrich von Homburg*

1811

1.1.   Der *Code pénal* von 1809 tritt in Kraft
20.3.   Geburt des »Königs von Rom«
März   Französischer Rückzug aus Portugal
März/Mai
          Maschinenstürme der (von Lord Byron im Oberhaus verteidigten)
          »Ludditen« in England
17.6. bis 20.10.
          Nationalkonzil der französischen Bischöfe in Paris
27.7.   Erschießung des Priesters Hidalgo, Führer der mexikanischen
          Erhebung gegen die spanische Kolonialherrschaft
28.8.   Wirtschaftskrise in Frankreich: Berufung eines Rates für Versorgung
          in Erwartung einer schweren Mißernte
7.9.   Gewerbefreiheit in Preußen
21.11.   Freitod Heinrich v. Kleists
5.12.   Kapitulation einer türkischen Armee vor General Kutusow
          in Slobodzié
          Friedrich Krupp gründet sein Werk in Essen
          Brockhaus: Abschluß des *Conversations-Lexikons*
          Goethe: *Dichtung und Wahrheit*
          Goya: *Die Schrecken des Krieges*

1812

23.2.   Napoleon setzt das Konkordat außer Kraft
24.2.   Französisch-preußischer Bündnisvertrag
2.3.   Hungerunruhen in Caën
11.3.   Emanzipation der Juden in Preußen
14.3.   Französisch-österreichischer Bündnisvertrag
18.3.   Verkündung einer liberalen Verfassung durch die spanischen Cortes
          in Cádiz
9.4.   Russisch-schwedischer Bündnisvertrag von Åbo (Turku)
4./8.5.   Reglementierung des Getreidehandels in Frankreich
28.5.   Russisch-türkischer Friedensvertrag von Bukarest
18.6.   Kriegserklärung der USA an Großbritannien
19.6.   Ankunft des internierten Papstes in Fontainebleau
7.9.   Schlacht von Borodino, an der Moskwa
14.9. bis 19.10.
          Napoleon in Moskau
15.10.   Dekret Napoleons (aus Moskau) über das Statut der Comédie-Française
29.10.   Erschießung des Generals Malet und anderer Beteiligter nach
          Mißlingen ihres Putsches vom 23. in Paris
27. bis 29.11.
          Schlacht um den Übergang über die Beresina
5.12.   Napoleon verläßt die Armee und kehrt nach Paris zurück
16.12.   Die Veröffentlichung des 29. Bulletins im *Moniteur* macht Europa
          mit der Katastrophe der Großen Armee auf dem Rückzug von
          Moskau bekannt
30.12.   Russisch-preußische Konvention von Tauroggen
          Vollendung des Pariser Pantheons
          Dampfschiff »Comet« von Bell auf dem Clyde (Schottland)
          Laplace: *Théorie analytique des probabilités*
          Cuvier: *Recherches sur les ossements fossiles des quadrupèdes*

d'Ivernois: *Napoléon administrateur et financier* (London)
Arndt: *Kleiner Katechismus*
Byron: *Childe Harold's Pilgrimage*
Jacob und Wilhelm Grimm: *Märchen*
Krylow: *Märchen*
Beethoven: *8. Symphonie*

1813

2.1.   Napoleon besucht die Zuckerraffinerie von Delessert in Passy
25.1.   Unterzeichnung eines neuen Konkordats in Fontainebleau, vom
           Papst am 24.3. widerrufen
28.2.   Russisch-preußischer Bündnisvertrag von Kalisch
17.3.   Preußische Kriegserklärung an Frankreich: Beginn des Sechsten
           Koalitionskrieges
2.5.   Schlacht von Lützen-Großgörschen; Scharnhorst erliegt seinen
           Verletzungen am 28.6.
4.6. bis 10.8.
           Waffenstillstand von Pläswitz
21.6.   Sieg Wellingtons bei Vitoria in Spanien
29.7. bis 11.8.
           Scheitern des Prager »Friedenskongresses«
12.8.   Kriegserklärung Österreichs an Frankreich
26./27.8. Schlacht von Dresden; Moreau erliegt – auf seiten der Alliierten –
           seinen Verletzungen
8.10.   Abfall Bayerns von Napoleon: Vertrag von Ried
16. bis 19.10.
           Niederlage Napoleons in der Völkerschlacht von Leipzig
           Owen: *A New View of Society*
           Davy: *On some Chemical Agencies of Electricity*
           Körner: *Leyer und Schwert* (postum veröffentlicht 1814)
           Blake: *Der Tag des Gerichts*
           Shelley: *Queen Mab*
           Beethoven: *Die Schlacht von Vitoria*

1814

1.1.   Blüchers Rheinübergang bei Kaub
11.1.   Murat arrangiert sich mit den Alliierten
21.1.   Freilassung des Papstes und Wiederherstellung des Kirchenstaates
27.1. bis 4.4.
           Napoleons »Frankreich-Feldzug«
3.2. bis 19.3.
           Ergebnisloser Friedenskongreß von Châtillon
30.3.   Kapitulation von Paris, am 31. Einmarsch der Alliierten
1.4.   Bildung einer Provisorischen Regierung unter Talleyrand
6.4.   Bedingungslose Abdankung Napoleons
3.5.   Einzug Ludwigs XVIII. in Paris, Landung Napoleons auf Elba
11.5.   Staatsstreich in Spanien zur Wiederherstellung des bourbonischen
           Absolutismus
29.5.   Tod Josephines in La Malmaison
30.5.   Erster Frieden von Paris
4.6.   Verkündung der von Ludwig XVIII. erlassenen »Charte«
7.8.   Wiederzulassung des Jesuitenordens

14.3.   Konvention von Moss über den Anschluß Norwegens an Schweden
1.11.   Eröffnung des Wiener Kongresses
24.12. Frieden von Gent zwischen Großbritannien und den USA
        Dampflokomotive von George Stephenson
        Maine de Biran: *Rapports du physique et du moral*
        Constant: *De l'esprit de conquête et de l'usurpation*
        Saint-Simon/Comte: *De la réorganisation de la société
        européenne*
        Görres: *Der Rheinische Merkur*
        Leopardi: *All'Italia*
        Scott: *Waverley*
        Stendhal: *Lettres sur Haydn, Mozart et Metastasio*
        Chamisso: *Peter Schlemihl*
        Rückert: *Geharnischte Sonette*
        Goya: *El Dos de Maya*

1815

1.3.   Landung Napoleons in Golfe Juan
20.3.   Einzug Napoleons in Paris
21.3.   Bildung einer Provisorischen Regierung, Beauftragung
        von B. Constant mit der Redaktion der neuen Verfassung
25.3.   Die Alliierten beschließen in Wien den 7. Koalitionskrieg und die
        Ächtung Napoleons
22.4.   Verkündung der »Zusatzakte« zur Verfassung des Kaiserreichs
3.5.   Murat, der wieder auf Napoleons Seite überwechselt, wird bei
        Tolentino geschlagen und flieht nach Frankreich
8.6.   Gründung des Deutschen Bundes auf dem Wiener Kongreß
18.6.   Schlacht bei Waterloo
21.6.   Napoleon weigert sich, Rufen aus dem Volk zu folgen und den Krieg
        fortzuführen; am 22. dankt er abermals ab
6.7.   Zweiter Einmarsch der Alliierten in Paris
15.7.   Einschiffung Napoleons in Rochefort auf dem englischen Schiff
        »Bellerophon«
31.7.   »General Bonaparte« zum englischen Kriegsgefangenen erklärt
2.8.   Ermordung des Marschalls Brune
19.9.   Entlassung Fouchés
24.9.   Entlassung Talleyrands
26.9.   Bildung der »Heiligen Allianz« der Monarchen
13.10. Erschießung Murats in Pizzo
15.10. Ankunft Napoleons auf Sankt Helena
20.11. Zweiter Pariser Frieden
        Say: *Catéchisme d'économie politique*
        Ricardo: *Essay on the Influence of a Low Price of Corn in the Profits of Stock*
        Beranger: *Chansons*
        Tegnér: *Der Adler, der erwacht*
        Gros: *Porträt der Herzogin von Angoulême*

1821

5.5.   Tod Napoleons in Longwood auf Sankt Helena

Literaturhinweise

Quellen und Hilfsmittel

Atlas administratif du Premier Empire. Hrsg. F. de Dainville u. J. Tulard, Paris 1965
Catéchisme à l'usage de toutes les Eglises de l'Empire français. Paris 1806
Correspondance de Napoléon Ier. 32 Bde., Paris 1858–1870
Correspondance et relations de J. Fiévée avec Bonaparte pendant onze années 1802–1813. 3 Bde., Paris 1836
Denkwürdigkeiten des Marschalls Marmont, Herzog von Ragusa. Halle 1857
Deutschland unter Napoleon in Augenzeugenberichten. Hrsg. E. Klessmann, München 1976
Deutschland und Italien im Zeitalter Napoleons. Hrsg. A. v. Reden-Dohna, Wiesbaden 1979
Goujon, A.: Les Bulletins officiels de la Grande-Armée. 4 Bde., Paris 1820–1821
Kampf um Freiheit. Dokumente zur Zeit der nationalen Erhebung, 1789 bis 1815. Hrsg. F. Donath u. W. Markov, Berlin 1954
Melchior-Bonnet, B.: Dictionnaire de la Révolution et de l'Empire. Paris 1965
Mémoires de M. le comte de Montlosier sur la Révolution française, le Consulat, l'Empire, la Restauration et les principaux événements qui l'ont suivi. Paris 1829
Napoléon Bonaparte. Œuvres littéraires et écrits militaires. Hrsg. J. Tulard, 3 Bde., Paris 1967–1968
Ordres et apostilles de Napoléon (1799–1814). Hrsg. A. Chuquet, 4 Bde., Paris 1911–1912
Palluel, A.: Dictionnaire de l'Empereur. Paris 1969
Thiébault, P. C. F.: Memoiren aus der Zeit der französischen Revolution und des Kaiserreichs. Stuttgart 1902

Napoleon Bonaparte

Arnault, A. V.: Napoleons Leben. Frankfurt/Main 1826
Bourienne, L. A.: Memoiren über Napoleon, das Directorium, das Consulat, das Kaiserreich und die Restauration. Leipzig 1829–1830
Chandler, D.: Napoleon (London 1973) München 1974
Cronin, V.: Napoleon. Eine Biographie. (Glasgow 1971) Hamburg, Düsseldorf 1973
Garros, L.: Quel roman que ma vie! Itinéraire de Napoléon Bonaparte. Paris 1947
Godechot, J.: Napoléon. Paris 1969
Gotthart, H.: Vive l'Empereur! Eine Napoleon-Chronik. Hamburg 1967
Grand-Carteret, J.: Napoleon in der Caricatur. Leipzig o. J.
Herold, C.: Der korsische Degen. Napoleon und seine Zeit. München 1966
Kemble, K.: Napoleon immortal. The Medical History and Private Life of Napoleon Bonaparte. London 1959
Levebvre, G.: Napoléon. Paris ²1951 und Neuausgaben
Manfred, A. Z.: Napoleon Bonaparte. (Moskau 1971) Berlin 1978
Markov, W.: Napoleone. Mailand 1967
Masson, F.: Napoléon et sa famille. 13 Bde., Paris 1897–1919
Mistler, J.: Napoléon et l'Empire. Paris 1968
Napoleon: Ich, der Kaiser. Eine Autobiographie. Hrsg. K. Klinger, München 1978
Napoleon und Europa. Hrsg. H. O. Sieburg, Köln/Berlin 1971
Tarlé, E. V.: Napoleon. (Moskau 1936) Berlin 1974
Tersen, E.: Napoléon. Paris 1959

Thiry, J.: Napoléon Bonaparte. 28 Bde., Paris 1938–1975
Thompson, J. M.: Napoleon. London 1952
Zahorski, A.: Napoleon. Warschau 1982

Konsulat und Kaiserzeit

Beauvais, C. T.: Victoires et conquêtes des Français. 28 Bde., Paris 1817–1826
Bergeron, L.: L'Episode napoléonien, Aspects intérieurs, 1799–1815. Paris 1972
Bergeron, L.: Grand Notables du PremierEmpire. Notices de biographie sociale. Paris 1978
Bertaud, J. P.: Le Premier Empire, legs de la Révolution. Paris 1973
Chandler, D.: The Campaigns of Napoleon. New York 1965
Collaveri, F.: La Franc-Maçonnerie des Bonaparte. Paris 1982
Connely, O.: Napoleon's Satellite Kingdoms. New York 1965
Daudet, L.: Deux idoles sanglants, la Révolution et son fils Bonaparte. Paris 1939
Dumas, M.: Précis d'événements militaires ou essai historique sur les campagnes de 1799 à 1814. 19 Bde., Paris 1816–1826
Durant, W. u. A.: Die Französische Revolution und der Aufstieg Napoleons. (New York 1975) München 1979
Fehrenbach, E.: Vom Ancien régime zum Wiener Kongreß. München 1981
Fiedler, S.: Das Zeitalter der französischen Revolution und Napoleons. Grundriß der Militär- und Kriegsgeschichte II. München 1976
Giesselmann, W.: Die brumairianische Elite. Kontinuität und Wandel der französischen Führungsschicht zwischen Ancien régime und Julimonarchie. Stuttgart 1977
Godechot, J.: Les Institutions de la France sous la Révolution et l'Empire. Paris 1951, ²1969
Godechot, J.: L'Europe et l'Amérique à l'époque napoléonienne. Paris 1967
Hautecourt, E.: L Art sous la Révolution et l'Empire en France. Paris 1953
Helmert, H., u. Usczeck, H.: Europäische Befreiungskriege 1808 bis 1814/15. Militärischer Verlauf. Berlin 1981
Histoire de la France contemporaine, 1789–1980, Bd. II: 1799–1835 (J. P. Bertand, La France du Consulat et de l'Empire, 1799–1815.) Paris 1979
Janneau, G.: L'Empire. Paris 1965
Jeschonek, B.: Waterloo 1815. Illustrierte historische Hefte, Nr. 15, 3. Aufl., Berlin 1982
Jomini, H. de: Histoire critique et militaire des campagnes de la Révolution. Paris 1819–1824
Kircheisen, F. M.: Napoleon I. und das Zeitalter der Befreiungskriege im Bilde. München, Leipzig 1914
Latreille, A.: L'ére napoléonienne. Paris 1974
Lèvy-Leboyer, M.: Les Banques européennes et l'industrialisation de l'Europe au début du XIXe siècle. Paris 1964
Madelin, L.: Histoire du Consulat et de l'Empire. Paris 1936–1954
Massin, J.: Almanach du Premier Empire. Du Neuf Thermidor à Waterloo. Paris 1965
Reichardt, J. F.: Vertraute Briefe aus Paris, 1792. Hrsg. und eingel. von Rolf Weber. Berlin 1980
Rudé, G. F.: Europa im Umbruch. Vom Vorabend der Französischen Revolution bis zum Wiener Kongreß. München 1981
Sieburg, F.: Im Licht und Schatten der Freiheit. Frankreich 1789–1848. Stuttgart ³1979

Six, G.: Les Généraux de la Révolution et de l'Empire. Paris 1947

Soboul, A.: Le Premier Empire. Paris 1973

Soboul, A.: La Civilisation et la Révolution française, Bd. III: La France napoléo-nienne. Paris 1983

Streisand, J.: Deutsche Geschichte 1789–1815. Berlin [5]1981

Thiers, A.: Histoire du Consulat et de l'Empire. 20 Bde., Paris 1845–1862

Tulard, J.: La vie quotidienne des Français sous Napoléon. Paris 1978

Tulard, J.: Le Grand Empire. Paris 1982

Villefosse, L. de, und Boussounouse, J.: L'opposition à Napoléon. Paris 1969

Wittkopp, J. F.: Die Welt des Empire. Directoire, Empire, Klassizismus. München 1968

Anmerkungen

1 Bourde, A. J.: Agronomie et agronomes en France au XVIIIe siècle. 3 Bde., Paris 1967

2 Histoire de la France rurale, III: Hrsg. von E. Juillard. Paris 1977

3 Bois, P.: Paysans de l'Ouest. Des structures économiques et sociales aux options politiques, depuis l'epoque révolutionaire, dans la Sarthe. Paris 1961

4 Sonnini, C.: Manuel des propriétaires ruraux et de touts les habitants de la campagne. Paris 1808

5 Gratton, Ph.: Les luttes de classes dans les campagnes. Paris 1971

6 Soboul, A.: Problèmes paysans de la Révolution 1789–1848. Paris 1976

7 Restif de la Brétonne, N. E.: Le paysan perverti (1776); La vie de mon père (1778)

8 François Huë, Le Journal d'un paysan, 1799 bis 1822. Hrsg. von E. V. Veuclin. Paris 1899

9 Flandrin, J. L.: Les amours paysans. Paris 1975

10 Der Adel vor der Revolution. Hrsg. von R. Vierhaus. Göttingen 1971

11 Denkwürdigkeiten, Rückerinnerungen und Anekdoten aus dem Leben des Grafen von Ségur. 2 Bde., Stuttgart 1825–1826

12 Marquise de la Tour du Pin: Journal d'une femme de cinquante ans (1778–1815). Paris 1914

13 Sophie Gay (geb. Nichault de Lavalette): Salons célèbres. Paris 1837

14 Chateaubriand, F. R.: Über Bonaparte und die Bourbonen. Hamburg 1814

15 Campardon, E.: Liste de membres de la noblesse impériale dressée d'après les registres de lettres patentes conservés aux Archives Nationales. Paris 1889

16 Comte Molé: Sa vie et ses mémoires. Paris 1922. Rochechouart, L. V. L. de: Souvenirs. Paris 1889

17 Chaptal: De l'industrie française. Paris 1819

18 Leleux, F.: Liévin-Bauwens, industriel gantois. Paris 1969

19 Vauthier, G.: Les ouvriers de Paris sous l'Empire. Paris 1913

20 Chauvet, P.: Les ouvriers du livre en France, de 1789 à la constitution de la Fédération du livre. Paris 1956

21 Chevalier, L.: Classes dangereuses et classes laborieuses à Paris, pendent la première moité du XIXe siècle. Paris 1958

22 Kuczynski, J.: Darstellung der Lage der Arbeiter in Frankreich von 1789 bis 1848. Berlin 1967

23 Owen, R.: A New View of Society (1813)

24 Bergeron, L.: Banquiers, négociants et manufacturiers à Paris. Lille 1975

25 Szramkiewicz, R.: Les Régents et les Censeurs de la Banque de France. Paris 1974

26 Mémoirs de Gabriel-Jules Ouvrard sur sa vie et ses diverses opérations financières. 3 Bde., Paris 1826-27. Wolff, O.: Die Geschäfte des Herrn Ouvrard. Frankfurt/Main 1933

27 Lhomer, J.: Le banquier Perrégaux et sa fille la duchesse de Raguse. Paris 1926

28 Jenner, E.: Inquiry into the Cause and Effects of the Variolae Vaccinae (1793)

29 Morazé, Ch.: La France bourgeoise. Paris 1946

30 Latreille, A.: L'Eglise catholique et la Révolution française. 2. Aufl., Paris 1970

31 Langlois, C.: Religion et politique dans la France napoléonienne. Paris 1974

32 Consalvi, E.: Memorie. Rom 1950

33 Schleiermacher, F. D. E.: Reden über die Religion an die Gebildeten unter ihren Verächtern (1799): Monologe (1800)

34 Novalis (Georg Friedrich von Hardenberg): Die Christenheit oder Europa (1799)

35 Nabonne, B.: Joseph Bonaparte, le roi philosophe. Paris 1949
36 Pietri, F.: Napoléon et les Israëlites. Paris 1965
37 Les Juifs et la Révolution française. Hrsg. von B. Blumenkranz/A. Soboul. Toulouse 1976
38 Rivarol, A.: Discours sur l'universalité de la langue française. Preisschrift der Berliner Akademie, 1784
39 Staël, G. de: Jahre im Exil. Auf der Flucht vor Napoleon. Stuttgart 1975
40 Biran, M. F. P. G. Maine de: Tagebuch. Hamburg 1977
41 Bastid, P.: Benjamin Constant et sa doctrine. Paris 1967
42 Droz, J.: Le romantisme politique en Allemagne. Paris 1966
43 Coleridge, S. T.: France. An Ode (1798)
44 Tracy, L. C. Destutt de: Éléments d'idéologie. Paris 1801–1815
45 Kitchin, J.: Un Journal philosophique: La Décade (1794–1807). Paris 1965
46 De Gérando, J. M.: Histoire comparée des systèmes de philosophie. Paris 1804
47 (Anonym:) Lettres d'un habitant de Genève à ses contemporains (1803)
48 Saint-Simon, C. H. de: Du système industriel. Paris 1820–1822
49 Aulard, A.: Napoléon Ier et le monopole universitaire. Paris 1911
50 Monce, G.: Géometrie descriptive (1799); mit Cassini und Bertholon: Dictionnaire de Physique (1793–1822)
51 Chanteloup, J. A. Ch. Chaptal de: Mes souvenirs sur Napoléon. Paris 1893
52 Fourier, J.-B.: Théorie analytique de la chaleur (1812)
53 Laplace, P. S.: Mécanique céleste (1799–1825)
54 Lagrange, J. L.: Mécanique analytique (1788); Lavoisier, A. L.: Traité élémentaire de chymie (1789); Lamarck, J.-B. de: Philosophie zoologique (1809)
55 Huard, P.: Sciences, Médecine, Pharmacie de la Révolution à l'Empire. Paris 1970
56 Laborie, L. de Lanzac de: Paris sous Napoléon. 8 Bde., Paris 1905–1913
57 Pinkerton, J.; Marcier, L. S.; Cramer, C. F.: Ansichten der Hauptstadt des französischen Kaiserreichs vom Jahre 1806 an. 1. Ausg. 1807, neu hrsg. und ausgew. von Klaus Linke, Leipzig 1980
58 Cabanis, A.: La presse française sous le Consulat et l'Empire. Paris 1974
59 Arnault, A. V.: Souvenirs d'un sexagénaire. Paris 1833
60 Tulard, J.: Nouvelle Histoire de Paris: le Consulat et l'Empire. Paris 1970
61 Kleinert, A.: Die ersten Modejournale in Frankreich. Berlin 1980
62 Krünitz, D. J. G.: Ökonomisch-technologische Enzyklopädie. Bd. 92, Buchstabe M. Berlin 1803, S. 518 (»Drei Berlinerinnen«)
63 Krünitz, S. 514
64 Boehn, M. von: Menschen und Moden im neunzehnten Jahrhundert. 1790–1817. München 1908
65 Reichardt, J. F.: Vertraute Briefe aus Paris geschrieben in den Jahren 1802 und 1803. 2. Aufl., Hamburg 1805
66 Brillat-Savarin, A.: Physiologie du goût. Paris 1825. Deutsche Neuausgabe, besorgt von M. Lemmer: Physiologie des Geschmacks. Leipzig 1983
67 Papillard, F.: Cambadits. Paris 1961
68 Delderfeld, R. F.: Napoleon in Love. London 1959; Savant J.: Napoleon und das zarte Geschlecht. Stuttgart 1960
69 Méneval, C. F. de: Napoleon und Marie Louise. Geschichtliche Erinnerungen. Berlin 1906
70 Rostand, E. de: L'Aiglon (1900)
71 Molé, L. M. de: Essais de morale et de politique. Paris 1806
72 Cingari G.: Giacobini e sanfedisti in Calabria nel 1799. Messina, Florenz 1957
73 Rauchhaupt, K.: Aktenmäßige Geschichte über das Leben und Treiben des

berüchtigten Räuberhauptmanns Johannes Bückler genannt Schinderhannes und seiner Bande. Authentische Ausgabe nach den Original-Prozeß-Akten. 3. Aufl., Kreuznach 1899; Minor, A.: Räuberbanden im Goldenen Grund: Schinderhannes und andere. Camberg 1970

74   Bargellini, P.: Fra Diavolo. Florenz 1932; La riconquista del Regno di Napoli nel 1799. Lettere del cardinale Ruffo, del rè, della regina e del ministro Acton. Hrsg. von B. Croce. Bari 1943

75   Jullian, L.: Projet sommaire d'une loi répressive du brigandage, portant création des commissions spéciales. Paris o. J. (1801)

76   Daudet, E.: La Police et les Chouans sous le Consulat et l'Empire. Paris 1893

77   Hauterive, E. de: La Police secrète du Premier Empire. Bulletins quotidiens adressés par Fouché à l'Empereur. 5 Bde., Paris 1908–1964

78   Fouché, J.: Mémoires. Paris 1824. Kritische Ausg. von L. Madelin, Paris 1945; Cole, H.: Fouché. The unprincipled Patriot. London, New York 1971; Zweig, St.: Joseph Fouché. Bildnis eines politischen Menschen. Berlin 1982

79   (J. J. M Savary:) Memoiren des Herzogs von Rovigo, als Beiträge zur Geschichte des Kaisers Napoleon. Leipzig 1828

80   Desmarets, Ch.: Mémoires. Paris 1833

81   Sanson, H.: Tagebücher der Henker von Paris 1685–1847. Leipzig, Weimar 1982

82   Pasquier, E. D.: Napoleons Glück und Ende. Erinnerungen eines Staatsmannes 1806–1815. Stuttgart 1907

83   Mémoires de Vidocq. Paris 1828

84   Le Cabinet des Tuileries sous le Consulat et sous l'Empire. Mémoire pour servir à la vie de Napoléon, par M. de comte de ... Paris 1827

85   Savant, J.: Les Prefets de Napoléon. Paris 1958

86   Révérand, A. de: Armorial du Premier Empire. Hrsg. von J. Tulard. Paris 1974

87   Téstu: Etat de la Légion d'honneur. Paris 1814

88   Beugnot, J. C. comte: Mémoires. Paris 1866

89   Cambacérès, J. J. Régis de: Lettres inédites à Napoléon, 1802–1814

90   Roissy, J. G. Loncré de: Esprit du Code Napoléon. Paris 1805

91   Funcken, L. u. F.: L'uniforme et les armes des soldats du Premier Empire. Paris 1973

92   Commandant Levy: Routes et voyages de Jacques-Louis Thieur, sergent-major au 16ᵉ de ligne (1799–1814). Dunquerque o. J.

93   Baldet, M.: La vie quotidienne dans les armées de Napoléon. Paris 1964

94   Erckmann-Chatrian: Histoire d'un conscrit de 1813 (1864)

95   Armeen und A(r)mouren. Ein Tagebuch aus napoleonischer Zeit von Baron Üxküll. Hamburg 1965; Blond, G.: La Grande Armée, 1804–1815. Paris 1979

96   Gourgaud, G.: Napoléon et la Grande Armée en Russie. Paris 1825

97   Blaze, S.: La vie militaire sous le Iᵉʳ Empire. Mémoires d'un aide-major. Paris 1828; Von Marengo bis Waterloo. Memoiren des Capitaine Cognet. Stuttgart 1910; Choury, M.: Les Grognards et Napoléon. Paris 1968

98   Lady A. Plumpter: A Narrative of a Three Years' Residence in France (1802–1805). London 1810

99   Vion, A.: La vie calaisienne sous le Consulat et l'Empire. Paris 1972

100   Harsany, F.: La vie à Strasbourg sous le Consulat et l'Empire. Paris 1976

101   Crouzet, F.: L'Empire britannique et le blocus continental (1806–1813). Paris 1958

102   Tarlé E.: Le Blocus continental et le royaume d'Italie. Paris 1928

103   Vincent, O.: Napoléon et l'industrie française. La crise de 1810–1811. Paris 1947

104   Lavalley, G.: Napoléon et la disette de 1812. Caën 1912

105 Thibaudeau A. C.: Geheime Denkwürdigkeiten über Napoleon und den Hof der Tuilerien in den Jahren 1799 bis 1804. Stuttgart 1827

106 Lachouque, H.: Bonaparte et la cour consulaire. Paris 1958

107 Ducrest, G.: Mémoires sur l'Impératrice Joséphine. Paris 1828

108 Roederer, P. L.: Aus der Umgebung Bonapartes. Tagebuch. Persönliche und politische Notizen eines Vertrauten der Tuilerien. Berlin 1909

109 Mémoires de Madame la Duchesse d'Abrantes, ou Souvenirs historiques sur Napoléon, la Révolution, le Directoire, le Consulat, l'Empire et la Restauration. 18 Bde., Paris 1831–1835

110 Sardou, V.: Madame Sans-Gêne. Paris 1893

111 Rémusat, C. E. de: Napoleon I. und sein Hof. Memoiren 1802-1810. 3 Bde., Köln 1880–1882

112 Unter vier Augen mit Napoleon. Denkwürdigkeiten des Generals Armand de Caulaincourt. Stuttgart 1956

113 Cérémonial de l'Empire française. Paris 1805

114 Fleischmann, Th.: Napoléon et la musique. Paris 1965

115 Healey, F. G.: The Literary Culture of Napoleon. Genf 1959

116 Weiner, M.: The Parvenu Princesses. London 1964

117 Garnier, L.: Mémoires sur la cour de Louis Bonaparte. Paris 1828. Um Napoleon. Memoiren der Königin Hortense. München o. J.

118 Fain, A. J. F.: Neun Jahre Napoleons Sekretär, 1806–1815. Memoiren. Berlin 1926

119 Wairly, L. C.: Napoleon I. nach den Memoiren seines Kammerdieners Constant. Leipzig 1904; Marchand, L. J. N.: Mémoires. 2 Bde., Paris 1952–1955

120 Masson, F.: Napoleon zu Hause. Der Tageslauf in den inneren Gemächern der Tuilerien. Leipzig 1895

121 Verbraeken, R.: Jacques-Louis David jugé par ses contemporains et par la postérité. Paris 1973

122 Bausset, L. F.: Denkwürdigkeiten. Erinnerungen und geheime Geschichten über das Innere des Palastes von Napoleon. Stuttgart 1827

123 Ilirija ozivljena (V. Vodnik, 1811)

124 Geyl, P.: Napoleon for and against. (Utrecht 1946) London 1949; Haack, H. E.: Über den Nachruhm. Bonn 1951; Hegemann, W.: Napoleon oder »Kniefall vor dem Heros«. Hellerau 1927; Malraux, A.: Eichen, die man fällt. Frankfurt/Main 1972; Stähling, F.: Napoleons Glanz und Fall im deutschen Urteil. Wandlungen des deutschen Napoleonbildes. Braunschweig 1952

125 Massin, J. u. B.: Ludwig van Beethoven. Materialbiographie. Daten zum Werk und Essay. München 1970; Rolland, R.: Beethoven. Von der Eroica zur Appassionata. Wilhelmshaven 1970

126 Gonnard, Ph.: Les origines de la Légende napoléonienne. Paris 1906

127 Mémoires pour servir à l'histoire de France sous Napoléon écrits à Sainte-Hélène par les généraux qui ont partagé sa captivité (G. Gourgaud, Ch. Montholon). Paris 1822–1827

128 Balzac, H. de: Napoleon. Seine Lebensgeschichte, erzählt von einem alten Soldaten. München 1973

129 Holzhausen, P.: Heinrich Heine und Napoleon I. Frankfurt/Main 1903

130 Stendhal: Vie de Napoléon (1827)

131 Bainville, J.: Napoléon. Paris (1931), München 1950; Driault, E.: L'immortelle épopée du drapeau tricolore. Napoléon-le-Grand, 1769–1821. 3 Bde., Le Chesnay 1930

132 Guérard, A. L.: Napoleon. Wahrheit und Mythos. Dresden, Berlin 1928; Jones, B.: Napoleon. Man and Myth. London 1977; Presser, J.: Napoleon. Das

Leben und die Legende. Stuttgart 1977; Tulard, J.: Napoleon oder der Mythos des Retters. (Paris 1977) Tübingen 1978

133 Jaggi, A.: Der Befreiungskampf Europas zur Zeit Napoleons I. Bern 1944

134 Scott, W.: Die Geschichte Napoleons. Geprüft von Ludwig Bonaparte. Stuttgart 1829

135 Man ziehe zu Rate: J. Tulard: Bibliographie critique des Mémoires sur le Consulat et l'Empire écrits ou traduits en français. Paris, Genf 1971

136 Wieland, R.: Napoleon und ich. Halle, Leipzig 1982

Personenregister